Ute Mings

Said

Unser Kind von fremden Eltern

rütten & loening

Ute Mings

Said

Unser Kind von fremden Eltern

rütten & loening

FSC
www.fsc.org
MIX
Papier aus verantwortungsvollen Quellen
FSC® C083411

ISBN 978-352-00804-7

Rütten & Loening ist eine Marke
der Aufbau Verlag GmbH & Co. KG

1. Auflage 2011

Einbandgestaltung morgen, Kai Dieterich
Druck und Binden CPI – Clausen & Bosse, Leck
Printed in Germany

www.aufbau-verlag.de

Für alle, die vorkommen

1.

»Aus dem Internet sucht jemand Kontakt zu euch. Darf ich weiterleiten?«

Absender: Pressebüro der Oper; Betreff der Mail, ein paar Minuten später: Neue Besprechung from India.

Die Vorstellung, jemand aus Indien könnte unser Stück vor drei Wochen, eine kleine Produktion der Münchner Opernfestspiele, gesehen und sogar in einer indischen Zeitung besprochen haben, war unglaublich, und ich kostete den Gedanken einen Moment lang mit Herzklopfen aus, bevor ich klickte.

Die Mail kam aus Neu-Delhi. Unter einer kurzen Bitte um Weiterleitung stand: Isabel Scott. Dazu eine Anschrift, zwei Festnetz- und zwei Mobilfunknummern.

Außer auf ein paar Fotos haben wir Isabel Scott noch nie gesehen. Sie hieß bei uns meistens nur: Saids Mutter und war ein vage gefürchtetes Phantom. Robert und ich sprachen manchmal von ihr, und ich versuchte mir vorzustellen, wie sie lebte. Öfter dachte ich darüber nach, ob und wie sie in Saids Gedanken und Gefühlen vorkam.

Said wurde bald achtzehn und war seit fast elf Jahren unser Sohn. Unser Pflegesohn, genau genommen, aber das sagten wir nie.

Er hat einen afghanischen Vater, eine indische Mutter und viele über die Welt verstreute afghanische Verwandte, wovon er die meisten genauso wenig kennt wie die aus Indien; ein Bruder seines Vaters lebt mit seiner Familie in München, nicht weit von uns entfernt. Said hat als kleines Kind eine Zeitlang bei ihnen gelebt.

Und er hat uns, seine deutschen Pflegeeltern.

Als ich ihm von Isabels Mail erzählte, drehte er sich um, ließ sogar den Bildschirm seines Computers einen Moment lang aus den Augen und sah mich an, die Hand noch auf der Maus.

»Weiß ich doch längst, schon eine Ewigkeit«, murmelte er und fand meine Aufregung übertrieben.

»Vor zwei Wochen oder so hat sie eine SMS mit Fotos geschickt und mich nach Indien eingeladen.«

Mehr sagte er nicht.

Ich versuchte mein bestes mütterliches Gesicht, am liebsten hätte ich ihn umarmt, aber plötzliche Zärtlichkeit hielt er für Getue, höchstens bei Kindern angebracht, deshalb gab ich etwas Umarmung von weitem in mein Lächeln. Sein Blick war undurchlässig, abwartend, aber ohne das wütende Blitzen wie sonst.

»Wolltest du uns lieber nichts davon erzählen?«

Mir gefiel mein betulicher Ton nicht und Said sah mich erstaunt an.

»Keine Ahnung. Ich hab nicht geantwortet. Wir wissen doch, dass sie mich sucht.«

Das stimmte. Vor ein paar Wochen hatte einer der Cousins aus der afghanischen Familie in München angerufen und erzählt, dass Saids Mutter aus Indien sich nach bald achtzehn Jahren wieder gemeldet habe. Erst sei eine Postkarte mit Hochhäusern in Neu-Delhi gekommen. »Dann war sie auf einmal am Telefon und wollte wissen, wie es Said geht. Sie will ihn einladen, zu sich nach Indien.«

Wie üblich war es Tariq, der anrief. In den ersten Monaten, nachdem Said zu uns gekommen war, schien er der Gesandte der Familie zu sein, und das Wenige, das wir über Saids erste Jahre wussten, hatten wir von ihm. Tariq hielt afghanischen Einfluss aufrecht, während Said sich an das Leben bei Deutschen gewöhnte.

»Mach dir keine Sorgen, sie ist weit weg und hat sich seit Jahren nicht um ihn gekümmert. Said gehört längst viel mehr zu euch als zu ihr.«

Dabei waren wir unsicher, ob Said zu uns gehörte. Zu oft schleuderte er uns ein »Ich halt es hier nicht mehr aus« entgegen, und selbst wenn wir uns immer wieder beruhigend sagten: Das ist die Pubertät, das geht vorbei, fragten wir uns oft genug, ob es gut für ihn war, in einer deutschen Familie aufzuwachsen, jedenfalls bei Eltern wie uns.

Noch nie hatte er irgendwo so lange gelebt: Er nannte uns Mom und Dad und bekämpfte uns manchmal mit außerordentlicher Heftigkeit. Er war fast achtzehn.

»Hab ich einen Bruder?«

»Weiß ich nicht.«

Er wandte sich wieder dem Fußballspiel auf dem Bildschirm zu und wurde unerreichbar. Für mich jedenfalls, Anrufe von Freunden nahm er entgegen.

Zum Abendessen gab es drei von Saids Lieblingsgerichten auf einmal, und er blieb sogar nach den letzten Bissen bei uns sitzen, ein paar Minuten jedenfalls, bis wir vorsichtig auf Isabel zu sprechen kamen. Sofort sprang er auf, rannte hinaus und knallte die Wohnungstür hinter sich zu.

Vielleicht hoffte er irgendwie doch, dass sie kommen würde, ihn zu holen, dass sie sich Mühe geben würde, endlich ihren Sohn zu sehen, schließlich war sie es, die damals weggelaufen war. Jetzt lud sie ihn in ihre Welt ein, um ihm stolz zu zeigen, was aus ihr geworden war und wie sehr sie jetzt als Mutter geeignet wäre.

Dafür sollte er nach Indien fahren? Sich bei ihr lieb Kind machen, obwohl sie nie eine liebe Mutter für ihn gewesen war? Ein paar Tage oder Wochen vielleicht, kurz nach seiner Geburt, aber nicht einmal das wusste er. Ob es ihr schwergefallen war, ihn zurückzulassen? Und wollte sie ihn jetzt zurückhaben oder einfach nur kennenlernen?

In einem hellblauen Umschlag, ganz vorne im Ordner mit Saids Dokumenten, steckten zwei Fotos von seinen Eltern: Der Vater Ashraf war ein Flüchtling aus Afghanistan. In Indien hatte er eine junge Frau kennengelernt und war mit ihr nach Deutschland gekommen. Die Fotos sind vielleicht im Jahr vor Saids Geburt oder kurz danach aufgenommen – Isabel ist klein und etwas pummelig und schmiegt sich an Ashraf, einen großen, imposanten Mann mit lockigen schwarzen Haaren im weißen Anzug und roten Hemd, sie trägt eine helle, geblümte Bluse mit Volants. Hinter ihnen ein hoher Grenzzaun aus Maschendraht und eine Reihe von Baracken.

Kurz nach der Geburt ihres Sohnes ging Isabel fort aus dem kleinen Zimmer in dem Münchner Auffanglager für Asylbewerber, das sie mit Ashraf und dem Baby teilte, und kehrte nach Indien zurück. Drei Jahre später wurde aus Ashraf, dem imposanten Mann auf dem Foto, ein Pflegefall. Diagnose: Wachkoma. Er war nach einem Unfall nicht rechtzeitig behandelt worden, lag seitdem in einem Pflegeheim nahe der österreichischen Grenze und galt als unzurechnungsfähig. Der damals dreijährige Said kam zunächst bei Ashrafs Bruder und dessen Familie mit vier Kindern unter. Von dort gab man ihn an eine andere afghanische Familie weiter, dann kam er wieder zum Onkel zurück, ohne bleiben zu können.

Isabel hatte ihren Sohn zuletzt als wenige Wochen altes Baby gesehen. In Saids Erinnerungen kam sie nur als Abwesende vor.

»Denkst du oft an deinen Vater?«

Mein Vater war mit fast neunzig Jahren im Spätsommer gestorben, Said erinnerte sich an ihn, aber die beiden hatten einander kaum als Angehörige wahrgenommen.

»Jeden Tag denk ich an ihn.«

Said überlegte einen Moment, es zog dunkel über seine Augen.

»Ich denke auch jeden Tag an meine Mutter. Warum sie nicht gekommen ist.« Er sprach ungewöhnlich leise, als er uns von dem Nachmittag mit dem silbernen Auto erzählte. Fünf oder sechs muss er gewesen sein, gerade von der anderen afghanischen Familie wieder zu seinen Verwandten gekommen. Ob man ihn geholt hatte oder ob er weggeschickt worden war, wusste er nicht. Er wusste nur, dass sein Onkel ein Geschäft aufgemacht und niemand aus der Familie Zeit für ihn hatte.

Deshalb waren auch die Frauen vom Jugendamt gekommen und hatten ihm erzählt, dass weit weg in Indien seine Mutter lebte. An Müttern war kein Mangel, er hatte noch zwei andere aus den beiden Familien bisher. Seine Tante hatte er Mutter genannt, die nächste hatte sich allerdings bald wieder erübrigt, nur Isabel, die leibliche, hatte er noch nie als Mutter angeredet.

Längst daran gewöhnt, irgendwo flüchtig behütet und dann weitergereicht zu werden, stellte er sich vor, dass sie ihn vielleicht wie ein zusätzliches Gepäckstück mit auf ihre Reise nach Indien nehmen würde. Doch als eines Tages per Post ein silbergraues Auto mit Fernlenkung kam, begann ihm die Frau aus Indien zu gefallen. Tagelang gab er das Auto nicht her, die Cousins durften nur unter seiner Aufsicht und auch nicht länger als ein paar Minuten damit spielen.

An dem Tag, für den sich Isabel angekündigt hatte, spielte er allein im Wohnzimmer und ließ das silberne Auto ungestört weite Runden um den Tisch und die tiefen dunklen Ledersofas und Sessel ziehen. Immer mehr große Runden wurden es, durch die Tunnel unter den Sesseln und Tischen, den ganzen Nachmittag lang, so kam es ihm vor. Es war still in der Wohnung, vielleicht waren alle weggegangen und die Frau aus Indien kam nicht. Da beschleunigte er das Auto auf Höchstgeschwindigkeit und ließ es zweimal, dreimal oder sogar noch öfter gegen die Wand fahren. Anschließend fuhr er wieder ruhige Warteschleifen, bis er, als sie immer noch nicht gekommen war, wieder Gas gab.

»Sie hat auch nicht mehr geschrieben.«

2.

Im Sommer 1995 wurden wir Saids neue Pflegeeltern. Er kam mit zwei großen Plastiksäcken, in denen alles steckte, was irgendwie zu ihm gehörte.

In seinem Zimmer leerte er die Säcke aus, warf einen Blick auf Hosen, T-Shirts, Schuhe und stopfte das meiste davon sofort wieder zurück. Ich sortierte noch einmal neu, jedes Teil roch nach seinem bisherigen Leben und ich schnüffelte, als könnte ich auf diese Weise mehr über ihn erfahren. Said sagte nicht viel, er protestierte auch nicht, als ich einiges rettete, Hosen und T-Shirts, eine kleine, golden verzierte afghanische Weste und ein Hemdchen mit aufgestickter Bärenkontur.

Das silbergraue Auto funktionierte nicht mehr. Ohne zu ahnen, wessen Geschenk es war, deutete ich damit auf die Müllsäcke, aber Said nahm es mir aus der Hand und stellte es ganz unten in sein Regal. Beruhigt sah er das Auto an seinem neuen Platz an, als wäre es nun endlich in Sicherheit.

Isabel schrieb drängend, rührend fahrig, bedankte sich für unsere Aufmerksamkeit und versicherte, dass sie kein Unglück in unsere Familie bringen und Said nicht aus seinem Leben bei uns herausreißen wolle, und dankte uns überschwänglich für alles, was wir ihm ermöglichten. Sie verstehe seinen Groll, schrieb sie, schließlich stamme sie selbst aus einer zerbrochenen Familie. Ihr Vater war Engländer, die Mutter Inderin, so viel wussten wir. In einer anderen, vielleicht genaueren Version war der Vater auch Engländer, die Mutter aber aus Birma. Vielleicht stammte sie aus einer bei den englischen Kolonialtruppen vorschriftswidrigen Fraternisierung.

Wir antworteten auf ihre Mail und schickten Fotos von Said aus den Jahren bei uns, Bilder von uns seien nicht nötig, hatte sie geschrieben, sie wüsste aus dem Internet, wie wir aussähen. Said sah sich an, was wir schrieben und unsere Auswahl der Fotos, nickte und fragte wieder nur:

»Hab ich einen Bruder?«

Er war von Isabels Wohlstand überrascht.

Wir hatten ihm immer von der Armut in Indien erzählt und wie schwer es deshalb für sie gewesen wäre, ihn mit sich zu nehmen, so jung und ohne Arbeit, wie sie damals war, in einer der unfassbar riesigen indischen Städte.

»Sie wird gedacht haben, in Deutschland bei deinem Vater und der Familie von Onkel Mohammad wärst du besser aufgehoben. Niemand konnte ahnen, was mit deinem Vater passieren würde.«

»Jetzt gehört sie zu den Bonzen. Sie hat wohl nichts zu tun und langweilt sich!«

Isabel schrieb von ihrem Mann, einem indischen Geschäftsmann, und dessen Sohn, sie schrieb, dass sie viel arbeite und öfter nach Dubai zur Erholung und zum Shopping fahre.

Offenbar war sie wohlhabender als wir und hätte ihren verlorenen Sohn wie einen Prinzen empfangen können. Sie war seine leibliche Mutter, selbst wenn wir Said seit zehn Jahren unseren Sohn nannten. Ich stellte mir vor, wie sie ihn in Indien zur Begrüßung mit Geschenken überhäufte, oder sah ihn in Dubai vor Wasserfontänen und Hochhauspalästen im Wüstensand, beladen mit Einkaufstüten von Shopping-Touren, die er bei uns immer wütend vermisste.

Nachts lag ich wach und stellte mir vor, wie er aufbrechen würde, um zu ihr zu fahren. Ob wir dann manchmal Postkarten bekämen?

Nachdem er zu uns gekommen war, als Pflegekind, hatte fast jeder gefragt, ob nicht seine leibliche Mutter Ansprüche hätte, sollte sie irgendwann auftauchen. Beim Jugendamt versicherte man uns, dass deutsches Recht keine dieser Geschichten wie in Amerika zuließe, wo Kinder, die gut und glücklich bei Pflege- oder Adoptiveltern lebten, nach herzzerreißenden Szenen aus deren Armen gerissen, weggeschleppt und den leiblichen Eltern zurückgegeben wurden.

Als Isabel mit ihren Fotos und Nachrichten auf unseren Displays und Bildschirmen auftauchte, schien Said seit längerem auszuprobieren, ob wir ihn vor die Tür setzen würden.

»Er ist ein ganz gewöhnlicher Jugendlicher«, schrieb ich an Isabel, »vielleicht sind es manchmal ein paar Schwierigkeiten mehr als bei anderen«, und, aber das schrieb ich ihr nicht, vielleicht ist er auch gefährdeter als andere. Vielleicht ist der Grund, auf den sich nach und nach Lebensschichten türmen, bei ihm immer noch nicht tragfähig genug.

Saids ferne Mutter spukte mir oft in der Nacht durch den Kopf. Vielleicht wäre sie eine Zuflucht für Said? Eine bessere als wir? So wütend, wie er uns seit ein paar Jahren bekämpfte, empfand er sich vielleicht doch eher ihr zugehörig als uns.

Schließlich sah man auf den ersten Blick, dass er nicht unser leibliches Kind war. Früher, wenn ich allein mit ihm in der U-Bahn oder im Café saß, sprachen mich manchmal junge afghanische oder pakistanische Männer an.

Sie schienen eine Vorliebe für ihresgleichen bei mir zu vermuten und hielten wohl Said für ein Kind solch einer Liebe. Robert und ich zusammen waren unverkennbar nicht seine leiblichen Eltern.

Alle Kinder gehören nur für eine begrenzte Zeit zu ihren Eltern. Den Satz sagte ich mir immer wieder vor, um den anderen, beunruhigenden Gedanken auszuweichen und wieder einschlafen zu können. Said hatte ein Leben ohne uns gehabt, bevor er zu uns kam, und bald würde er wieder aufbrechen. Noch war Zwischenzeit bei uns.

Manchmal, wenn ich ihn säuselnd, mit einem »Sei so lieb« zum Beispiel daran erinnerte, das Katzenklo saubermachen, beim zweiten Mal schon entschiedener, um dann beim dritten Mal zornig, meist ohne Erfolg, darauf zu bestehen, dachte ich, er könnte vielleicht hoffen, dass seine reiche Mutter in Indien niemals etwas so Lächerliches wie Katzenklo-Saubermachen von ihm verlangen würde. In solchen Momenten hatte ich mir als Kind immer ausgemalt, dass mein eigentlicher Vater, ein ferner König, mich von den Zumutungen meines öden Daseins befreien würde.

Said war bald achtzehn, volljährig und frei, zu entscheiden, wohin er gehörte, ob nach Indien zu seiner Mutter oder zu uns.

Bald schrieb Isabel, dass sie nach Europa reisen würde, und wenn Said sie sehen wolle, käme sie nach München, um vielleicht auch seinen Vater, ihren früheren Mann, im Heim zu besuchen.

Said wollte sie nicht sehen.

Sie schickte neue Fotos. Da saß sie auf einem Boot im Wind, einen Schal um den Kopf geschlungen. Sonst sah nichts an ihr indisch aus. Eine wohlhabende Frau, dreizehn Jahre jünger als ich. Bis dahin hatte ich angenommen, sie sei so jung, dass sie meine Tochter sein könnte.

Zwischen Isabel und uns gingen ein paar E-Mails hin und her, sie lud uns sogar alle nach Neu-Delhi ein.

»I will pay it«, schrieb sie.

Ich hatte mir als Kind meinen Königsvater immer nur ausgemalt, Said konnte jetzt wählen zwischen einer alltäglichen Familie und einer wohlhabenden leiblichen Mutter im fernen Indien. Beides war Wirklichkeit.

Sie habe nicht gewusst, schrieb Isabel, dass man Said in eine fremde Familie geschickt und nicht bei seinem Onkel gelassen habe, wo sie ihn all die Jahre vermutete. Sie schrieb:

»Ich habe Geduld und warte auf Saids Antwort. Ich weiß, dass er von meinem Blut ist, er wird über alles hinwegkommen und wieder Kontakt zu mir aufnehmen. Ich verlange nicht, dass er mich hundertprozentig liebt, im Moment reicht mir ein Prozent. Danke für Eure Aufmerksamkeit. Gott segne Euch.«

Das war es, was uns voneinander unterschied. Said war von ihrem Fleisch und Blut. Über welche Kanäle verbinden sich Fleisch und Blut, und wie knüpft das alltägliche Leben seine Bindungen?

Sie schrieb, wie unglücklich sie in München unter der Aufsicht der afghanischen Familie gewesen sei. Kein Wunder, dachte ich und stellte mir die junge Frau aus Indien vor: Sie hatte ihre Familie verlassen, war mit einem afghanischen Flüchtling auf und davon gegangen und sollte sich in Deutschland, in einer Stadt wie München, an die strengen Regeln für afghanische Frauen halten?

Aber warum hatte sie Said vergeblich warten lassen?

Wir vermuteten ein Missverständnis damals zwischen München und Neu-Delhi, dem Jugendamt, der afghanischen Familie und Isabel, und ich fragte sie nach jenem angekündigten Besuch. Warum sie nicht gekommen war.

Inzwischen halte ich die Frage für zudringlich. Damals hofften wir, etwas aufklären zu können, um Saids Groll gegen sie zu mildern.

Auf diese Mail antwortete sie nicht, und sie schrieb auch später nicht mehr an uns.

Said dachte sich Ausreden aus. Zuerst gab er vor, kein Guthaben auf dem Handy für eine SMS zu haben. Ich bot meins an, er kündigte an, ihr eine längere Mail zu schreiben, es blieb bei dem Vorhaben, schließlich vermuteten wir, dass er sich nicht zutraute, in Englisch zu schreiben, und ich wollte ihm gerade anbieten, den Brief gemeinsam zu schreiben, als etwas in mir dachte: Halt dich da raus! Wenn er unsere Unterstützung sucht, wird er fragen. Der Rest geht uns nichts an.

Jedes Mal, wenn Isabel ihren Computer aufrüstete, verschickte sie die neuen Informationen. Bei Facebook wurde Said ihr sofort zugeordnet.

Wenn in den Nachrichten ein Unfall oder ein Attentat

in Neu-Delhi gemeldet wurde, sagten wir, hoffentlich geht es Isabel gut.

Sonst sprachen wir nur noch selten von ihr, doch irgendwie gehörte sie zu uns – in Gedanken jedenfalls. Sie gehörte an den Anfang von Saids Leben – vor unserer gemeinsamen Geschichte mit ihm.

Manchmal überraschte mich etwas wie Zuneigung, obwohl ich Isabel noch nie gesehen hatte und mir vieles, das ich vom Hörensagen über sie wusste, nicht gefiel. Doch ohne ihre Entscheidung, die afghanische Familie zu verlassen, wäre Said nicht zu uns gekommen. Manchmal sagte er:

»Ich möchte wissen, warum sie mich vergessen hat.«

»Sie hat dich nicht vergessen, sonst hätte sie sich nicht jetzt wieder gemeldet.«

Dann erzählte ich wieder von der Armut in Indien, damals jedenfalls und auch heute noch bei unendlich vielen, und dass sie es als unverheiratete Frau mit einem Baby schwer gehabt hätte.

»Sie war doch verheiratet!«

»Aber nur nach islamischem Recht. Das gilt in Indien nicht.«

Er sagte dann nur: »Trotzdem.«

Sie war ungefährlich fern, das machte es mir leicht, meine mögliche Eifersucht auf sie zu begrenzen.

Es lag auch an Said, der einmal, als ich noch ab und an fragte, ob er seiner Mutter geschrieben habe, in seinem üblichen, ungeduldig pampigen Ton antwortete: »Was redest du? Wen meinst du? Du bist meine Mutter. Nennen wir die in Indien doch einfach nur Isabel.«

3.

Fremdenpass / Aliens Passport / Passport pour Etrangers, Staatsangehörigkeit afghanisch, Einreiseverbot in Afghanistan, Aufenthaltsbefugnis für die Bundesrepublik Deutschland befristet; bei Unterschrift des Antragstellers stand: schreibunfähig, bei Größe: im Wachsen.

Auf dem Foto ein vielleicht fünfjähriger Said, bockig, misstrauisch, mit finsterem Blick, hochgezogenen Schultern und starrem Nacken. Kaum zu erkennen. Sein Aufenthaltsstatus war der unsicherste überhaupt. Deshalb hatten wir in den vergangenen Jahren eher befürchtet, dass man unseren Sohn ausweisen, als dass seine Mutter wieder auftauchen könnte.

Afghanischer Vater, indische Mutter, wir als seine deutschen Pflegeeltern, galten zwar als Vormund, aber vor dem Ausländergesetz nicht als seine Eltern.

Jedes Gesuch auf Einbürgerung oder immerhin eine unbefristete Aufenthaltserlaubnis für Deutschland wurde mit der Begründung abgelehnt, dass vom Status der befristeten Aufenthaltsbefugnis kein Weg zu einer unbefristeten Aufenthaltserlaubnis führe, die wiederum Voraussetzung für eine Einbürgerung gewesen wäre. Ohnehin schwer zu begreifen. Niemand konnte erklären, wie er als kleines Kind in diese ausländerrechtliche Sackgasse geraten war, und niemand schien es korrigieren zu können.

Said war in Deutschland geboren, er lebte bei Deutschen, aber nach dem Staatsangehörigkeitsgesetz würde er nicht Deutscher werden können. Er war afghanischer Staatsangehöriger, aber er durfte nicht in Afghanistan einreisen. Man könnte ihn also nicht nach Afghanistan ausweisen. Aber nach Indien vielleicht? Zu seiner leiblichen Mutter, deren Namen er trug?

Wir telefonierten oft mit dem Ausländeramt, sprachen vor, legten den Fall in seinen Komplikationen dar, arbeiteten uns in den Zuständigkeiten nach oben, säuselten, machten Druck, wiesen auf Widersprüche hin. Es gab Sachbearbeiterinnen, die es selbst kaum glauben konnten, uns keinen anderen Bescheid geben zu können. Sie entschuldigten sich und konnten doch nichts ändern. Wir arbeiteten uns zu den Vorgesetzten vor, bald galt ich als Querulantin beim Amt und meinte ein leichtes Stöhnen zu hören, wenn ich meinen Namen nannte und ansetzte, Saids Fall zu schildern. Andere Sachbearbeiterinnen waren so unfreundlich, dass ich ihnen lieber Ratlosigkeit unterstellte, als sie zu beschimpfen. Bei einem Empfang im Münchner Rathaus steckte ich dem Oberbürgermeister einen Brief in die Tasche, die Antwort kam von der zweiten Bürgermeisterin und war eine seitenlange Version der üblichen Ablehnung.

Einmal, an der tschechischen Grenze, es war noch vor dem 11. September 2001 und Said vielleicht neun Jahre alt, versetzte sein afghanischer Pass die Posten in helle Aufregung, und sie verweigerten ihm die Einreise. Zum Glück waren wir unterwegs zum tschechischen Botschafter, der in Roberts Familie eingeheiratet hatte. Wir riefen ihn an, er telefonierte mit den Grenzern und erklärte das Kind, trotz seiner afghanischen Staatsangehörigkeit, für ungefährlich. Stunden später durften wir einreisen.

Saids Asylstatus blieb unsicher, selbst wenn das Reisen innerhalb Europas mit den Jahren leichter wurde. Nach dem Schengen-Abkommen mussten wir nicht mehr für jede Reise nach Italien ein Visum und eine Transiterlaubnis für Österreich beantragen.

»Und wenn wir ihn adoptieren?«

Es gab keine andere Möglichkeit, Said auch rechtlich zu unserem Sohn und damit zu einem deutschen Staatsbürger zu machen, der nicht ausgewiesen werden konnte.

»Die Lösung von Einbürgerungsproblemen ist nicht der Sinn von Adoptionen«, sagte unsere Betreuerin vom Jugendamt.

»Vater und Mutter leben noch, können aber trotzdem nicht ihr Einverständnis geben.«

Bis dahin erschien es uns einleuchtend, dass wir Said nicht adoptieren konnten. Wäre nicht sein Vater im Pflegeheim zum zweiten Mal entmündigt und enteignet worden, wenn wir seinen Sohn auch rechtlich zu unserem machten?

Said sagte nur: »Es soll alles so bleiben, wie es ist. Ich bin bei euch, mein Vater ist im Heim, und meine Mutter ist weg.«

Bald würde er ein junger Erwachsener mit dunkler Haut, afghanischem Pass, indisch-afghanischer Herkunft und lausigen Aussichten sein, fast ohne Schulabschluss. Charmant, gut aussehend. Kein Afghane, kein Inder, kein Deutscher. Am meisten Deutscher, inzwischen, aber so sah er nicht aus, und es stand auch nicht in seinen Papieren.

Abends und nachts auf der Straße, wenn er mit Freunden unterwegs war, wurde er immer als Erster und meist auch als Einziger kontrolliert, allein durch sein Aussehen gehörte er für Polizisten zur Gruppe der möglichen Verdächtigen: Braune Haut und dunkle Augen, die vor Freude funkeln und mit einem Wimpernschlag drohend schwarz werden können, undurchdringlich vor Traurigkeit oder blitzend vor Wut. Die Augenbrauen perfekte Sicheln, als wären sie in Form gezupft. Je mehr er in die Höhe schoss, desto ähnlicher wurde er seinem afghanischen Vater, aber früher, beim Verkleiden, mit meinen Ohrringen, sah er neben den blonden Mädchen aus seiner Klasse wie ein Mädchen aus – eine dunkle Prinzessin. »Eine Spanierin«, meinten die Kinder.

»Deine dunkle Prinzessin nervt«, sagt Robert, als Said laut lachend, das Telefon am Ohr, schon in Fußballschuhen, die Sporttasche über der Schulter, am Esstisch vorbei zum Fenster stürzt, auf der Straße Freunde begrüßt, uns mit einem »Ich muss los« und dem kleinen Finger der Telefonhand winkend verabschiedet, Fenster und Türen offen stehen lässt und polternd durchs Treppenhaus stürmt. Robert grinst schief, ich auch, ich mache das Fenster zu und sehe, wie er unten drei, vier, fünf, sechs Freunde mit Handklatschen begrüßt. Er reißt sein Fahrrad hoch und fährt winkend und laut schreiend davon. Es klingt wie Jubel, am Leben zu sein.

Manchmal stellte ich mir die Mischung aus allem, was er mitgebracht und inzwischen zusammengetragen hatte, in dauernder Bewegung vor. Wenn er an manchen Tagen heftig mit Händen und Worten um sich schlug, waren es vielleicht innere Verschiebungen wie die von Erdplatten, die sich krachend aneinanderrieben und übereinanderschoben, an anderen Tagen war alles flüssig, brodelnd, als würden sich Elemente in ihm nicht mit anderen vertragen und erst recht nicht mit der Umgebung außerhalb seiner Körpergrenzen, oder er wirkte wie mit Benzin übergossen, so dass schon ein Funke, eine Bemerkung vielleicht, genügte, und er explodierte.

Hinter ihm lagen zwei Kindheiten: Die erste war schon nach drei Jahren vorbei, die zweite begann, als er sieben war, und ging so schnell vorüber, dass wir immer noch atemlos waren. Kaum hatten wir uns aneinander gewöhnt, war Said schon wieder davongewachsen; viel zu schnell, alles ging viel zu schnell: Uns fehlten die ersten acht Jahre.

4.

Said war sechzehn, als wir gemeinsam zu einem Besuch in dem Pflegeheim nahe der österreichischen Grenze aufbrachen, wo sein Vater seit dreizehn Jahren untergebracht war.

Said war gerade von der Schule geflogen. Als externer Schüler bereitete er sich auf den Qualifizierenden Hauptschulabschluss vor und tat alles, um die Prüfungen nicht zu bestehen.

Vielleicht wollte er sich mit dem Besuch bei seinem Vater dem erreichbaren Teil seiner Eltern nähern, weil er am liebsten weit weg von uns gewesen wäre, und es machte seinen Zorn nur größer, dass irgendetwas ihn davon abhielt, auf und davon zu gehen. Isabel war ein Phantom, eine fremde Frau in Indien. Ashraf Qadari, sein leiblicher Vater, war immerhin physisch erreichbar. Aber er lag seit dreizehn Jahren im Wachkoma.

Auf der Fahrt streitet Said für höheres Taschengeld, neue Schuhe, längeres abendliches Ausgehen, wir um regelmäßiges Üben für die Prüfungen, Verlässlichkeit und einen anderen Umgangston. Die üblichen Gespräche zwischen Teenagern und ihren Eltern, nur geht es bei Said immer um Leben und Tod. Doch die Stimmung zwischen uns ist nicht so schlecht wie sonst.

Als wir die Autobahn verlassen und den Schildern folgen zu dem kleinen Ort an der Grenze, den wir bisher nur als Namen aus den Staumeldungen der Verkehrsnachrichten kennen, hören wir auf mit dem Streiten. Wir suchen die Klinik. Ein paar Mal fahren wir hin und her durch die Straße und fahren trotz der Hinweisschilder an dem richtigen Haus vorbei. Als wir Passanten fragen, stehen wir direkt davor.

Die Anlage wirkt klein, von der Straße aus gesehen, in den Balkonkästen wachsen Stiefmütterchen.

Überall im Garten sind Rollstuhlfahrer unterwegs, manche bewegen die Räder aus eigener Kraft, aber die meisten werden von Besuchern oder Helfern geschoben. Es ist Ostermontag. Die Berge liegen nah, einige der Patienten sitzen in ihren Rollstühlen und blicken allein in die Ferne.

Kaum haben wir das Haus betreten, liegt die Außenwelt hinter den hohen Fenstern und Türen aus Glas wie eine geräuschlose Kulisse. Wir fragen nach Schwester Sonja, bei der ich uns angekündigt habe. Ich stelle sie mir resolut und kräftig vor, eine grauhaarige erfahrene Kraft für die Betreuung von schwerbehinderten Patienten.

Schwester Sonja ist aber jung, hat ein Augenbrauenpiercing und zeigt Bauch unter dem offenen Kittel.

»Herr Qadari wartet am Fenster auf Sie.«

Wir zögern und ich bitte sie, uns zu begleiten. Keiner von uns ist darauf vorbereitet, mit Ashraf zu sprechen. In welcher Sprache? Said spricht kein Paschtu mehr, wir ohnehin nicht, also vielleicht Englisch oder Deutsch? Aber können Wachkomapatienten Fremdsprachen? Können Wachkomapatienten überhaupt sprechen?

»Unser iranischer Pfleger hat ihn in seiner Sprache auf den Besuch seines Sohnes vorbereitet«, sagt Schwester

Sonja, »er spricht Farsi, das ist ähnlich wie Paschtu. Herr Qadari freut sich.«

Sie lächelt über den Zweifel in unseren Gesichtern. Als wir immer noch nicht losgehen, nimmt sie uns beinahe an die Hand wie ängstliche Kinder – so fühlen wir uns jedenfalls. Jeden Schritt vorwärts würden wir am liebsten rückwärts gehen.

Ashraf liegt vor dem Fenster in einer Art fahrbarer, halber Chaiselongue, klein, zusammengekauert, die Augen geöffnet, mit umherirrendem Blick. Oft rutschen die Pupillen nach oben weg unter die Lider.

Seine Beine sind dünn wie die eines Kindes, seit Ewigkeiten ohne Bewegung, wie in einer alten Stellung eingefroren. An den Füßen trägt er weiße Söckchen. Die Hände liegen in Kopfhöhe verkrampft, halten Mulltücher fest, sein Mund stößt gurgelnde Laute aus.

Keiner von uns lässt sich seinen Schrecken anmerken.

»Er hat die gleichen Augen wie ich«, sagt Said.

Ich denke an das Foto aus der Zeit drei Jahre vor dem Unfall. Der große kräftige Mann, rotes Hemd zum weißen Anzug, lachend, prunkend, ein unbekümmerter Angeber, ein Frauenheld, sagt die afghanische Familie; vor ihm die kleine, stupsnasige Inderin, die alles an sich vorreckt und sich an ihn schmiegt.

Jetzt ist Isabel weit weg, und Ashraf liegt seit Jahren in diesem Zimmer. Das wird nicht wieder gut. Ob er noch weiß, wer er einmal gewesen ist?

Irgendwie scheint er Said zu erkennen.

Eine Zärtlichkeit überfällt mich, die den Schrecken erträglicher macht. Ashraf lallt, es ist, als ob seine Zunge die Laute im Mund herumschiebt auf der Suche nach der richtigen Position und dann erschöpft vor den Lippen hängenbleibt.

»Er mag am liebsten Hähnchen mit Reis«, sagt Schwester Sonja.

Ich wage kaum zu fragen, wie er essen kann.

»Das machen wir alles mit der Pipette, basale Stimulation«, sagt sie, »es geht um den Geschmack auf der Zunge, und wenn wir ihn fragen, was er trinken möchte, verlangt er ein Bier, eine Halbe.«

»Mit dem Strohhalm?«, frage ich, und sie sagt wieder, »Mit der Pipette, nur der Geschmack, wissen sie, ernährt wird er vom Tropf«.

Said sagt: »Das gleiche Lieblingsgericht wie ich. Hähnchen mit Reis.«

Ashrafs Augen blicken verdreht nach oben, so dass er Said nicht sehen kann. Oder doch?

»Er versteht etwas Deutsch und Englisch«, erklärt uns Schwester Sonja, beugt sich zu seinem Ohr und sagt laut, dass sein Sohn jetzt angekommen sei.

»Er freut sich«, sagt sie, obwohl die Laute, die Ashraf ausstößt, für uns nicht nach Freude klingen. Sie schiebt Said ein paar Schritte zur Seite, damit sein Vater ihn sehen kann.

Mir kommt es vor, als schickte sie mein Kind allein in einen unbekannten, dunklen Raum, in dem sich sein Leben ohne uns weiterentwickelt, als kehre er aus unserer Obhut zu seinem ersten Vater zurück, zum Anfang, wo aber nichts mehr so ist, wie es damals war. Mit einer Hand auf Saids Rücken halte ich eine Verbindung aufrecht, als ratlosen Schutz, während er sich zu seinem Vater beugt und beide Hände auf die verkrampften Beine legt.

Ich weiß nicht mehr genau, was passiert ist, nur noch, dass Said zur Seite tritt und mich in Ashrafs Blickwinkel schiebt, und dass ich mich vorstelle, in Englisch seltsamerweise, als die andere Mutter seines Sohnes, die ihm helfen will, erwachsen zu werden. Stellvertretend, nicht als Ersatz für ihn.

Als ich mich aufrichte, dieses erstaunliche Lächeln der Schwester; die junge Frau mit dem Piercing ist vielleicht halb so alt wie ich, doch in ihrem Blick liegt eine Klugheit, der ich sofort vertraue. Es gelingt mir nicht, die Tränen zurückzuhalten, sie lächelt mich an, nicht tröstend – es ist etwas wie Stolz darin, und ich komme mir vor, als würde man mich prüfen, ob ich die Schätze erkenne, die man hier hütet.

Keine Krüppel oder Debile Austherapierte oder hoffnungslose Fälle, sondern Menschen, denen etwas zugestoßen ist, das wir für ein Ende halten, obwohl etwas anderes beginnt. Und dieses andere ist gewachsen seitdem und formt, wie jede Erfahrung, das Leben, zu dem es gehört. Der Tod scheint hier fern zu sein, so naheliegend er für uns Außenstehende wäre; überall beschädigte Körper, gehütet, umsorgt, aber nicht mehr zu heilen.

Könnte es sich um eine Art Freiheit handeln, dieses andere Leben zu erkennen und zu beschützen?

Der junge iranische Pfleger heißt Karim, er schiebt Ashraf in den Speisesaal, wo sich Besuchergruppen um Rollstühle gebildet haben. Wir folgen, eine kleine Menschengruppe um den Mann im Rollstuhl, der sich windet und immer unruhiger Laute in immer höheren Tonlagen ausstößt. Für Karim scheint Ashraf wie jeder von uns zu sprechen, er fragt Said nach der Schule, übersetzt in Farsi und lauscht auf das, was er als Antwort versteht.

»Herr Quadari rät Said, ein guter Schüler zu werden«, sagt er, und wir lachen, weil wir nicht glauben können, dass ein Gespräch mit Ashraf so einfach sein kann.

Robert und ich lassen die drei mit ihren Fragen und Antworten allein. Robert ist blass und starr wie immer, wenn ihn etwas bedroht. Er ist genauso alt wie Ashraf und sieht nur die Fallhöhe von dem stattlichen Mann auf dem Foto zu dem Pflegefall jetzt, und ich kann ihm meine Ahnung kaum begründen, dass Ashraf in seinem Zwischenreich immer noch dem Leben näher ist als dem Tod.

Bald kann auch Karim Ashrafs Unruhe nicht mehr übersehen und schiebt ihn zurück in sein Zimmer. Said und ich folgen, Robert bleibt zurück.

Laute afghanische Musik empfängt uns und eine Frau, die hin und her geht, aufräumt und dabei unaufhörlich zu einem schwarzhaarigen Jungen in dem Bett vor dem Fenster spricht. Sie weiß längst, wer wir sind, stellt uns dem Jungen vor, der stiller ist als Ashraf, nicht so verkrampft, auch Afghane, ein achtzehnjähriger Wachkomapatient, seit ihn vor einem halben Jahr ein Auto im Dunkeln auf nasser Straße erfasst hat.

Es ist fast wie bei einem gewöhnlichen Krankenhausbesuch. Ich unterhalte mich mit der Mutter des Jungen, Said, nur wenig jünger, sitzt an dessen Bett, hält eine kalte, gelähmte Hand, eine Zeitlang halte ich die andere und immer haben wir auch Ashraf im Blick. Unaufhörlich versucht die Mutter des Jungen, ihren Sohn zurück ins wache Leben zu holen, jeder Schritt, jede Handbewegung sagt, komm her, bleib nicht, wo du bist!

Sie fährt jeden Tag von München in diesen Ort an der Grenze, mit der U-Bahn, dem Zug und dem Bus.

Ashraf wird ruhiger.

»Er sieht glücklich aus«, sagt die Mutter des Jungen. Irgendwann setze ich mich seiner halben Chaiselongue gegenüber auf einen Stuhl und spreche wortlos mit ihm.

Er hat mich verstanden, da bin ich sicher, aber ich könnte es nicht beweisen. Ich weiß auch nicht sicher, ob er mit mir gesprochen hat, aber ich nehme es an.

»Ihm gefallen blonde Frauen«, sagt die Mutter des Jungen.

Zum Abschied umarmen wir uns, ich streiche Ashraf über sein grau gewordenes Haar, und am liebsten hätte ich versprochen, in einer Woche wiederzukommen und die Mutter im Auto mitzunehmen. Sie hat noch zwei jüngere Kinder.

Aber ich verspreche nichts, wir tauschen nur unsere Telefonnummern aus.

Said wird seinen Vater erst zwei Jahre später wieder besuchen. Vielleicht hatte er ihm deshalb – als Proviant für die lange Zeit – einen Brief unters Kopfkissen geschoben.

»Er fühlt sich verwandt an«, sagte er auf dem Heimweg im Auto und lächelte verloren, erwachsen für den Moment, weil er vielleicht schon ahnte, dass die neu gefühlte Verwandtschaft für lange Zeit wieder ruhen würde.

An diesem Tag hatten Robert und ich einen Said kennengelernt, der kaum Ähnlichkeit mit dem rotzigen, unverschämten und haltlosen Bengel hatte, den er seit einiger Zeit für uns gab. Er nahm unseren Respekt zur Kenntnis, wortlos, aber irgendwie aufgerichtet, mit Tränen in den Augen. Zu Hause verschwand er sofort zu seinem Freund Sami, der im selben Haus wie wir wohnte.

Danach flammten unsere Kämpfe wieder auf und wurden heftig in den folgenden Monaten und Jahren.

Trotzdem könnte es sein, dass dieser Besuch unser Verhältnis veränderte, auf jeden Fall prägte – danach konnten wir uns offenbar größere Krisen erlauben.

5.

Er sitzt auf einem Barhocker in einem afghanischen Restaurant und starrt auf den Fernseher über der Bar, klein für sein Alter. Schwarze Haare, braune Haut, ein kräftiges Kerlchen im roten Jogginganzug.

»Sieben Jahre alt, bald acht«, hatte Frau Scherer, unsere Betreuerin vom Jugendamt, aus seiner Akte vorgelesen.

»Von einer afghanischen Familie zur nächsten geschoben, aufsässig, macht Schwierigkeiten, zu Hause und in der Schule.«

Es war Anfang April 1995, morgens acht Uhr, der Tag trüb, draußen Schneeregen. Wir waren fünf Jahre zuvor auf unsere Adoptionsfähigkeit geprüft und anerkannt worden, doch es hatte sich kein Kind gefunden, zur Adoption ohnehin nicht, aber auch nicht zur Pflege. Turnusmäßig hatte man uns eingeladen, und wir gingen jedes Mal mit einer kleinen Hoffnung nach Hause, doch nie wurde etwas daraus.

Auf dem Tisch im Büro brannte eine dicke orangerote Kerze, Frau Scherer und zwei jüngere Frauen erwarteten uns. Die eine hatte eine Mappe mit der Geschichte eines zehnjährigen Mädchens, dessen Mutter in die Psychiatrie eingeliefert worden war, die andere kam von der Flüchtlingshilfe der Inneren Mission und erzählte von einem kleinen afghanischen Jungen. Der Vater ein Pflegefall für immer, die Mutter verschwunden.

»Der Junge lebt seit kurzem in der Familie seines Onkels. Die jüngeren Kinder gehen noch zur Schule, der mittlere Sohn studiert, der älteste arbeitet in einem Hotel. Außerdem helfen alle in dem kürzlich eröffneten Geschäft für orientalische Lebensmittel. Keiner hat Zeit für den Jungen.

Die Tante kommt mit dem Jungen nicht zurecht, sie ist erschöpft nach vier eigenen Kindern, der Flucht aus Afghanistan und dem neuen Anfang im fremden Land. Fast jeden Tag kommen nahe und ferne Verwandte auf der Durchreise zu Besuch, der Junge stört und alle machen sich Sorgen um ihn. Der älteste Sohn wird bald heiraten, aber auch er wird den Jungen nicht aufnehmen können. Alle Familienmitglieder sind sich einig, dass der Junge eine neue Familie braucht.«

»Das ist ihr Kind«, sagte Frau Scherer. Ich bildete es mir jedenfalls ein. Robert hatte nichts gehört.

Der Junge dreht sich um, gibt seiner Betreuerin artig die Hand, anschließend unserer Fürsorgerin, dann mir und zum Schluss Robert. Er knipst ein strahlendes Lächeln über Zahnlücken an und sofort wieder aus, während er den Fernseher nicht aus den Augen lässt. Sein Blick scheint am Bildschirm festgezurrt, so rasch dreht er sich wieder weg.

Er interessiert sich kein bisschen für uns.

Außer uns sind am späten Nachmittag keine weiteren Gäste in dem afghanischen Restaurant, das Saids Onkel für unser Treffen vorgeschlagen hat. Er ist mit dem Besitzer befreundet oder verwandt oder kennt ihn aus Kabul.

Alle Tische sind weiß gedeckt, auf den Stühlen und am

Boden Teppiche, überall Spiegel und Bilder von hohen Bergen, plätscherndes Wasser in einem Brunnen mit farbigen Fontänen. Von meinem Platz aus kann ich den kleinen Jungen an der Bar beobachten. Wir interessieren ihn immer noch nicht.

Er hat uns artig zur Begrüßung die Hand gegeben und das war's, obwohl ihm sicher nicht oft deutsche Paare vorgestellt werden, die im leeren Lokal mit den Frauen vom Jugendamt an einem Tisch sitzen.

Oder doch? Niemand würde uns sagen, ob schon Bewerber vor uns gekommen und wieder gegangen sind, abgelehnt vom Onkel oder selbst nicht interessiert an dem Kind. Vielleicht sind wir die Ersten, vielleicht aber auch nicht. Said lässt kein bisschen Neugier erkennen, die ihn von dem lautlos gestellten Fernseher ablenken könnte.

Er ist klein für einen Sechsjährigen, mit Kugelbauch und runden Wangen, ein hübscher Bengel, noch verpackt in etwas Babyspeck. Immer wieder bricht er vor einem Fernsehbild in übermütiges Lachen aus. Die Hautfarbe zwischen Zimt und Schokolade. Sonst gleicht nichts an ihm dem zarten afghanischen Prinzen, den ich mir vorgestellt habe, seit man uns seine Geschichte erzählt hat.

Ich habe zwar keine Ahnung von afghanischen Prinzen, aber dieser kleine Kerl im roten Trainingsanzug an der Bar vor dem Fernseher sieht nicht gerade nach Tausendundeiner Nacht aus.

Saids Onkel Mohammad Qadari passt besser in mein Bild, stattlich, mit Adlernase und grau-schwarzer Mähne, er küsst mir und den beiden Fürsorgerinnen die Hand und stellt uns einen seiner Söhne und einen Neffen vor. Der Sohn trinkt Tee wie sein Vater, der Neffe sagt »I'm from Los Angeles« und bestellt Bier.

Saids Onkel beginnt zu sprechen. Auf der Stelle setzen sich die beiden Jüngeren in respektvolle Positur, und der kalifornische Afghane trinkt keinen Schluck mehr von seinem Bier. Sie übersetzen abwechselnd. Jeden Satz beginnen sie mit einem feierlichen »ER sagt«. ER spricht leise und schnell, manchmal beraten sich die drei untereinander, dann wieder »ER sagt« oder »ER fragt«: nach Roberts Beruf, unserer Wohnung, warum wir ein fremdes Kind aufnehmen wollen. Wir fühlen uns wie eine Delegation in einem fremden Land, von dem man nicht weiß, ob es uns feindlich oder freundlich gesonnen ist, und antworten vorsichtig und offiziell. Wir fragen ebenfalls, doch die Antworten sind kurz und wir erfahren nicht mehr, als wir bereits aus den Akten wissen. Am Ende fragt Herr Qadari, wer von uns drei Frauen Saids Mutter sein würde.

Ich hatte lange überlegt, was ich für dieses erste Treffen mit unserem möglichen Kind anziehen solle. Robert lachte mich aus, als ich in einer Kiste mit ausrangierten Kleidern wühlte und ein leuchtendblaues Strickkostüm herauszog. »Eine Farbe, die Kindern vielleicht gefällt!«

Die Farbe hilft nichts, Said sieht kein einziges Mal zu unserem Tisch.

Sein Onkel blickt mich lange schweigend an und spricht dann lange mit seinen Übersetzern. Übrig bleibt davon nur: ER möchte mit Ihnen anstoßen. Wir bekommen Champagner, ER ein neues Glas Tee. Wir heben die Gläser.

Doch wir stießen nicht auf das Gleiche an. Während Robert und ich dachten, »Von nun an …«, zog er uns als mögliche neue Pflegeeltern für seinen kleinen Neffen in Betracht, mehr nicht. Wir waren Bewerber. Dass er weiter nach besseren suchte, wussten wir nicht.

Als das Restaurant sich allmählich mit regulären Gästen füllt, hebt Herr Qadari noch einmal sein Teeglas, legt die Hand aufs Herz und bittet um Aufschub, um seinen Ältesten zu verheiraten. Die Hochzeit ist in Hamburg als Familienfest für dreihundert Gäste geplant. Alles Afghanen im Exil. Wir verabschieden uns, und der Junge an der Bar vor dem Fernseher schenkt uns kein bisschen mehr Aufmerksamkeit als bei der Begrüßung. Er sucht nur fragend den Blick seines Cousins.

6.

Said sagte später, Robert und ich hätten komisch ausgesehen, so außer Atem und im Laufschritt.

Seine Betreuerin von der Flüchtlingshilfe der Inneren Mission, neben dem Jugendamt die zweite für ihn zuständige Instanz, hatte uns zu einem Treffen mit unserem eventuell zukünftigen Kind in den Westpark bestellt, um auszuprobieren, ob wir einander vielleicht gefielen.

Robert und ich gingen zunächst ins falsche Café, fragten aber, als wir die beiden nicht sahen, zum Glück bei der Bedienung, ob es noch andere Lokale im Westpark gebe. Wir riefen dort an, und als wir hörten, dass die beiden am anderen Ende des Parks warteten, rannten wir los.

Auf einmal fürchtete ich nichts mehr auf der Welt, als die beiden zu verfehlen, dabei hatte ich in der Woche seit unserem ersten Treffen beinahe schon beschlossen, dass er nicht zu uns passte. Es war nur ein vages Gefühl. Wenn Frau Scherer und Saids Betreuerin von der Flüchtlingshilfe fragen würden: »Wollen Sie dieses Kind annehmen?«, hätte ich vielleicht sagen müssen: »Nein!«

Robert kannte mich lange genug, um zu wissen, dass ich mit dem Gedanken an eine mögliche Ablehnung spielte, damit ich später nicht das Gefühl haben müsste, einfach das erstbeste Kind genommen zu haben, nur weil es kein anderes gab. Doch während wir durch den Westpark hasteten – ich weiß heute noch nicht, wie es dort aussieht, so wenig nahm ich um mich herum wahr, die Pagode etwa kenne ich nur von Fotos –, wurde Said von einem Kind, dass zur Wahl stand, zu einem Jungen, für den wir uns entscheiden würden. Wieder gab es nur ein Gefühl. Kein Wunder, dass wir komisch wirkten.

Ich sah ihn schon von weitem, er drehte sich um und lachte, und ich war erleichtert. Überzeugt, dass sein Lachen schon ein Einverständnis war, setzte ich mich ihm gegenüber an den Tisch und drückte seine Hand. Robert saß neben ihm, im See schwammen Schildkröten. Said jubelte, als die dicken Panzer an der Wasseroberfläche auftauchten, und sein Lachen legte hinreißende Zahnlücken frei.

Noch heute stört er mit Vergnügen sentimentale Momente, und wenn ich versuche, den Augenblick zu bestimmen, in dem unsere bis dahin getrennten Leben aufeinandertrafen, beharrt er darauf, uns nicht erkannt zu haben. Wir wären nur zwei fremde, komische Leute gewesen, die angerannt kamen.

Im Stillen halte ich manchmal sogar die plötzlich an der Wasseroberfläche auftauchenden Schildkröten für ein Zeichen. Ich weiß aber auch, dass die Schildkröten in diesem See daran gewöhnt sind, von den Tischen aus gefüttert zu werden, und deshalb angeschwommen kommen, sobald sich Menschen dort niederlassen. Said kann sich ohnehin nicht an die Schildkröten erinnern. Nur an den Fußball, den wir als Geschenk mitgebracht hatten. Wir machten uns auf den Weg zum Spielplatz und kickten den Ball zwischen uns hin und her, jeder gelungene Pass wurde mit einem Lachen bejubelt. Schon begann ich, Saids Lachen unverkennbar zu finden, er platzte vor Fröhlichkeit, als plötzlich sein eben noch strahlendes Gesicht finster wurde und er einen Ball, der direkt auf seinem Fuß gelandet wäre, nicht annahm. Er drehte sich um und schien uns nicht mehr zu kennen.

Aus einem Trupp junger Männer – Afghanen, nahm ich an – blieb einer stehen und fragte leise: »Said?«

Man sah dem kleinen Jungen an, dass er am liebsten spurlos verschwunden wäre, mühsam hielt er die Tränen zurück, wechselte ein paar Worte mit dem jungen Afghanen und stapfte davon, als gebe es uns nicht.

Einer der jungen Männer schoss den Ball weit über die Wiese, und alle rannten hinterher, nachdem uns noch der Mann, den Said offenbar kannte, mit einem zweifelnden Blick gestreift hatte. So würde es bleiben. Sowohl Saids Familie als auch andere Afghanen aus seiner weitläufigen Verwandtschaft sahen uns immer mit diesem merkwürdigen Blick an, als wären wir nicht ganz bei Trost, ein fremdes Kind aufzunehmen. Said schlug einen großen Bogen und kam zurück, als die Luft rein war.

»Das war Machmud«, erklärte er mir später. Machmud war sein ältester Cousin. »Er hat sich mit mir verabredet, wir wollten Fußball spielen, aber ich war ja bei euch. Dann hab ich mit Robert Fußball gespielt, und du hast zugeschaut.«

Fußball war Saids Sicherheitsnetz. Um ihn zu trösten, vielleicht auch, um ihn überhaupt zu dem Treffen mit dem deutschen Paar zu bewegen, hatte ihm sein ältester Cousin versprochen, er dürfe später mit den Großen

Fußball spielen. Dann waren die jungen afghanischen Männer und die möglichen deutschen Eltern – ob zufällig oder geplant – aufeinandergetroffen. Machmud hatte vielleicht gefragt, ob alles in Ordnung sei, und es stand nicht mehr zur Debatte, dass Said bei den Großen mitspielen durfte. Ihm war nichts anderes übriggeblieben, als mit uns zu gehen.

Zum Glück gab es auch bei uns einen Fußball.

Auf dem Spielplatz kroch Said die Rutsche von unten nach oben hoch und sah sich unaufhörlich nach uns um, ob wir in seiner Nähe blieben. Vielleicht kontrollierte er auch, ob er noch unter afghanischem Schutz stand.

»So viel Aufmerksamkeit hat er noch nie gehabt«, sagte seine Betreuerin. Wir brachten ihn nach Hause und danach, auf dem Weg zur U-Bahn, forderte sie uns auf, in aller Ruhe zu überlegen, ob wir diesen Jungen als unser Kind annehmen wollten. »Ich muss nicht mehr überlegen«, sagte ich und Robert nickte. So war unsere Entscheidung. Nicht bewusst, nicht abgewogen oder besprochen, sondern eine Gewissheit, die auf einmal da war.

Robert grinste über unser Einverständnis.

Seitdem sagen wir: Das war bevor, oder: das war nachdem Said zu uns gekommen ist. Mit seinem Einzug bei uns begann eine neue Zeitrechnung.

7.

Ich war bereits zu alt, um ein Baby adoptieren zu können, als wir uns beim Jugendamt bewarben. Die Altersgrenze lag damals bei 35 Jahren, und ohnehin werden nur wenige Kinder zur Adoption freigegeben – man braucht Beziehungen und viel Glück, um für eines davon in Frage zu kommen. Frau Scherer, unsere Betreuerin, bescheinigte uns nach ein paar Monaten offiziell, dass wir für eine Adoption geeignet seien, und riet uns sofort, uns um ein älteres Kind zu bemühen.

»Zur Pflege«, sagte sie. Auf Abruf, dachte ich, für nicht ganz so geeignete Adoptionsbewerber.

»Eine menschlich und pädagogisch verantwortungsvolle Aufgabe«, meinte sie und suchte in unseren Akten nach Hinweisen, die uns geeignet erscheinen ließen. Robert und ich hatten Pädagogik studiert.

Robert hatte immerhin ein paar Jahre lang Musik und ich Deutsch für Ausländer und Psychologie unterrichtet. Das lag lange zurück. Unsere finanziellen Verhältnisse waren nicht sehr gesichert, doch, und das war vielleicht entscheidend für Frau Scherer, wir waren über zwanzig Jahre verheiratet, was uns gereifter erscheinen ließ, als wir vielleicht waren. Frau Scherer gefiel sogar unser Geschirr aus aufgelösten Haushalten. Wir servierten den Kaffee in Kelchen und den gekauften Kuchen auf nicht zusammenpassenden Tellern; sie fand es apart. Ich wollte nicht aufhören zu arbeiten, doch sie hielt uns trotzdem für geeignet und unterstützte unseren Antrag. Ihre Fragen waren nie zudringlich, dabei erkundigte sie sich nach Sehnsüchten, Ehestreitigkeiten und Versöhnungen, wir nannten sie bald eher liebevoll als spöttisch Tantchen, und sie zeigte uns Fotos der Familien, die sie zusammengeführt hatte, wie die von nahen Verwandten.

Als sie von einem Pflegekind sprach, waren wir enttäuscht. Ich sah bloß professionell pädagogische Arbeit vor mir, Familienleben von Amts wegen, doch als ich mehr über das Pflegekinderprogramm des Jugendamts erfuhr, fand ich mich allmählich in der Vorstellung zurecht.

Ich sah uns fremde Kinder aufnehmen, mehrere auf einen Schlag, ich legte ihnen tröstend die Hand auf den Kopf, die größeren drückten sich Schutz suchend an mich, ein kleineres trug ich auf dem Arm. Robert hatte einen Jungen geschultert. Zwei der Kinder sah ich weinen, ihre leiblichen Eltern wären durch Alkohol, andere Drogen oder anderweitig gestrandet und für ein Familienleben im Moment nicht geeignet oder vielleicht arm oder krank, oder alles auf einmal und ihre Kinder traurig oder aufsässig wild, im schlimmsten Fall abgestumpft und gleichgültig und hätten trotzdem Sehnsucht nach einem heilen Familienleben – wie wir. Wir würden die Kinder mit pädagogischer Vernunft auffangen, trösten, beschützen und stärken, bis irgendwann ihre Eltern sie wieder aufnehmen könnten; wir wären ein Heim, eine Zuflucht im Dschungel der Stadt, immer auf Abruf, wir würden sie pflegen und irgendwann duftend und geheilt zurückgeben … Der Film riss ab, ein besserer fiel mir nicht ein. Aber ich wollte die ganze Verantwortung. So verantwortungsvoll die meisten Pflegeeltern auch für die Kinder sorgen mögen, irgendwann hört ihre Zuständigkeit wieder auf. Dann kommen die Nächsten. Ich wollte aber ein Kind, das uns allmählich verwandt werden würde, für immer, das wir erleben würden mit allen Veränderungen vom Kind zum Erwachsenen. »Dauerpflege«, darauf beharrte Frau Scherer. »Niemand hindert Sie daran, mit einem Pflegekind so zu leben, als wäre es adoptiert, wenn es in Dauerpflege bei Ihnen ist.«

Beim nächsten Termin saß eine Sozialarbeiterin oder Diplompädagogin mit Frau Scherer am Tisch. Immer noch sehe ich überdeutlich ihre Hand, die einen Aktendeckel aufschlägt, während sie von einem Mädchen aus dem ehemaligen Jugoslawien erzählt. Alles blieb vage, am Ende der Sitzung klappte ihre Hand den Aktendeckel wieder zu. Ein paar Tage später riefen wir an und erfuhren, das Kind sei einer Familie mit drei eigenen Kindern zugeteilt worden. Wir waren enttäuscht, aber auch merkwürdig beruhigt; sicher fände das Mädchen in der Familie ein neues Zuhause – mit Puppen und Kasperletheater und einem Hund vielleicht.

»Ich glaube, du freust dich immer, wenn es nicht klappt«, warf ich Robert vor.

»Als ob du das gekonnt hättest: ein elfjähriges Mädchen, die Mutter in der Klapse und der Vater schon seit Jahren weg, und keiner sagt dir, was passiert ist. Als ob so ein Mädchen einfach auf deinen Schoß geklettert kommt, Mammi sagt, und schon ist Weihnachten. Aber vielleicht kriegen wir das ja hin, und dann kommt die Mutter wieder raus und will ihr Kind zurück. Verständlicherweise. Da möchte ich dich sehen! Das ist ein Beruf, das muss man können. Immer wieder von neuem.«

Könnten wir einem Kind mit schlimmen Kriegserlebnissen genügend Halt geben? Wir hatten keine Erfahrung mit Kindern. Wir hatten nur eine Katze und später zwei.

Unsere Kinderlosigkeit machte uns verdächtig. Wollten wir vielleicht nur einen Mangel in unserem Leben ausgleichen? Ein Kind annehmen, um unserem Unglück zu entgehen? Aber wir waren nicht unglücklich. Wir wünschten uns ein Kind, weil wir uns vorstellen konnten, einem fremden Kind bei seinem Leben zu helfen, aber wir stellten uns auch vor, dass dieses fremde Kind unser Leben schöner machen würde. Wir gaben unseren Eigennutz zu. Ich hatte Fotos von Klebstoff schnüffelnden Kindern gesehen und mir sofort und heftig gewünscht, ihnen in ein anderes Leben zu helfen – wir müssten nur zusammenfinden.

Die Betreuerinnen vom Amt waren skeptisch. Vielleicht hatte ich ein Helfersyndrom. Oder war ich im Gegenteil viel zu eigennützig und sah nur meinen eigenen Wunsch? Wollte ich bloß ein Loch in meinem Leben stopfen? Mein Unglück heilen? Fast trotzig sagte ich noch einmal: »So unglücklich sind wir eigentlich nicht.«

»Auch leibliche Kinder werden nicht aus purem Altruismus in die Welt gesetzt«, meinte Robert.

»Es geht aber nicht um leibliche Kinder«, entgegnete eine der Betreuerinnen. Damit hatte sie recht.

Noch ein paar Mal wurden Mappen mit Akten aufgeschlagen und wieder geschlossen. Einmal war die Rede von einem kleinen bosnischen Jungen – das Baby, auf das wir längst nicht mehr zu hoffen gewagt hatten. Vielleicht war es der Tonfall der Betreuerin, oder es lag auf einmal eine andere Stimmung in der Luft; wir warfen uns einen Blick zu. »Vergewaltigung?«, fragte Robert leise, fast noch für sich oder nur zu mir. Es steckte keine Ablehnung und auch kein Entsetzen in seinem Ton, er fragte, um zu erfahren, worauf wir vielleicht gefasst sein müssten.

»Davon wissen wir nichts«, sagte die von den beiden, die wir nicht kannten, und klappte den Aktendeckel zu.

Die Zeitungen waren in dieser Zeit voll von Berichten über die als Kriegsbeute vergewaltigten bosnischen Frauen. Könnte eine Frau ihr Kind über alles lieben als Wunder nach dem Entsetzen der Vergewaltigung? Oder bliebe nur Starrheit übrig, um die unerträgliche Erinnerung an die Demütigung und die Schmerzen auszusperren?

Und wollten wir wirklich wissen, ob die Mutter »unseres« Kindes vergewaltigt worden war? Wäre es durch den Schrecken und die Leiden der Mutter und die Rohheit und Gewalt bei der Zeugung gezeichnet? Und müssten wir dem Kind später die Geschichte seiner Herkunft erzählen? Die Gedanken rasten so schnell, dass ich außer einem überwältigenden Mitgefühl für die Mutter kein anderes Gefühl mehr wahrnehmen konnte, nur eine neue Ernsthaftigkeit, als wäre mein Kinderwunsch erwachsen geworden und nicht mehr bloß eine Sehnsucht.

In diesem Moment begriffen wir, selbst wenn wir erst später darüber sprachen, dass unserem Glück über ein Kind ein Unglück vorausgegangen sein würde. Nicht immer so groß wie eine Vergewaltigung, doch es ist Unglück genug, dass ein Kind, aus welchen Gründen auch immer, nicht bei seiner Mutter bleiben kann. Könnte trotzdem etwas wie Glück für alle Beteiligten daraus werden, wenn andere Eltern nachrückten? Und wenn es schiefging mit den neuen Eltern? Gibt es nicht genügend Geschichten von tragisch gescheiterten Adoptionen?

Vor Jahren, es war bei einem Fest, das entfernte Bekannte auf dem Land gaben, traf ich zufällig die Gastgeberin an der Hintertür ihres Hauses. Sie hatte einem jungen Mann etwas zugesteckt und ihn dann weggescheucht. Ich konnte nicht so tun, als hätte ich nichts gesehen, sie war aufgewühlt und hatte Tränen in den Augen. Sie setzte sich auf die Treppe und zog mich zu sich. Wir kannten uns kaum, aber vielleicht war ich in diesem Moment fremd genug für ihr Vertrauen, und sie begann zu erzählen.

Der Junge, den sie weggescheucht hatte, war einer ihrer beiden Adoptivsöhne aus einer früheren Ehe. Es waren Zwillinge, inzwischen zwanzig Jahre alt. Beide Jungen hatten die Schule geschmissen, mehrmals eine Lehre abgebrochen, sie hatten geklaut und geprügelt.

»Wir haben die beiden rausgeworfen, als sie achtzehn waren, aber sie kommen immer wieder und betteln um Geld«, sagte sie, ratlos und verlegen. Vor ihrem früheren und auch vor dem jetzigen Mann hielt sie geheim, dass sie den beiden immer wieder aus der Patsche half.

Als die Kinder noch klein waren, hatten die Eltern zusammen ein Buch über Adoption geschrieben, der Vater war oft wochenlang unterwegs, ein Feuerkopf, in allen Medien präsent, mit einer Professur in Wien. Ich bezweifelte im Stillen, dass er zu Hause, auf dem Land, einfallsreich oder geduldig im Umgang mit den beiden schwierigen Kindern war, während die vielen klugen und brillanten Artikel und Bücher entstanden. Die Ehe zerbrach, das Buch über Adoption kam später in der Liste seiner Veröffentlichungen nicht mehr vor.

»Warum wollen Sie ein Kind adoptieren?«

Sooft die Frage auch gestellt wurde, unsere Antwort blieb eine Mischung: Wir wollten ein Kind, wir wollten einem Kind helfen, wir verstanden uns nicht als Retter, aber wenn wir die Fotos von kleinen Klebstoffschnüfflern sahen, wollten wir sie sofort in ein behütetes Leben bei uns retten.

Außerdem hatte ich inzwischen das merkwürdige Gefühl eines Auftrags; es war keine Gewissheit, nur die diffuse Befürchtung, einer Verantwortung auszuweichen. Als bliebe ich dem Leben etwas schuldig, das mir als Aufgabe zugeteilt worden war.

»Eine offene Rechnung, ich muss noch bezahlen«, sagte ich manchmal zu Robert. Selbst ihm konnte ich es nicht besser erklären.

Frau Scherer vom Jugendamt hielt zum Glück uns und unsere Motive für vertrauenswürdig, sogar unsere Kinderlosigkeit begriff sie als Glück für unser eventuelles Kind.

»Ich glaube, bei Ihnen ist in jeder Hinsicht viel Platz, in der Wohnung und im Herzen«, sagte sie, und ich, neunmalklug, mit einem Kloß im Hals:

»Es ist eine andere Verantwortung als bei leiblichen Eltern, man nimmt auch das Unglück mit auf, das das Kind hinter sich hat, und darf nicht so tun, als wäre nichts geschehen. Und trotzdem versucht man, das Unglück zu heilen.«

Frau Scherer legte ihre Hand auf meinen Arm.

8.

Nach vier Jahren waren wir nicht viel weitergekommen, und begannen, uns nach Auslandsadoptionen zu erkundigen. Dafür war das Jugendamt nicht zuständig, aber Frau Scherer warnte vor Kriminalität und Aids. »Es steht Ihnen selbstverständlich frei«, sagte sie uns ungehalten. »Russland ist schwierig, aber es gibt dort viele elternlose Kinder. Wir geben keine Ratschläge.«

Anfang der neunziger Jahre galt Rumänien unter Adoptionswilligen als aussichtsreich – nach dem Abtreibungsverbot während der Ceauşescu-Diktatur kam gerade die zweite Generation von Kindern ohne Eltern auf den Straßen von Bukarest an. Verwandte von Freunden hatten ihr Kind dort gefunden, andere Bekannte auch. Wie immer malte ich mir alles aus und fürchtete schon im Voraus den Anblick der Kinder im Waisenhaus. Vielleicht würde man uns auf eines von ihnen aufmerksam machen, das dann doch nicht in Frage käme, dafür ein anderes, das krank wäre, ohne dass man es uns sagen würde. Das Jugendamt hatte uns vor Aids in Rumänien gewarnt, und wir fragten uns gegenseitig: »Könntest du ein infiziertes Kind aufnehmen und womöglich – als unsere einzige Elterntat – beim Sterben begleiten?« In den Zeitschriften erschienen Reportagen mit Fotos aus rumänischen Waisenhäusern. Die Kinder blickten verloren nirgendwo hin, und jeder, wirklich jeder, der die Fotos sah, hätte diese Kinder am liebsten tröstend auf den Arm genommen, entführt und in Sicherheit gebracht.

Nach dem Vorbild der Verwandten unserer Freunde stellten wir Anträge und scheiterten bald an unseren finanziellen Verhältnissen. In der juristischen und behördlichen Grauzone damals in Rumänien waren die Preise für Vermittlungen hoch. Dreißigtausend Mark im Voraus, damit ein Anwalt überhaupt erst einmal beginnen würde zu vermitteln, wofür erneut bezahlt werden müsste, dann erst kämen die sinnvollen Spenden für die Heime.

Vielleicht hätten wir andere, weniger teure Vermittler gefunden oder das Geld irgendwie aufgebracht, doch inzwischen hatten uns Verwandte in Tschechien auf Roma-Kinder aus der Slowakei aufmerksam gemacht. Sie lebten in Heimen, und der Staat war um eine kontrollierte Auslandsvermittlung bemüht, da nicht alle Kinder von Familien im eigenen Land adoptiert werden konnten. Prag war Anfang der neunziger Jahre noch eine dunkle Stadt unter der Burg. Gerade wurden die ersten Häuser in den alten hellen Habsburger Farben restauriert. Wir liefen stundenlang durch die Stadt, einmal gerieten wir durch Zufall in Kafkas Versicherungsgebäude, die Wasserstellen auf den Fluren und die grüne Ölfarbe an den Wänden schienen seit damals unverändert. Es war wie Ferien, wäre nicht das dauernde Herzklopfen gewesen. In den Ämtern fuhren wir mit Paternostern von einer Etage zur nächsten, holten hier eine Unterschrift und gaben da einen Antrag ab, wir wohnten in einem von den Bewohnern für uns geräumten Zimmer in einer früher einmal eleganten Wohnung, das Bett war hoch, mit dicken Plumeaus, das Frühstück überwältigend, abends trafen wir unsere Verwandten, und was sie von den slowakischen Roma oder Sinti erzählten, hatte wenig mit unserer Schwärmerei für die Freiheit ihres Nomadenlebens zu tun.

Als Kind hatte ich immer auf die Wagen der Zigeuner gewartet, die regelmäßig im Frühjahr und im Herbst kamen. Unter den Bäumen am Rand des großen Zirkusplatzes vor unserem Haus spülten die Frauen in langen Röcken das Geschirr; ich hatte ihre Hunde gestreichelt und die Kinder beneidet, aber nie gewagt, mit ihnen zu reden – es war streng verboten. Ich beobachtete sie aus der Ferne. Sie waren anders als alles, was ich bis dahin kannte. Als wir darüber nachdachten, ein slowakisches Romakind anzunehmen, wussten wir von Zwangsansiedlungen, von Kriminalität und noch mehr von Elend. Der Eiserne Vorhang wurde damals durchlässig, in München tauchten bettelnde Kinderbanden auf, doch unsere Phantasie ließ sich die Romantik nicht austreiben, wir dachten an Musik, an Paco de Lucia und Django Reinhardt. Auf unserer ersten gemeinsamen Reise waren wir in Les Saintes-Maries-de-la-Mèr gewesen, nur ein Paar Stunden lang und auch nicht zur Zeit der Prozession, aber immerhin. Alles keine ernstzunehmenden Verbindungen, trotzdem hielten wir uns für geeignet, eines der bettelnden Kinder zu uns zu holen: es säße weinend auf meinem Arm, die Ärmchen um meinen Hals geschlungen ... wieder einer dieser Filme, die oft vor meinem inneren Auge begannen und abrissen; manchmal lachten wir über den Kitsch und die Klischees und hatten doch keinen besseren Stoff für unsere Vorstellungen.

Als alle Anträge gestellt waren, reisten wir noch einmal nach Prag. Ich weiß nicht mehr, warum wir glaubten, das Nötigste für ein kleines Kind mitnehmen zu müssen, aber ohne Grund hätte ich sicher nicht Strampelanzüge, Jäckchen und Mützen von einer Freundin geliehen, so abergläubisch wie ich in dieser Angelegenheit war. Zurück in München, gab ich die Babykleidung unbenutzt zurück. Wir hielten uns abrufbereit. Aber Prag rief nie an, von den Behörden kam keine Nachricht.

Bevor wir noch weitere Anläufe unternahmen, in den Armuts- und Krisengebieten der Welt und den Umbruchsgesellschaften nach 1989 unser Kind zu suchen, kamen weitere Absagen. »Terre des Hommes« vermittelte keine Kinder mehr, und für die deutsche Sektion von »Pro Infante« war ich zu alt. Während die französische Sektion von »Ärzte ohne Grenzen« auch Frauen über 35 zuließ, beschied die deutsche unsere Anfrage negativ. Vielleicht haben sie recht, dachte ich, als alte Schachtel sollte man kein Kind mehr adoptieren.

Es war ein heller Sonnentag im Herbst, als die letzte Absage kam. In einem Café an der Münchner Freiheit riss ich den Umschlag auf und war froh über die Sonnenbrille vor meinen Augen. Ein kleines Mädchen am Nachbartisch stand auf, kam mit seinem Bilderbuch in der Hand zu mir und zeigte auf ein Huhn – um mich zu trösten vielleicht. Aber das Huhn tröstete nicht, und ich lief schnell vor dem Kind und dem Huhn weg.

Danach gaben wir auf. Das Jugendamt hielt uns nur auf dem Papier für geeignet, die Auslandsstellen schmetterten uns ab, noch bevor sie uns sahen, ein einziger Blick auf mein Alter genügte.

Wir lobten das Leben ohne Kind: unbegrenztes Nachtleben, Reisen ohne Einschränkung, alles Geld für uns allein, arbeiten von morgens bis abends und auch noch in der Nacht, Nachmittage lesend im Café und nie ein Gedanke an Babysitter. Im Übrigen bin ich immer noch überzeugt, dass zu einem geglückten Leben nicht unbedingt Kinder gehören müssen und Frauen auch ohne Kinder Frauen sind.

Ich wünschte mir trotzdem ein Kind.

Wenn Freunde abends um den Kinderdienst knobelten, wer von beiden früher nach Hause musste und wer morgens länger schlafen durfte, priesen sie meine Unabhängigkeit. Ich wäre gern weniger unabhängig gewesen.

Wir hatten ein kleines Haus auf dem Land, eine graue Katze und ihren grauen Sohn mit einem weißen Fleck auf der Brust als Familie, außerdem Apfelbäume und schwarze Johannisbeeren im Garten, Zucchini und Phlox und Pfingstrosen. Im Herbst brachten wir die Äpfel in eine Presse und hatten den ganzen Winter über Apfelsaft zu verschenken; ich hatte eine Patentochter, die mir so ähnlich sah, dass Fremde sie für mein Kind hielten.

Die alte Bäuerin vom Nachbarhof legte mir ihr neu geborenes Enkelkind in den Arm. »Das wirkt«, meinte sie, und lachend versicherten wir uns beide, an Schwangerschaft durch Ansteckung zu glauben.

Im März waren die Verwandten aus Prag mit ihren zwei Kindern zu Besuch. Nachts geht auf einmal unsere Zimmertür auf; es ist stockfinster, draußen scheint kein Mond. Ich höre ein leises Weinen und tschechische Wörter – das kleine Mädchen, sie heißt Marja, sucht im Halbschlaf nach seinen Eltern.

Auf meiner Seite wird die Bettdecke angehoben und ein kleiner Körper schlüpft neben mich. Marja schmiegt sich an meinen Bauch und seufzt tief auf. Das Weinen hört auf.

Ich wage kaum zu atmen und sage auch nichts, meine fremde Stimme könnte sie erschrecken, und ich weiß auch die tschechischen Worte nicht, die trösten könnten. Ich ziehe die Decke über ihr glatt und lege vorsichtig einen Arm darüber. Marja kuschelt sich zum Schlafen zurecht. Hat sie sich vielleicht gar nicht verirrt, sondern nur die Geschichte weiter hören wollen, die wir abends angefangen haben, mit Bildern und Handbewegungen, Ausrufen und Grimassen?

Als ich Luft holen muss, beginnt sie wieder zu weinen, ich tröste sie auf Deutsch, sie weint nur lauter und flieht, so schnell, dass ich ihr gar nicht erst folge, weil sie auch ohne mich das Bett ihrer Eltern im Nebenraum findet.

Ich breche auch in Tränen aus – als gehöre dieses fremde Kind in meine Arme, wäre endlich nach langem Warten, bei mir angekommen, aber von feindlichen Mächten gleich wieder weggerissen worden. Ich lache verlegen, als Robert mich zu trösten versucht, meine Reaktion ist übertrieben, das weiß ich. Trotzdem. Auf einmal weiß ich auch, dass wir unsere Kindersuche zu früh aufgegeben haben.

»Ein allerletzter Versuch«, versprechen wir uns in die Hand und ich schluchze zur Bekräftigung.

Am nächsten Morgen riefen wir Frau Scherer an, die kein bisschen überrascht, nur erfreut war über unseren neuen

Anlauf nach der langen Unterbrechung. Vielleicht rückten wir jetzt an die erste Stelle in ihrer Aufmerksamkeit, vielleicht war es aber auch so, dass wir uns genau in dem Moment zurückmeldeten, als Said eine neue Familie brauchte. Vielleicht. Eine Woche später jedenfalls erzählte sie uns von dem kleinen afghanischen Jungen.

Er war schwer zu vermitteln, kein kleines Kind mehr, längst an sein schwieriges Leben gewöhnt und nicht zur Adoption freigegeben. Falls sich keine geeignete Pflegefamilie fände, würde eine Unterbringung in einem Heim in Erwägung gezogen.

Wir fragten nach dem Namen des Jungen.

9.

Für unseren ersten Nachmittag allein mit Said hatten wir Zirkuskarten bestellt. Said war noch nie im Zirkus gewesen.

Am Morgen rief einer meiner Redakteure an und bestellte mich für den Nachmittag in sein Büro. »Diesen Nachmittag habe ich schon einem kleinen Jungen versprochen«, sagte ich und konnte sein Kopfschütteln durchs Telefon förmlich hören – er war verärgert, und es war mir egal.

»Said wird sich freuen«, hatte der mittlere Cousin gesagt.

Die Familie lebte in einer Siedlung unter anderen Afghanen, Türken, Libanesen und Palästinensern. Es gab Bäume, eine Rasenanlage, einen Hof mit Mülltonen, im Treppenhaus öffnete sich hier und da eine Tür spaltbreit, als wir nach dem Namensschild der Familie Qadari suchten.

An einem langen Tisch in der Diele saß die ganze Familie, dazu offenbar Gäste, es waren jedenfalls viele, mehr als Vater, Mutter und vier Kinder, die Schüsseln mit Salat kamen mir riesig vor, große Platten mit Fleisch und Reis standen auf dem Tisch. Machmud, der ältere Cousin, führte uns ins Wohnzimmer, wir sanken in schwarze Lederpolster, und Machmud brachte Tee und Pistazien und Nüsse und kandierte Granatapfelkerne. »Vorher könnt ihr nicht gehen, das ist bei uns so«, sagte Machmud, »jeder Gast muss essen und trinken.«

Er setzte sich uns gegenüber. Said tauchte nicht auf.

Machmud wirkte unruhig, immer wieder sprang er auf, lief aus dem Zimmer und kam zurück. Bevor er wieder verschwand, sagte er, dass Afghanen kein Schweinefleisch essen. Als er wiederkam, versuchte ich ihn zu überzeugen, dass Said bei uns nicht gegen seine gewohnten Bräuche und Gebote verstoßen müsste. Beten allerdings könnten wir mit ihm nicht, doch das sagte ich nicht.

»Ich esse auch keinen Schweinebraten, Robert geht ins Restaurant oder zu anderen Leuten, wenn er Lust darauf hat.«

Machmud sah auf die Uhr. Wir auch, der Zirkus würde bald beginnen. Schließlich standen wir auf, unsicher, ob wir unhöflich wirkten, den letzten Schluck Tee hatten wir noch im Sitzen getrunken und danach noch einen Moment gewartet; Machmud wirkte einverstanden mit unserem Aufbruch. Es war still in der Wohnung, niemand zu sehen, obwohl alle noch irgendwo sein mussten, jedenfalls hatten wir die Eingangstür nicht zuschlagen hören.

Auf einmal stand Said im Zimmer. Wortlos warf er einen Blick auf uns. Dann drehte er sich um und stapfte, einen kleinen Rucksack geschultert, immer noch schweigend in Richtung Wohnungstür, dabei warf er ab und zu einen Blick über die Schulter, um zu sehen, ob wir ihm folgten.

Höflich und doch so schnell wie möglich verabschiedeten wir uns von Machmud und richteten unsere Grüße an die anderen aus. Said wartete im Hausflur.

Im Erdgeschoss öffnete sich eine Tür spaltbreit. Said wies mit der Hand auf die Tür und sagte, wie ein Fremdenführer durch sein Leben: »Da hab ich früher gewohnt.«

Wir begriffen nicht gleich, dass dort die afghanische Familie wohnte, bei der er eine Zeitlang gelebt hatte, immerhin war uns klar, dass wir beobachtet wurden – aus dieser Wohnung, aus der darüber und wahrscheinlich auch aus dem Haus gegenüber. Viele der Afghanen in dieser Wohnanlage kannten sich noch von früher aus Kabul.

Beim Auto hielt ich Said die hintere Tür auf, doch er blieb abrupt stehen, mit finsterer Miene, die Beine in den Boden gestemmt und ein empörtes Funkeln in den Augen. Schon fürchteten wir, er würde ins Haus zurücklaufen, als er, mit eingezogenem Kopf, schnell ins Auto kletterte.

Erst später erklärte er uns, dass er sich geschämt hatte. Vor dem großen Publikum hinter den Gardinen verlangten wir von ihm, in einen kleinen blauen Fiat zu steigen, während nur ein Mercedes oder BMW, am besten ein Porsche die Schande hätte ausgleichen und in einen Triumph verwandeln können, dass ein fremdes deutsches Paar ihn aus seiner afghanischen Familie holen durfte, ohne dass irgendjemand sie daran hinderte.

Dunkel brütend saß er hinter uns, Robert fuhr los, nichts wie weg, so viel begriffen wir immerhin.

Bald entdeckte Said die digitalen Anzeigen, die Uhrzeit- und Temperaturangaben, wir erklärten ihm die Einstellungen, und auf einmal wurde seine Miene wieder hell. Das Auto war klein, doch immerhin neu, und bald saß er, zurückgelehnt auf dem Rücksitz in der Mitte, breitbeinig, die Hände auf dem Kugelbauch und eine Spur von Vorfreude – auf den Zirkus vielleicht – im Gesicht.

Wir hatten keinen Kindersitz. Der Sicherheitsgurt hing locker. Saids Kopf tauchte zwischen uns auf den Vordersitzen auf und er fragte, merkwürdig krächzend: »Stimmt es, dass ich zu euch kommen soll?« Seine Stimme klang brüchig. Vielleicht aus Angst. Er sah uns erst zum dritten Mal.

Wir verstanden den Satz mehr, als dass er ihn sagte, er krächzte »Ich«, tippte sich auf die Brust, deutete auf uns beide und wedelte mit der Hand zwischen uns hin und her. Sind wir die Erwachsenen, zu denen er demnächst geschickt werden wird?

»Ja. Wir möchten gerne, dass du zu uns kommst. Wenn du willst.«

»Aha.«

Wir wussten nicht, ob er zu uns kommen durfte. Zwar hatten wir seiner Betreuerin von der Flüchtlingshilfe versprochen, uns von nun an um ihn zu kümmern, aber weder Jugendamt noch Saids Familie hatten bisher zugestimmt. Wir warteten, auf den Rat vielleicht, Said besser kennenzulernen, miteinander zu üben, Nachmittage, immer mehr Zeit miteinander zu verbringen, bevor endgültig entschieden wurde. Wann das sein würde, wussten wir nicht.

»Die Familie wartet auf die Tante aus Amerika«, hatte Frau Scherer gesagt. Aber Said wollte in diesem Moment von uns wissen, wohin er in Zukunft gehörte.

Ich war nicht gefasst auf die Heftigkeit, mit der mich ein ungewohntes Gefühl überwältigte. Mutterliebe? Als hätte sie im Rohzustand in mir gesteckt, um sofort maßlos und heftig aufzulodern, kaum war ein Kind aufgetaucht, das möglicherweise zu uns gehören würde. Es war wohl eher eine Art von Mitgefühl, das fast jeder hätte, wenn ein kleiner Junge nicht weiß, wohin er gehört, und dabei rührend tapfer wirkt.

Andere Umstände, dachte ich, und drehte mich um, damit ich das Kind, das ich erwartete, besser sehen konnte. Und Said mich.

Robert und ich bekräftigten unseren Pakt wortlos, nur mit einem Blick: Egal was geschehen würde, von nun an war dieser Junge unser Kind.

Said lehnt sich zurück, nimmt seinen Rucksack auf den Schoß und legt Federmäppchen und ein Comicheft neben sich auf den Sitz.

Auf dem Parkplatz beim Zirkus kletterte er aus dem Auto, ließ Rucksack und Heft und Stifte liegen, und schon sah die Rückbank bewohnt aus.

Während Robert die Karten holte, deutete Said auf mich und fragte: »Mutter?«

»Muss nicht gleich sein. Später vielleicht. Fangen wir erst mal damit an, dass ich deine erwachsene Freundin bin?«

»Aha.« Er grinste und nickte und wirkte erleichtert.

Ganz falsch, wahrscheinlich.

»Das Kind soll von Anfang an wissen, dass die neuen Erwachsenen in seinem Leben Mutter und Vater sind, die mit »maman« und »papa« angeredet werden.« Corinne, meine Freundin in Paris, wird ein paar Jahre später über die Médecins sans frontières einen kleinen Jungen aus Brasilien adoptieren. Die französische Sektion der »Ärzte ohne Grenzen« gibt den Eltern klare Richtlinien, um die Schwierigkeiten des Anfangs mit dem neuen Kind zu überstehen. Es wird ausgewählt, zugeteilt, bekommt

Fotos von seinen neuen Eltern, ihrem Haus und ihren Freunden, dann reisen die Eltern in das jeweilige Land, das Kind zieht aus dem Waisenhaus zu ihnen in ein Hotel in der Nähe, und sie beginnen, einander kennenzulernen.

Von Anfang an sind die Eltern »maman« und »papa«, eine feste, verlässliche Größe, nicht nur »Freund« oder »Freundin«, und »Vielleicht«, wie ich aus Unsicherheit sagte.

Wir hatten uns nicht überlegt, wie Said uns anreden sollte.

Wir wollten, dass er sich wohl fühlte, obwohl schon wieder über sein Leben bestimmt wurde. Ich wollte auch keine weitere Mutter sein, die gegen die vorhergehende ausgetauscht wurde, ohne dass er eine Wahl gehabt hätte – nach der abwesenden Isabel und zwei weiteren Müttern in den Familien bisher stand ich als die vierte Mutter in seinen sieben Jahren bereit. Ohne Gewissheit, ob sich die Familie für uns entscheiden würde. Wie konnte ich da mit der vollen Mutterkraft angerauscht kommen?

Doch vielleicht waren die vagen Aussichten und meine vorsichtigen Versprechen gerade richtig für ihn: Zwei fremde erwachsene Deutsche hatten versprochen, sich von nun an um ihn zu kümmern, und vielleicht spürte er, dass es das unverbrüchlichste Versprechen unseres Lebens war. Das genügte fürs erste.

Im Zirkus spielt schon die Musik, während draußen das Publikum noch auf Einlass wartet. Said steht als brauner afghanischer Junge mit einem hellhäutigen deutschen Paar vor dem Zirkus. Viele Eltern sind mit ihren Kindern da oder Großeltern und Enkel, oder Mütter mit kleinen

Trupps und Väter mit Kindern und anderen Kindern, aber so unverkennbar nicht zusammengehörig wie wir ist hier niemand.

Uns kommt es so vor. Vor allem Said.

Er kennt Deutsche und ihre Lebensweise nur aus dem Fernsehen; wir müssen unermesslich reich sein, Gebieter über alle Schätze aus der Werbung. Die Cousins haben ihm versprochen, dass wir viel Geld für ihn ausgeben könnten, ohne eigene Kinder, all unser Geld sei für ihn. Er schämt sich in unserer Begleitung.

Die Kinder drängeln und schieben uns in Richtung Einlass; ich strecke meine Hand nach Said aus, damit er nicht verlorengeht, doch er schüttelt nur verächtlich den Kopf und schlängelt sich allein durch die Menge. Dann ist er verschwunden.

»Siehst du ihn?«

Robert schüttelt den Kopf.

Wenn er geraubt wird? Oder davonläuft aus Kummer, weil er schon wieder weggeschickt wird, zu diesen fremden weißen Leuten? Ich halte die Luft an vor Schreck. Said ist nirgends zu sehen, um uns herum viele schubsende, kreischende und quietschende, jubelnde Kinder. Aber nicht der Junge, der unser Sohn werden soll. Wir drängen uns zum Einlass vor: Said muss ausgerufen werden! Er soll wissen, dass wir ihn suchen!

In roten Uniformen stehen zwei Männer am Einlass und reißen die Karten ab. Nordafrikaner, aus Marokko vielleicht. Neben ihnen steht Said, lässig an den Zaun gelehnt, und mustert das andrängende Publikum. Als er uns entdeckt, leuchtet sein Gesicht auf, er grinst über meine aufgeregte Erleichterung und nickt zufrieden, als ich ihn lachend, immer noch atemlos vor Schreck, bitte, unter so vielen Menschen in unserer Nähe zu bleiben. In Zukunft.

»Es ist eine Schande für einen afghanischen Jungen, deutsche Eltern zu haben«, wird er uns später erklären, »aber ich wollte zu den Clowns, und ihr wart ja auch nett.«

Seit ich ein Kind war, sitze ich im Zirkus in der letzten Reihe, ganz oben, wo der Zelthimmel beginnt. Für unseren ersten Nachmittag mit Said haben wir teurere Karten gekauft, näher an der Manege, doch sie waren wohl nicht teuer genug – Saids Blick ist durch Rückenansichten in der Reihe vor uns so eingeschränkt, dass er kaum die Manege sieht. Wir tauschen die Plätze, seine Aussicht wird kaum besser.

»Willst du auf meinen Schoß? Da sitzt du höher.«

»Häh?«

Ich deute einladend mit beiden Händen auf meinen Schoß.

»Das?« Er schüttelt verächtlich den Kopf.

Die Musik spielt einen Tusch, der Conférencier tritt auf, Said reckt den Hals, um zwischen den Rücken vor ihm einen Blick auf die Manege werfen zu können, er steht auf, sieht nur Ausschnitte, einen Clown, der sich aus seinem Blickfeld trollt, grün schillernd zwei Artisten, schon wieder weg. Er wirft einen kurzen Blick auf mich, dann wieder durch einen Schlitz zwischen den Rücken, und klettert plötzlich, die Augen strikt nach vorn gerichtet, auf meinen Schoß. Kein Blick, keine Frage, keine Bemerkung, keine Verlegenheit, er nimmt den Platz mit der besseren Aussicht ein, und ich warte einen Moment, bevor ich meine Arme ganz leicht um seinen Kugelbauch schlinge und fühle, wie sich der kleine Körper schüttelt vor Lachen über die Späße der Clowns.

10.

In der Woche darauf gingen wir in den Zoo, einige Tage später ins Schwimmbad, dann in den Olympiapark, ins Kino, in den Englischen Garten, wir holten Said ab, tranken Tee und knabberten Nüsse mit einem Cousin und brachen dann auf. Die Cousins erzählten, dass seine Lehrerin sich beschwerte, weil er immer ohne Hausaufgaben in die Schule käme, und Tariq, der Mittlere, sagte traurig: »Er ist überhaupt nicht wie ein Kind. Er spielt nicht wie andere Kinder. Meistens ist er allein und knallt Bälle gegen die Wand bei den Mülltonen. Er spielt da auch Tennis. Und ich hab ihn noch nie weinen gesehen.«

Fast nur noch an einer fremden Melodie ihrer ansonsten fehlerfreien Sätze merkte man, dass die Cousins nicht aus Deutschland stammen.

Wir schenken Said ein Rechenspielbuch, die ersten Aufgaben löst er begeistert auf einer Bank im Zoo vor dem Raubtierhaus. Es beginnt zu regnen, Said will den Schirm öffnen, der Schieber hängt fest, springt plötzlich auf und klemmt seinen Finger ein, er sieht das Blut und beginnt zu weinen, ich hocke mich neben ihn und lege tröstend den Arm um seine Schultern. Er hat nichts dagegen.

Wir gehen an den Gehegen und Käfigen vorbei, die Pinguine und die Affen gefallen ihm, im Raubtierhaus stinkt es Said zu sehr, und der Eisbär läuft unruhig auf Felsen hin und her und hin und her und reißt bei jeder Wende den Kopf hoch.

»Warum sind die alle eingesperrt?«

»Damit Kinder wie du, die noch nie in Afrika waren, afrikanische Tiere sehn können. Oder welche vom Nordpol.«

»Muss nicht sein. Sie sollen sie freilassen.«

Wir essen Pizza in der Nähe. Auf der Straße winkt Said allen Entgegenkommenden zu, mit einem fröhlichen »Grüß Gott«. Jeden bringt er zum Lachen und wirkt wie ein glückliches Kind. Im Restaurant hantiert er souverän mit Messer und Gabel und zerteilt die Pizza in ordentliche Happen. Er strahlt. Die deutschen Wörter, die er in der Schule gelernt hat, spricht er bayerisch aus, mit dramatisch rollendem R. Wenn er Robert ruft, klingt es wie eine jubelnde Fanfare oder grollend, je nach Stimmung.

Einmal komme ich allein, weil Robert einen unvorhergesehenen Termin nicht verschieben konnte. Said steht schon am Fenster, er winkt mir zu und beobachtet, wie ich mit mehrmaligem Hin und Her in einen kleinen Parkplatz rangiere. Als wir später wieder abfahren und er sich auf der Rückbank eingerichtet hat – inzwischen haben wir einen Kindersitz –, dirigiert er mich aus dem Parkplatz heraus.

»Du kannst nicht einparken«, stellt er fest, und es klingt, als hätte ich einen Geburtsfehler, den er mir großmütig verzeiht. Am Anfang schüttelt er noch den Kopf, aber bald wird er sich mit der merkwürdigen Sitte der Deutschen abfinden, auch Frauen ans Steuer ihrer Autos zu lassen.

Vom Kindersitz aus übernahm er die Navigation – beim Ein- und Ausparken und versuchsweise bei allem, was ihn betraf. Er traute den Erwachsenen nicht mehr zu, die richtigen Entscheidungen für sein Leben zu treffen. Sie hatten sich zu oft geirrt und passten manchmal nicht einmal gut genug auf sich selbst auf.

In unserer Wohnung läuft Said durch alle Zimmer und streicht im Vorbeigehen mit der Hand an den Möbeln entlang, alles wird zur Begrüßung einmal berührt.

Wie das Auto sieht auch unsere Wohnung nicht nach unermesslichem Reichtum aus, das Haus ist alt und die Zimmer sind klein. Nur mein Arbeitszimmer begeistert Said genauso wie mich, der Schreibtisch scheint in einem Baumhaus zu stehen, so nah wächst eine Kastanie vor dem Fenster. An meinem Computer beherrscht Said im Nu die einfachsten Schritte, ohne dass ich viel erklären müsste. Er schreibt eine Seite voll mit seinen und unseren Namen und dreht sich, zufrieden mit seiner Arbeit, auf dem Schreibtischstuhl um.

»Was machen wir jetzt?«

Draußen regnet es. Wir könnten ein Buch ansehen, doch davon hält Said wenig, auch das Rechenspielbuch ist nicht mehr interessant, wir könnten malen, lieber nicht, gnädig baut er mit mir ein Lego-Auto zusammen, doch dann ist seine Geduld am Ende.

Er braucht jetzt dringend einen Ball. Nur so scheint er sich vollständig zu fühlen, ausgerüstet für die einzige ernstzunehmende Beschäftigung der Welt. Mit dem Fußball, den wir ihm geschenkt haben und der ihn bei jedem Treffen begleitet, lässt sich in unseren kleinen Zimmern nichts anfangen und draußen regnet es immer noch stark.

Also schlage ich vor, einen Luftballon aufzublasen, ballähnlich genug und immerhin für Handspiel tauglich, wir jagen ihn über die Sessel, an Regalen vorbei über Tische und spielen lange und dürfen nicht aufhören, kein anderes Angebot ist verlockend genug, wir spielen weiter, und ich ertappe mich bei dem Wunsch, der Luftballon möge platzen, wir spielen weiter, bis es Abend wird und endlich Robert kommt und mich ablöst. Nun spielen Robert und Said Volleyball mit dem Luftballon.

Erst als ich ankündige, beim Türken in der Feilitzschstraße etwas zu essen zu holen, lässt Said den Luftballon fallen und sieht mich fassungslos an.

»Du kannst nicht im Dunkeln allein auf die Straße gehen.«

Sein Gesicht ist finster und macht den Eindruck, als beginne er an mir zu zweifeln. Es wird nur schlimmer, als ich ihm versichere, dass in Schwabing Frauen auch im Dunkeln allein auf die Straße gehen können. Er setzt sich in unseren größten Sessel, die Arme auf die Lehnen gestemmt. Mit verzweifelter Miene spricht er Machtworte. Frauen dürfen abends nicht ohne Begleitung auf die Straße. Er beruhigt sich erst, als wir alle zusammen aufbrechen, so dass Robert und Said mich beschützen können.

Flehentlich bittet er um einen BigMac und wir kapitulieren.

»Dürfen Moslems bei McDonald's essen?«

»Ist doch Rindfleisch«, meint Robert.

Beim nächsten Treffen macht Said die Tür auf und führt mich wie üblich ins Wohnzimmer. Von den Verwandten ist niemand da. Ein großer, fremder Mann, ein Afghane, nehme ich an, im traditionellen langen weißen Hemd über weißen Hosen, erhebt sich würdig aus den Polstern. Ich sage »Guten Tag«, ein bayerisches »Grüß Gott« käme mir unpassend vor für jemanden aus dem Hindukusch, strecke schon die Hand zur Begrüßung aus, als er seine Hände aneinandergelegt vor die Brust führt und mit einem angedeuteten Schließen der Augen gütig lächelnd den Kopf neigt.

Die Kopfbewegung mache ich ihm nach und erkläre, dass ich gekommen sei, um Said für den Nachmittag abzuholen. Er antwortet nicht, sein Lächeln ist wieder sehr gütig. Ich versuche meinen Satz auf Englisch. Sein Lächeln ist so überzeugend, dass ich auf keinen Fall aus Versehen unhöflich sein will, und lächle selbst, so gütig ich kann.

Said steht in Schuhen, den Rucksack geschultert neben mir und zieht an meinem Ärmel. »Komm!«

Ratlos stehe ich vor dem großen, fremden Mann und sage »Good bye«, führe meine aneinandergelegten Hände vor die Brust und neige mit einem angedeuteten Schließen der Augen den Kopf.

So machen wir es beide.

Said zieht mich zur Tür, und draußen frage ich, wer das war.

»Keine Ahnung. Der ist neu hier. Aus Kabul.«

An diesem Tag bringe ich Said zu einer Wiese im Englischen Garten, wo sich nachmittags immer ein paar Jungs zum Fußballspiel treffen. Said jubelt, als er sie von weitem sieht, und steht dann unruhig am Rand der Wiese neben mir. Als der Ball an ihm vorbeifliegt, rennt er hinterher und schießt ihn aus großer Entfernung so gekonnt zurück, dass er sofort zum Mitspielen geholt wird.

Ich setze mich ins Gras und überlasse mich dem Gefühl, eine Mutter mit ihrem Kind nachmittags im Englischen Garten zu sein. Nach dem Spielen werden wir einkaufen, wir werden Robert treffen, zusammen essen, als wären wir Vater, Mutter und Kind. Danach werden wir Said in die Wohnung seiner Verwandten zurückbringen, Tariq, der mittlere Cousin, wird uns empfangen und fragen, ob Said artig war.

»Und wie!«, werden wir sagen und lachen, und Tariq wird uns erstaunt ansehen.

Ich bin überrascht, wie selbstverständlich und einfach das Glück sein kann.

»Arschloch!«, brüllt Said plötzlich wütend. Einer der Jungen hat ihn – mit Absicht oder versehentlich – mit seinen Noppenschuhen getreten.

Mit wütender Kraft schießt Said den Ball hoch und weit weg aus dem Spiel und rennt auf mich zu. Er blutet am Schienbein, legt den Kopf an meine Schulter und beginnt zu weinen, als ich ihn vorsichtig umarme.

»Ich will nach Hause«, schluchzt er. Ich halte mein Rad fest und helfe ihm auf den Gepäckträger. Unsere Wohnung liegt nur ein paar Minuten entfernt, er weint den ganzen Weg über leise vor sich hin und wirkt trotzdem zufrieden. In der Werneckstraße rutscht er vom Rad, er weint stärker, und ich habe den Eindruck, er ist mit Absicht gefallen und froh, weil jemand ihn nun tröstet.

Als Robert kommt, zeigt er ihm stolz das große Pflaster auf seinem Schienbein.

»Bist du schwanger?« Ein alter Freund hatte mich lange nicht gesehen. Mir war kein Bauch gewachsen, aber alles andere war so, wie ich mir Schwangerschaft immer vorgestellt hatte – ich war überschwänglich und still und anwesend und ohne eine Spur von Zweifel. Unser Freund wusste, dass ich eine »alte Erstgebärende« sein würde, und vermutete, dass ich erst ein paar Tests abwarten wollte, bevor ich darüber sprach. »Du siehst jedenfalls schwanger aus, und es steht dir gut.«

»Aber das Kind, das ich erwarte, ist schon seit acht Jahren auf der Welt.« Ich erzählte ihm alles.

»Ein Fall von sozialer Schwangerschaft.«

Der Ausdruck gefiel mir. »Hoffentlich keine Scheinschwangerschaft.«

Es gab immer noch keine Zusage, weder von der Familie noch offiziell vom Jugendamt. Frau Scherer immerhin hatte uns ihre Unterstützung zugesagt.

Manchmal, wenn wir Said abholten, begrüßte uns freundlich seine Tante, dann zog sie sich zurück – sie sprach kein Deutsch und auch sonst keine Sprache, die wir verstanden. Später sahen wir sie in einem der Zimmer auf dem Boden sitzen. Sie bügelte, sah dabei fern, barfüßig, in einem Kaftan aus silberdurchwirktem Stoff.

Als sich die Familie entschlossen hatte, über das Jugendamt eine Pflegefamilie für Said zu suchen, hatte sie die strengen Regeln für afghanische Frauen übertreten und für sich selbst gesprochen: Sie käme mit Said nicht zurecht. Er war wild, aufsässig, und vielleicht war er ihr fremd, weil sie Isabel, seine indische Mutter, nicht gemocht hatte und er ihr ähnlich sah.

Machmud, ihr Ältester, übersetzte, was sie den Fürsorgerinnen sagte.

»Er hätte sie am liebsten zum Schweigen gebracht«, meinte Frau Scherer, »dabei dachte er sicher das Gleiche.«

»Sie hat mich immer nur an ihr Bein gedrückt und umarmt, wenn ich aufgeräumt habe.« Said sprach selten über seine Tante. Auch seine Cousine kam in seinen Erzählungen kaum vor. Es gab nur den Onkel und die Cousins und ein paar weniger vertraute, entfernte Verwandte. Nur Männer. Dabei war es vielleicht vor allem dem Mut seiner Tante zu danken, dass bald ein anderes Leben für ihn begann. Ob es besser sein würde? Wen würde er vermissen? Am schlimmsten wäre es vielleicht, wenn niemand ihm fehlte und sie nur noch irgendwelche Menschen aus einem früheren Leben wären.

Aber sollte ich ihm Abschiedsschmerz und Heimweh wünschen?

Inzwischen verbrachten wir ein bis zwei Nachmittage in der Woche mit Said, und einmal waren wir mit dem Onkel und den Cousins im afghanischen Restaurant verabredet, wo die Männer der Familie manchmal den Abend verbrachten.

Said saß an der Bar vor dem Fernseher, wie bei unserem ersten Treffen, doch diesmal begrüßte er uns erfreut.

»Was machen wir heute?«, fragte er und war enttäuscht, dass wir an diesem Abend nichts mehr spielen würden.

Es gab Reis mit Mandeln, Zimt, Nelken und Koriander, Hühnchen mit Orangenschalen, wir aßen Kichererbsen mit Kurkuma, Lamm mit Safran oder Minze oder Salat mit Granatäpfeln, Desserts mit Rosenblütenessenz; das Wasser im Springbrunnen plätscherte; ich probierte drei Gänge, und nach jedem Gericht hofften wir auf eine Entscheidung des Onkels. Said beobachtete uns aus den Augenwinkeln in den Spiegeln an den Wänden. Am Ende des Essens, als sich Tariq zu uns setzte, schlugen wir vor, Said einmal für ein ganzes Wochenende mit aufs Land zu nehmen, in unser Haus in Moos.

»Es gibt Tiere dort, wir haben Katzen, der Nachbar hat Pferde und Ziegen und einen Esel, Said könnte mit einem Jungen vom Bauernhof Fußball spielen, und Sonntagabend bringen wir ihn nach Hause zurück.«

Dabei gaben wir uns längst Mühe, ihn in ein neues Zuhause bei uns zu holen. Wir fragten Tariq, der ging mit der Frage zu seinem Vater, sie berieten untereinander, und Tariq kam zurück.

»ER ist einverstanden.«

11.

Wir waren dem Kind, das wir erwarteten, ein Stück näher gerückt.

»Gefühlte Schwangerschaft: siebter Monat.«

Ich war selig, und wir krempelten die Ärmel hoch. Unser Haus war für drei Personen und den Besuch von anderen Kindern noch nicht geeignet. Wir hatten alles von oben bis unten entrümpelt und im Dachgeschoss Wände einziehen, neue Dielen verlegen und ein Bad einbauen lassen. Wir putzten und räumten um, ich nähte einen Bettüberwurf aus alten Stoffen und strich ein Nachtkästchen blau an. Kurz vor Saids angekündigtem Besuch in Moos war alles aufgeräumt und das Kinderzimmer vorbereitet. Nur in der Einfahrt vor dem Haus stand noch ein Container mit Bauschutt, der abgeholt werden sollte, während wir in München waren.

Am verabredeten Freitag regnete es in Strömen. Robert holte Said ab, ich ging unterdessen Regenstiefel kaufen. »Ich suche Gummistiefel für meinen Sohn.«

Die Verkäuferin ahnte nicht, dass ich zum ersten Mal im Leben diese Worte sagte: »mein Sohn«, und dass ich mich wie bei einer Mutprobe fühlte: Wie eine Schwindlerin kam ich mir vor und wurde prompt im nächsten Moment überführt.

»Welche Größe?«

»Keine Ahnung. Der Junge ist sieben.«

Vergessen Mütter die Schuhgröße ihrer Kinder? Von Vätern kennt man das. Die Verkäuferin schien mich zweifelnd anzusehen. Vielleicht hielt sie mich für eine Kindsentführerin? Und war ich nicht etwas Ähnliches?

Bisher hatte mir niemand erlaubt, Said meinen Sohn zu nennen. Wir holten ihn immer näher zu uns, doch eher heimlich, während immer noch jene Tante aus Amerika die Favoritin der Familie war. Zerrten wir an ihm, wie die Mutter in der Geschichte vom kaukasischen Kreidekreis, die das Kind eher zerreißen als ihren Anspruch aufgeben würde?

»Sie wissen nicht, was es heißt, ein Kind hergeben zu müssen«, hatte der Onkel neulich gesagt. Tariq wirkte, als er ihn übersetzte, erstaunt, dass sein Vater uns so viel von seinen Gefühlen zeigte. Waren sich nicht alle einig gewesen, dass Said nicht bei ihnen bleiben konnte? Ich mochte Herrn Qadari dafür, dass ihm die drohende Trennung von Said schwerfiel.

Im Schuhgeschäft gab ich die zerstreute Mutter, die die Schuhgröße ihres Sohnes nicht kannte, immerhin sein Alter wusste, und verließ das Geschäft mit einem Paar blaugrüner Gummistiefel. Sie passten Said wie angegossen.

Auf der Fahrt nach Moos erzählte ich ihm von den Tieren beim Nachbarn, von unseren Katzen, er sagte ihre Namen vor sich hin und suchte sich Häuser aus, die ihm gefielen, immer Neubauten, wie aus der Werbung von Bausparkassen. Keins davon glich unserem kleinen, alten Haus.

»Da ist der Bauernhof, und hier wohnen wir.« Alle halten wir die Luft an.

Said fragt: »Das?«

»Ja.«

Aus Enttäuschung und Wut, als wäre er betrogen worden, schlägt er die Hände vors Gesicht.

»Warum muss alles immer nur mir passieren? Meine neue Familie wohnt im allerletzten Scheißhaus!«

Die Enttäuschung über das kleine alte Haus ist noch größer, als ich befürchtet habe, und ich kann ihn sogar verstehen. Die Einfahrt gleicht einer Müllkippe. Der Container ist zwar weg, dafür liegt jetzt ein – offenbar falsch entsorgter – Teil des Bauschutts auf dem Kies und zur Krönung, ganz oben auf dem Haufen, die ausrangierte alte Kloschüssel.

Said bleibt im Auto sitzen. Er hofft wohl, wir würden weiterfahren, um endlich bei einem der Häuser anzukommen, die er sich unterwegs ausgesucht hat. Ich versuche, ihn zu locken, er starrt nur finster brütend vor sich hin.

So blieb er sitzen. Lange. Ich rührte in der Küche Teig für Apfelpfannkuchen, wir holten Saids Rucksack ins Haus, er weigerte sich, seinem Rucksack zu folgen. Apfelpfannkuchen kannte er nicht, oder er verstand das Wort nicht.

Ob ihn irgendwann Hunger überfiel oder Langeweile, oder ob er aufgab und versuchte, das Beste aus seiner Lage zu machen? Jedenfalls kletterte er schließlich aus dem Auto und verlangte lautstark nach einer Semmel.

Dann entdeckte er die Katzen. Sie lagen hintereinander auf der Balustrade und blinzelten auf den Neuankömmling herab.

Said stürzt auf sie zu, schreit ihre Namen, sie preschen davon, und er ist angekommen.

Wir essen Apfelpfannkuchen mit Zimt und Zucker

und machen das erste gemeinsame Foto: Said zwischen uns, wir in der Hocke, alle Köpfe auf gleicher Höhe, er hat Roberts Strohhut auf und streckt der Kamera die Zunge raus.

Später zeigen wir ihm den Bauernhof nebenan. Im Kuhstall ekelt er sich, auch bei den Hühnern, die Kälbchen sind schon besser, aber warum sind sie im Käfig?

Dann kommt die alles entscheidende Sensation: Franzi, der jüngste Sohn der Bauernfamilie, spielt Fußball, er ist ein halbes Jahr älter als Said. Wir stellen ihn vor, Franzi, klein, blond und meistens schweigsam, sagt »Kimm!«, und bald hören wir im Innenhof den Ball gegen das Scheunentor knallen.

Auf dem nächsten Foto sitzt Said in einem blau-weißen Trainingsanzug von Franzi in einem Korbsessel auf unserer Terrasse, noch etwas sprungbereit, doch die Arme liegen schon fest auf den Lehnen.

Am Abend geht er zum ersten Mal im fremden Haus zu Bett.

Wir lesen drei Bilderbücher vor, erst eins, Said schläft nicht ein, dann noch eins, er sieht mich erwartungsvoll an, ich erzähle eine Geschichte, Said schläft nicht ein. Robert liest noch ein Buch vor, Said verlangte seinen gewohnten Walkman und die Kopfhörer und schläft trotzdem nicht in seinem Zimmer ein. Es ist Mitternacht, als wir seine Matratze in unser Zimmer tragen, die Tür bleibt offen, wir flüstern nebenan. Said schläft nicht ein. Er ist es nicht gewohnt, allein in einem Zimmer zu schlafen.

Erst als Robert zu Bett geht, ist bald von Said ein leises, gleichmäßiges Schnarchen zu hören, und wir nehmen ihm vorsichtig die Kopfhörer ab. Ich gehe für einen Moment auf die Terrasse und versuche, mir die Sternenkonstellation an diesem Tag zu merken. Dabei kenne ich mich am Himmel nicht aus und kann deutlich nur den großen Wagen, schräg rechts über mir, erkennen.

Am nächsten Morgen wachten wir früh auf und sahen dem braunen Kind auf der Matratze neben uns beim Schlafen zu. Said schlug die Augen auf, sah von mir zu Robert und zurück, machte die Augen wieder zu und wieder auf und verlangte zum Frühstück vier Semmeln mit Putenbierschinken. Das war unser Kompromiss zwischen islamischem Schweinefleischverbot und Saids Verlangen nach deutscher Wurst. Müsli oder Obst, außer Bananen, hielt er für eine Zumutung.

Nach dem Frühstück beschloss er, Franzi zu besuchen. Der stand schon vor der Tür, um ihn abzuholen, und Said sah mich fragend an. Ich lachte und nickte wortlos so liebevoll, wie mir zumute war. Said hob die Hand zum Abschied, ich auch, und die beiden zogen los. Bald wehten begeisterte Schreie vom Hof herüber: »Tooor!«

Erst am Nachmittag brach wieder Verzweiflung aus.

Ich hatte in Wasserburg in einem Secondhandladen für Kinder ein Paar fast neue Fußballschuhe in Saids Größe entdeckt. Er wartete mit Robert im Auto, ich ließ ihn die Schuhe anprobieren, sie passten, kosteten nicht viel und ich war begeistert über den Zufallsfund.

»Für dich!« Ich streckte sie ihm entgegen und wartete auf das freudige Strahlen in seinem Gesicht. Stattdessen zog Finsternis auf. Obwohl ich beim Anprobieren gesehen hatte, wie sehr sie ihm gefielen, riss er sich jetzt die Schuhe von den Füßen und schleuderte sie mir entgegen.

»Ich will deine blöden Schuhe nicht, du Blöde.«

Er strengte sich furchtbar an, nur mit harmlosen Wörtern zu schimpfen, aber er wurde zwischen dem brennenden Wunsch nach den Fußballschuhen und irgendeinem uns unbekannten Verbot förmlich zerrissen. Er sah aus, als hätte er am liebsten Feuer gespuckt.

Selten habe ich ein Kind gesehen, dessen Ausdruck sich von einem ungewöhnlich freudigen Strahlen derartig abrupt verfinstern konnte – beherrscht von einer verzweifelten, hilflosen Wut. Er schimpfte weiter.

»Du schenkst mir die Schuhe nur, weil ihr mich holen wollt.«

Egal was wir sagten, er schimpfte und kämpfte siegreich mit den Tränen. Schließlich zog er sich ganz in seine Finsternis zurück. Ich sammelte die Schuhe ein, ging in den Laden zurück, bezahlte und steckte sie in meine Handtasche. Für irgendwann später, vielleicht.

Auf dem Weg nach Moos schwieg Said weiter grollend. Wir waren alle ratlos.

Franzi mit dem Fußball, die Katzen und das Abendessen holten ihn langsam zurück. Abends bestand er darauf, ohne Umweg über das Bett in seinem Zimmer, bei uns zu schlafen, ich las Hänsel und Gretel vor, er schlief ein, wurde wieder wach und war erst beruhigt, als wir auch schlafen gingen.

Sonntagnachmittags brachten wir ihn in die Wohnung seiner Familie zurück. Er hatte einen Schlüssel. Wir leisteten ihm noch eine Zeitlang Gesellschaft, doch als niemand von der Familie kam, fühlten wir uns wie Eindringlinge in der fremden Wohnung. Said wollte jetzt auch lieber fernsehen, er telefonierte und schickte uns fröhlich weg.

12.

Ein großes weißes Kreuzfahrtschiff fuhr vorbei. Auf allen Decks püppchengroß die Passagiere. Die Wellen klatschten gegen die Terrassenpfähle, links lag San Marco, rechts das Meer.

Robert war zum Arbeiten in Venedig, ich begleitete ihn.

Es war kurz vor unserer silbernen Hochzeit. Sechs Tage später würde Said acht Jahre alt. Ob wir eine Art von Familien-Gründungs-Fest feiern würden? Dazu fehlte uns immer noch das Einverständnis von Saids Familie.

Vor allem fehlte mir Said.

Wir hörten mehrere Konzerte am Tag. Am Abend in der Basilika San Marco waren die Decken angestrahlt und während ich nach dem Konzert auf Robert wartete, sah ich zum ersten Mal die Mosaiken an der Decke, die sonst fast immer im Dunkeln liegen. Tagsüber liefen wir durch die Stadt, von einem Konzertsaal zum anderen, abends tranken wir viel zu teuren Wein in einer Bar beim Fenice-Theater.

Eine schönere Reise zur Silberhochzeit hätte ich mir nicht wünschen können. Wir waren glücklich, ich war gereizt.

Said fehlte mir.

Ich kaufte mir ein dunkelblaues Kleid, passend zu meiner Zukunft als Mutter, erklärte ich Robert.

»Was ist an dem Kleid anders?«, fragte er.

Ihn beschäftigte es weniger, bald vielleicht Vater zu sein.

Ich war unsicher, wie ich als Mutter sein sollte.

Said fehlte mir.

Nach einem kurzen Zwischenstopp in München waren wir in Paris auf der Hochzeit meiner ältesten Freundin Corinne. Als das Buffet gerade im Garten aufgebaut war, brach ein Unwetter los, und es regnete so heftig, dass alle ihre Frisuren und Kleider ins Trockene retteten, Schüsseln und Platten blieben im Regen. Eng gedrängt standen die Gäste in dem kleinen Haus, sogar im Badezimmer, und wir hielten unsere Gläser den Champagnerflaschen entgegen: »Mariage pluvieux, vie heureuse.« Verregnete Hochzeit, glückliches Leben!

Am nächsten Morgen besichtigten wir die ertrunkenen Salate in den Schüsseln und lachten beim Aufräumen, bis wir Bauchschmerzen hatten.

Said fehlte mir.

Dann sind wir endlich spätnachts wieder in München, und ich bitte gleich am nächsten Morgen bei der afghanischen Familie um die Erlaubnis, Said zum Kindertheater im Olympiapark abzuholen. Er begrüßt mich verhalten, die Cousins wollen ins Freibad, wir sparen uns Tee und Nüsse, und auf dem Weg zur U-Bahn fragt er: »Wo wart ihr?«

»In Paris.« Ich gebe ihm einen Eiffelturm im Schneegestöber in die eine Hand. »Und in Venedig.« In die andere Hand lege ich eine bunt schillernde Pyramide aus Muranoglas. Unbeachtet steckt er beides in die Hosentasche.

»Ich habe gewartet.«

Wir hatten ihn darauf vorbereitet, dass wir in dieser Woche nicht wie inzwischen üblich kommen würden, er hat es vergessen, er ist schließlich erst sieben. Aber auch die Cousins wussten Bescheid.

Heute denke ich, dass die monatelange Ungewissheit für alle Beteiligten scheußlich gewesen sein muss. Gut möglich, dass die Verwandten oft zornig auf uns waren, wir waren die Fremden, denen sie ein Kind der Familie geben sollten. Die Tante aus Amerika hatte immer noch Probleme mit dem Visum.

»Ich hab unter dem Baum gewartet und hatte schon meinen Rucksack gepackt.«

Allen, die vorbeikamen, wird er erzählt haben, dass wir ihn bald abholten, dann klingelte es, die nächste Schulstunde begann. Der Hof war leer, als er schließlich aufstand, den Rucksack schulterte und nach Hause loszog, wo niemand ihn erwartete und niemand ihm erzählte, warum wir nicht gekommen waren.

Ich stellte mir vor, wie er allein und wartend unter dem Baum saß und vielleicht dachte, dass wir aus seinem Leben schon wieder verschwunden wären. Er sah mich nicht an. Ich hockte mich neben ihn und umarmte ihn schuldbewusst und ganz ohne Zurückhaltung und Vorsicht wie bisher.

»Schon gut.« Es klang gnädig.

Auf dem Weg zur U-Bahn-Station nahm er meine Hand. Warm und kostbar fühlte sich die kleine Hand an, und vielleicht um sie nicht loslassen zu müssen, vergaß ich, unsere Fahrscheine zu stempeln. Als es mir während der Fahrt einfiel, kicherten wir beide und stiegen nicht aus –

wir fuhren schwarz. Irgendjemand musste schließlich dafür bestraft werden, dass Said vergeblich gewartet hatte, und wenn es die Münchner Stadtwerke waren. Wir waren zwei schwarzfahrende Komplizen und Said legte den Finger auf die Lippen und sah mich an wie seine erwachsene Freundin beim Pferdestehlen. Zum Glück kam kein Kontrolleur und widerlegte unsere merkwürdige Logik.

Said war an diesem Nachmittag ungewohnt still. Die Luft stand vor Hitze, er schleppte sich an meiner Hand durch den Olympiapark, er wollte in die Hüpfburg, ich ins Kindertheater.

Im Zelt schlug uns die Hitze entgegen. Das Kindertheater war eine Frau, die das Märchen von Aladin und der Wunderlampe vorlas. In einem anderen Zelt wurden die Kinder geschminkt, sie hatten danach Farben und Muster im Gesicht. Zum Glück wurde sofort ein Polaroidfoto gemacht, die Farben liefen bei der Hitze schnell wieder auseinander. Wie versprochen gingen wir zur Hüpfburg, doch da war die Luft schon abgelassen, und die Burg lag schlaff am Boden. Said riss sich wütend von meiner Hand los und stolperte schimpfend hinter mir her. Der Abstand zwischen uns wurde immer größer.

Bis wir Robert zuhause trafen, war die Schminke völlig verschmiert. Es gab nur noch das Polaroid als Beweis.

Said war erleichtert, als ich vorschlug, alle Farben abzuwaschen, bevor wir ihn zu seiner Familie zurückbrachten.

Es war der schwierigste Tag bisher gewesen. Er wirkte enttäuscht.

Das Foto nahm er mit, es ging irgendwo verloren.

Ist es eine Art Mutterblick, wenn man das eigene Kind selbst im größten Gewimmel sofort entdeckt?

Da war Said schon wieder verschwunden.

Jemand zupfte an meinem Kleid und er stand neben mir, einen Freund im Schlepptau, er deutete mit dem Kopf auf mich, hob die Augenbrauen, und beide prusteten los. Said strahlte.

»Wir nennen ihn den schwarzen Teufel«, sagte Frau Zallig, seine Lehrerin, »er ist nicht zu bändigen. Kaum auf dem Schulhof, stürmt er los, dreht eine Runde nach der anderen, und dann senkt er plötzlich den Kopf und rennt in die nächstbeste Lehrkraft. Das tut weh bei seinem Tempo!« Sie mochte ihn trotzdem irgendwie und machte sich Sorgen.

»Achtzig Prozent Ausländeranteil, einer schlimmer als der andere, da kann man sich um keinen so intensiv kümmern, wie es nötig wäre. Said fehlt oft und immer ohne Entschuldigung. Vor kurzem war er drei Tage nicht in der Schule, nachher stellte sich heraus, dass die ganze Familie zur Hochzeit des Ältesten nach Hamburg gefahren ist. Ohne vorher zu fragen. Wir haben ihm einen Verweis erteilt.«

Machmud war also inzwischen verheiratet. Hat das Fest mit oder ohne die Tante aus Amerika stattgefunden?

Nach der Hochzeit seines Ältesten könne er entscheiden, ob Said bei uns oder bei der Tante leben solle, hatte der Onkel versprochen.

Was konnte Said dazu, wenn ihn seine Familie mit zu der Hochzeit in Hamburg nahm? Wieso bekam er dafür einen Verweis?

»Vor mir hat er Said zusammengestaucht, aber wie!«

Frau Zallig sprach jetzt über Machmud, den ältesten Cousin und Bräutigam, er kam, anstelle von Saids Eltern, die sie in die Schule bestellt hatte.

»Viele kommen dann nicht, aber der junge Mann ist gekommen, und ich sage Ihnen … wenn ich auf der Suche wäre … Tolle Haare und die Nase! Die Schuhe blitzblank gewienert, der ganze Mann wie aus dem Ei gepellt. Und die Augen! Aber dermaßen klein hat er Said vor mir gemacht, dass mir der Junge schon wieder leidgetan hat.«

Ohnehin vermutete sie zuhause bei der Familie rigorose Strafen. Doch Said komme immer ordentlich angezogen zum Unterricht.

Er hatte ihr auch das Rechenspielbuch gezeigt und die auf der Bank vor dem Raubtierhaus gelösten Aufgaben. Sie hatte zwei Seiten daraus als Übung für die ganze Klasse kopiert.

»Da hat er ausnahmsweise mal mitgearbeitet. Ab das hat sich schnell wieder geändert.«

Frau Zallig wünschte uns Glück. Sie würde den schwarzen Teufel vermissen, sagte sie, sollte er eventuell bald für immer in ihrer Klasse fehlen.

Auf dem Schulhof warteten Said und sein Freund, er hieß Enis. Sie wollten mich zur U-Bahn bringen.

»Geht lieber nach Hause, es ist bald Mittag.«

Sie zuckten beide mit den Schultern.

»Niemand zuhause«, sagte Said, und so brachten sie mich zur U-Bahnstation. Dort drehten wir um und begleiten Enis nach Hause.

Als Said mit mir allein war, fragte ich nach der Hochzeit. »Ja«, sagt er nur, »wir waren in Hamburg. Es gab viel zu essen.«

Mehr sagte er nicht.

Es fiel mir immer schwerer, mich von ihm zu verabschieden.

Ein paar Tage später wieder ein Treffen im Restaurant. Ich esse Hühnchen mit Pistazien und Orangenschalen, wir lernen die ersten Gerichte mit Namen. Sabsi Tschalau ist Reis mit dem besten Spinat der Welt, er schmeckt nach Zimt, Robert isst Lamm und braunen Reis mit Karotten und Rosinen, und Said, der bei uns sitzt, bekommt Ferni, das ist Milchreis mit Rosenwasser. Lässig steht er vom Tisch auf, schlendert an die Bar, ganz auf eigenem Territorium, und spricht Paschtu mit einem jungen Mann, den wir nicht kennen. Ich vermute, er ist einer der Fußballer von unserem ersten Treffen im Westpark. Genauso ist es nur eine Vermutung, dass die beiden Paschtu sprechen, es ist jedenfalls eine Sprache, von der wir kein Wort verstehen.

Tariq erzählt, dass die Hochzeit ein richtiges afghanisches Fest gewesen sei, mit dreihundert Gästen. Said habe eine golden bestickte afghanische Feiertagsweste bekommen.

Als wir nach der anderen afghanischen Familie fragen, bei der Said bis vor kurzem gelebt hat, runzelt Tariq ärgerlich die Stirn.

»Sie haben ihn süchtig gemacht. Jedes Mal bei Kopfweh – und Said hat oft Kopfweh – haben sie ihm eine Tablette gegeben. Jetzt bettelt er ständig um Pillen.«

»Habt ihr ihn deshalb weggeholt?«

»Wir haben ihn aus dem Krankenhaus geholt.«

Er sieht zu seinem Vater an einem der anderen Tische,

an dem nur Afghanen sitzen, unsicher vielleicht, was er uns erzählen darf.

»Es war kein Frieden zwischen dem Ehepaar. Er hat getrunken, und sie suchte immer und überall Streit. Auch mit meiner Mutter. Schon in Kabul haben die beiden sich immer angegiftet. Eines Abends hat er einen großen Aschenbecher nach seiner Frau geworfen und Said stand dazwischen. Er hatte eine Gehirnerschütterung. ›Sei froh, dass du lebst‹, haben wir gesagt und ihn aus dem Krankenhaus wieder nach Hause geholt.«

»Außerdem hat Said Asthma«, sagt Tariq, wo er schon bei den Krankheiten ist, »und eine seltsame Leberkrankheit. Er ist Stammgast in der Haunerschen Kinderklinik.«

»Etwas Schlimmes?«

»Frag Dr. Üzdün, sie kannte noch seine Mutter.«

Er geht wieder zu Said und den anderen Afghanen an der Bar. Sie reden offenbar über uns. Said gibt uns zum Abschied artig die Hand.

Es ist schon spät, und ich würde ihn jetzt gern zu Bett bringen.

»Bald nach der Geburt trug sie schon wieder enge Jeans und Pullover. Irgendwie beeindruckend. Aber sie schuldet mir immer noch Geld.«

Frau Dr. Üzdün war aus der Türkei nach München gekommen und die Hausärztin der Familie, vieler Familien von Flüchtlingen und Asylbewerbern. Sie kannte die ganze Familie Qadari seit Jahren und wusste, dass Said ein neues Zuhause brauchte.

»In eine deutsche Familie?« Das klang so zweifelnd, dass es fast verächtlich wirkte. Sie sprach lieber von Saids

Mutter, und ich stellte mir Isabel wie eine Zirkusreiterin vor, oder Hochstaplerin oder Heiratsschwindlerin, schön jedenfalls, und draufgängerisch.

Frau Dr. Üzdün zuckte mit den Schultern und sprach weiter von Isabel, obwohl ich nach Saids Krankheiten gefragt hatte. Aber vielleicht hatte sie recht, und es war seine erste und schwerste Kinderkrankheit, dass seine Mutter ihn zurückgelassen hatte.

»Sie war ein bildschönes Luder, gierig hinter dem Geld her. Um ihr Kind hat sie sich kaum gekümmert, und eines Tages war sie ganz weg, damals, kurz nach Saids Geburt.«

Sie schwieg einen Moment, sah an mir vorbei aus dem Fenster und sagte entschieden, als schüttele sie eine Erinnerung ab: »So etwas kennen Sie nicht.«

Ich wollte so viel wie möglich über Saids frühe Kindheit erfahren. Frau Dr. Üzdün hielt mich offenbar für eine reiche Frau, und ich kam mir vor, als wollte ich irgendwo in einem armen Land ein Kind kaufen und aus seiner Welt reißen. Als wäre ich eine behütete Ahnungslose, die nicht weiß, was man tut, um sich durchzuschlagen, entschied sie streng: »Wenn man ein Kind zurücklässt, geschieht das aus Not!«

Sie redete mit mir, als müsse sie Isabel gegen meine Empörung verteidigen. Dabei war ich nicht empört, nur neugierig und beinahe dankbar, denn ohne Isabels Entscheidung, ihre Familie zu verlassen, wäre Said nie in unser Leben geraten. Wie hätte sie ahnen können, dass sein Vater verunglücken und ins Koma fallen und ihr Kind von einer afghanischen Familie zur anderen gereicht und schließlich durch ein Loch in dem dichten Netz der afghanischen Verwandtschaftsbeziehungen fallen würde? Jetzt standen wir bereit, um das Kind aufzunehmen, das Isabel damals zurücklassen musste – aus welchen Gründen auch immer.

»Wenn es keine andere Möglichkeit gibt, meinetwegen.«

Irgendwie hielt Frau Dr. Üzdün uns dann schließlich doch noch für eine einigermaßen vernünftige Lösung, aber ihre – wenn auch enttäuschte – Zuneigung war bei Isabel. Ich trug zum Glück mein Kleid aus Venedig, als Schutz gegen ihre ruppige Geringschätzung.

Dennoch gefiel es mir, wie sie von Saids Eltern schwärmte: »Der Vater war ein Prinz und hatte Manieren. Ashraf Qadari hat sich gut um seinen Sohn gekümmert. Er hat ihn geliebt auf den paar Quadratmetern im Asylantenheim, die ihnen zur Verfügung standen. Damals stellte ich eine Bescheinigung aus, dass unter diesen Umständen keine normale Entwicklung des Jungen möglich sein würde. Er hustete dauernd. Die beiden hockten zusammen in einem winzigen Zimmer in dem Heim, das inzwischen, zum Glück, geschlossen wurde. Said bekam Asthma. Dann passierte der Unfall.«

Wir wussten immer noch nichts über den Unfall, der Saids Zusammenleben mit seinem Vater beendet hatte. Ashraf Qadari überlebte inzwischen seit fünf Jahren im Wachkoma.

»Was ist eigentlich passiert?«

»Schweigepflicht.«

Machmud hatte von einem Unfall gesprochen, Said glaubte, es sei mit einem Auto passiert. Tariq hatte gesagt: »Es war Eifersucht.«

Beim Jugendamt hieß es, Saids Vater sei niedergestochen und nicht rechtzeitig gefunden worden, eine Beamtin beim Vormundschaftsgericht würde später behaupten, seine Frau habe ihn in diesen Zustand gebracht.

Frau Dr. Üzdün schwieg und las in Saids Karteikarte.

»Er hat Asthma. In der Haunerschen Kinderklinik wird er wegen einer unklaren Lebervergrößerung beobachtet. Er hat oft Migräne. Außerdem haben sie ihn schon ein paar Mal mit Pseudokruppanfällen ins Krankenhaus gebracht.«

Beim Abschied wünschte sie uns Glück für unser Leben mit Said – falls es dazu käme. Sie hielt einen Moment lang meine Hand fest, und ganz hinten in ihrem Blick, wo sie es wohl selbst kaum bemerkte, sah ich eine winzige Spur von Wohlwollen.

Ich hatte es nötig, als Gegenmittel zu dem Gefühl, nur zweite Wahl zu sein, bloß ein Ersatz, weil die schöne Schwindlerin davongerannt war.

13.

Mitte April hatten wir Said zum ersten Mal gesehen, inzwischen ging es auf die Sommerferien zu. Said fuhr am Wochenende mit uns nach Moos, spielte mit Franzi Fußball, und wir versuchten, ihn mit der Schule zu versöhnen.

Es ist Samstagmittag, wir sehen zusammen seine Hefte durch, ob es noch Hausaufgaben nachzuholen gibt. Er wirft den Oberkörper über das Heft. »Ich will nicht, du hast gesagt, ich darf zu Franzi. Mei!«

Dieses bayerische »Mei« ruft er sogar nachts im Schlaf, es klingt trotzig aufstampfend zwischen den leiseren oft eher gemurmelten Wörtern und Sätzen, die wir nicht verstehen – nur dieses laute, empörte »Mei!«.

Said spricht besser Bayerisch als wir, er ist in Bayern geboren, selbst wenn er indisch aussieht und besser Paschtu und Dari versteht als Deutsch. Er kann besser Bayerisch als Hochdeutsch, er hat es auf dem Schulhof und beim Fußballspielen auf dem Bauernhof gelernt, Hochdeutsch spricht er nur im Unterricht und mit uns.

Er schreibt zwei Zeilen und bricht wieder über dem Heft zusammen, wirft sich stöhnend auf den Boden und versucht einzuschlafen, um den Hausaufgaben zu entkommen. Ich bestehe darauf, dass er sich wieder an den Tisch setzt. Er sieht verzweifelt sein Heft an, das nicht so vernachlässigt aussieht, wie der Aufstand erwarten ließe, er blättert zurück und schnauft tief. Nach langem Zureden und freundlichen Witzen über das müde Kind ist endlich wieder eine Reihe kleines k in Schönschrift geschafft, das Ergebnis nicht schlecht, aber der Aufwand erschöpfend. Said schielt herzerweichend. »So müde bin ich!« Er wirft sich über zwei Stühle, rutscht auf den Boden und verschwindet im Bad.

Eine halbe Seite Schönschrift dauert eine Stunde. Dann schreibt er endlich, verbissen, mit finsterem Blick.

Als Said schließlich zu Franzi und dem Fußball aufbrechen darf, hebt sich sein Panzer, Flügel kommen zum Vorschein, und er schwingt sich in die Luft – so leicht schießt er davon, fast ohne Bodenhaftung vor Schnelligkeit.

Weil ich ihm eine Stunde der knappen Wochenendzeit für etwas so Nebensächliches wie Hausaufgaben geraubt habe, straft er mich anschließend mit Nichtachtung, nur unter Protest kommt er zum Abendessen und verkündet: »Ich mache nie mehr Hausaufgaben.«

Dabei fielen ihm eigentlich Schreiben und Rechnen nicht schwer. Es fiel ihm nur alles schwer, wozu er keine Lust hatte, und es gab weniges, das ihm so gut gefiel wie Fußballspielen.

Jeder Fußballplatz war sein Sehnsuchtsgebiet, denn er hatte dort einen Auftrag zu erfüllen, der von Machmud, dem älteren Cousin, auf ihn übergegangen war. Machmud war Saids Held, und dessen Legende ging so: Als Jugendlicher spielte er so gut Fußball, dass er in die Jugendmannschaft von Bayern München aufgenommen wurde. Doch sein Vater bestand darauf, ihn für eine Ausbildung zum Hotelkaufmann nach Hamburg zu schicken, und danach waren Machmuds Muskeln nicht mehr in Form für Bayern München. So hatte Machmud uns die Geschichte erzählt – man merkte ihm immer noch an, wie schwer es ihm gefallen war, zu gehorchen. Er hatte gegen die Entscheidung angekämpft, sie aber dennoch befolgt. »Als afghanischer Sohn hast du keine Wahl.«

So hatte uns auch Said die Geschichte erzählt. Er träumte davon, Fußballprofi zu werden, er wollte den Stab übernehmen, da weitermachen, wo Machmud hatte aufhören müssen, und seine erste, unumgängliche Probe auf unsere Eignung für ihn hieß: Anmeldung im Fußballverein. Gleich beim ersten Treffen mit uns allein, noch im Auto, als er uns fragte, ob er bei uns leben würde, hatte er seine Bedingungen gestellt. Es war keine Frage, eher eine Feststellung: »Ich komme in den Verein!«

Das war das Zauberwort. Er rollte das R in Verein hin und her, bis das Wort wie ein Jubel klang, zwar hob er die Stimme am Ende ein wenig fragend, doch das war gespielt. Uns blieb nichts anderes übrig, als mit doppeltem Ehrenwort zu versprechen, dass wir ihn in einem Fußballverein anmelden würden. Warum auch nicht? Er würde ohnehin alles, was irgendwie rund ist, umgehend als Ball benutzen, werfen, schleudern, schmettern, am besten aber schießen oder kicken. Bei der Apfelernte konnten wir ihn nur mit Mühe überzeugen, dass Äpfel zum Essen und für Saft verwendet werden und nicht als Vorrat von Bällen, die auf Bäumen wachsen.

Zum Glück war die Wiese vor unserem Haus groß genug für ein paar Jungen und einen Ball. Robert baute mit

Said aus Pfosten, Latten und einem Netz ein einigermaßen großes Tor.

Ein paar Tage später, als Franzi neue Fußballschuhe bekam, fragte ich Said, warum er die Fußballschuhe, die ich ihm schenken wollte, nicht angenommen hatte.

Diesmal grinste er und schien zu ahnen, dass sie nicht für immer verloren waren.

»Wenn ihr mir etwas schenkt, bin ich kein Afghane mehr. Ich werde dann deutsch und vergesse, wie afghanisch sein ist.«

Die Cousins hatten ihm die Gefahren ausgemalt. Sie befürchteten zu Recht, dass Saids Herkunft und seine Traditionen bei uns nicht gepflegt werden würden. Wir kannten keine afghanischen Fußballer, keinen Sänger. Wir wussten nicht, wie man afghanisch lebt. Ich konnte nicht afghanisch kochen. Wir beteten nicht Richtung Mekka. Wir konnten auch nicht mit den Händen essen wie Said, wenn er manchmal die Reste auf seinem Teller mit einem Stück Brot oder den Reis mit den Fingern zusammendrückte und in den Mund schob, so elegant und manierlich, dass Messer und Gabel dagegen wie grobes Gerät wirkten.

Die Kunst beim Essen mit den Händen liegt in einer bestimmten Drehung. Erst werden die Finger zu einer Art Greifinstrument, das alles – Reis, Spinat, Hähnchenfleisch, sogar Saucen – zu einem mundgerechten Happen zusammendrückt und das kleine, leicht auseinanderfallende Päckchen mit dem genau richtigen Schwung und dem genau richtigen Druck der Finger zum Mund führt. Wenn die Handbewegung und ihre Geschwindigkeit gut aufeinander abgestimmt sind, im richtigen Winkel und richtigen Tempo, geht unterwegs kein Körnchen Reis verloren.

Said lacht schallend, Robert und ich kleckern mit dem Reis, vorsichtshalber versuche ich gar nicht erst, das Päckchen zwischen den Fingern in die Sauce zu tunken, unwillkürlich greife ich zur Gabel, aber Said zieht sie weg: »Du musst richtig essen.«

Ich muss husten vor Lachen, Reis und Sauce und Spinat lasse ich liegen und esse nur die Hähnchenstücke mit den Händen.

Wir hatten »Guten Tag« und »Wie geht's« in Paschtu gelernt, dazu die Namen von ein paar Gerichten im Restaurant. Die Cousins und der Onkel lächelten freundlich und milde, sie freuten sich über unser Bemühen, Said lachte sich krumm über unsere Aussprache: Es gab etwas, das er besser konnte als wir.

Ihm gefiel es, auf zwei Arten essen zu können: afghanisch und wie die Deutschen – essend war er schnell in beiden Kulturen zu Hause.

Die Hand hat Hähnchen, Reis und Spinat geladen, nimmt anmutig aus einem Schälchen die Sauce aus Chili und roten Johannisbeeren – aus dem afghanischen Restaurant importiert – auf und schwingt wieder hoch Richtung Mund, wo das Päckchen in einem breiten Grinsen verschwindet. Vorsichtig fragt er, ob er die Fußballschuhe jetzt doch haben könnte.

»Vielleicht, wenn es sie noch gibt.«

Ich zwinkere ihm zu und sein Gesicht leuchtet auf, er schleckt sich die Hände ab, arbeitet mit der Serviette nach, lehnte sich in seinem Stuhl zurück und fragt nach Eis.

Das ist das Glück: essen auf afghanische Art und Eis und Fußballschuhe in Aussicht.

Robert und ich beschränkten uns auf die Gelegenheiten, bei denen man auch bei uns mit den Händen isst, und Said machte es nach ein paar Wochen genauso. Nur manchmal, wenn er sich unbeobachtet fühlt, nimmt er unwillkürlich die letzten Reste auf afghanische Art vom Teller.

Wir würden ihn nicht als Afghanen erziehen können. Auch nicht als Inder. Er hat eine indische Mutter, einen afghanischen Vater. Sieben Jahre ist er unter afghanischen Flüchtlingen aufgewachsen und jetzt fängt er an, bei deutschen Eltern zu leben.

Wenn wir ihn nach seinem afghanischen Leben fragen, erzählt er vom Beten, von den Tablas und vom Karomspiel, vom guten Essen und von den jungen Männern, die abends im Park Fußball spielen. Afghanistan kennt er von Fotos.

Bei uns stapeln sich Bücher über das Land. Robert kennt sich in der Geographie gut aus, wir lesen historische und politische Bücher, ohne Gewissheit, ob das angelesene Verständnis ausreichen wird, Said mit Bildern und Geschichten über Afghanistan zu füttern – zum Ausgleich für deutsche Wurst und Schweinebraten, die es zu seiner Begeisterung auf dem Bauernhof gibt.

Warum erzählten wir ihm nicht von Indien?

Er hat nicht unter Indern gelebt und sah sich nie als Inder. Er kam zu uns als Afghane, den es nach Deutschland verschlug, also erzählten wir ihm manchmal Geschichten von Afghanistan.

»Es ist ein Land, das zu drei Vierteln aus hohen unzugänglichen Gebirgen besteht, jedes Tal wird von einem anderen Stammesführer regiert. Es gibt Paschtunen, Tadschiken, Kirgisen, Nuristani, Hazara, Usbeken, Turkmenen und Minderheiten von Juden, Hindus und Sikhs.«

Die Familie von Saids Vater gehört zu den Paschtunen, seine Mutter aus Indien würde in Afghanistan zu den Hindus gehören, aber das wissen wir nicht genau. Said nickt, die Cousins haben ihn manchmal Hindu genannt, wenn sie ihn ärgern wollten.

»Im vorigen Jahrhundert war Afghanistan bedroht wie schon oft. Das große mächtige England hatte Kolonien in Indien, die nach Afghanistan ausgedehnt werden sollten. Auch das mächtige Russland im Norden blickte schon gierig auf das schöne Land, wo es so viel von dem kostbaren Edelstein Lapislazuli gab wie nirgendwo auf der Welt.

Es war die Zeit, als die Herrscher Europas ein großes Spiel um die Vorherrschaft in der Welt spielten. Sie teilten die Länder des Ostens unter sich auf. Doch das kleine Afghanistan schien unbesiegbar: In den hohen Bergen fand sich kein Fremder zurecht, im Winter lag meterhoch Schnee, im Sommer war es so heiß, dass die Wüsten unpassierbar waren. Zweimal schon hatte Afghanistan einen Angriff aus England abgewehrt, doch es war eingeklemmt, eine Pufferzone zwischen Russland im Norden und Indien im Süden, wo die Engländer herrschten. Da suchte König Habibullah Verbündete, um sich zu wehren. Deutschland war ihm am liebsten, denn das Land hatte gute Kanonen und Gewehre zu verkaufen. Damals begann eine Freundschaft zwischen Deutschen und Afghanen.

Als ein großer Krieg in Europa ausbrach und Deutschland und England sich bekämpften, dachten sich der deutsche Kaiser und seine Berater eine List aus: Könnte man nicht die Engländer ablenken und ihre Truppen vom Kampf gegen Deutschland abziehen, wenn sie gegen Aufständische in ihrer indischen Kolonie kämpfen müssten? Der Kaiser schickte heimlich eine Truppe von Soldaten und Botschaftern los. Sie fanden einen indischen Prinzen, der den Aufstand wagen wollte, und begleiteten ihn und sein Gefolge zum afghanischen König. Unterwegs wurden persische Fürsten und Räuber als Verbündete gewonnen, denn für den heiligen Krieg gegen die englische Kolonialmacht wurde jeder Kämpfer gebraucht. Die Karawane zog durch Wüsten und Gebirge, sie mussten immer wieder Räuberbanden und russischen und englischen Spionen ausweichen, deshalb suchten sie ungewöhnliche Wege. Mitten im Sommer ritten sie durch die Kewir-Salzwüste, was keinem Menschen vor ihnen gelungen war, und überlisteten so Räuber, Russen und Engländer. Die Karawane aus Deutschen, Indern und Persern erreichte mit etwa hundert Pferden und Mulis die afghanische Grenze, wo König Habibullah sie wie Staatsgäste empfing. Er ließ sie in einem Gartenschloss in den Hügeln vor der großen Stadt Kabul wohnen.

Doch er hielt sie wie Gefangene. Sie durften sich – außerhalb des Gartens – nicht frei bewegen. Niemand durfte sie sehen, denn der König fürchtete die Rache der überlisteten Engländer und Russen.

Die Verhandlungen waren mühsam und dauerten lange. Die deutschen Offiziere und ihre Leute fingen an, den afghanischen Soldaten den Umgang mit den deutschen Waffen beizubringen, die deutschen Botschafter verhandelten. Als schließlich nach langem mühsamem Reden ein Vertrag zustande kam, war er nicht so, wie es sich der Kaiser in Deutschland gewünscht hatte: Der afghanische König würde keinen Krieg gegen England wagen. Er hielt zu niemandem. Oder zu allen. Er konnte sich keine mächtigen Feinde leisten, schließlich war er nur König in einem kleinen Land.

Da reisten die deutschen Gesandten ab. Einer ritt durch eine andere Wüste, als sie auf dem Hinweg durchquert hatten. Er wurde ein paar Mal ausgeraubt, deshalb verkleidete er sich schließlich als Bettler und erreichte zu Fuß und abgemagert endlich die Türkei. Der andere Botschafter nahm den Weg über China.«

Said schlief schon. Afghanistan und Indien waren bloß Geschichten. Bis jetzt war er umgeben gewesen von afghanischen Flüchtlingen. Onkel Qadari liebte den Münchner Westpark, der ihn an einen Park in Kabul erinnerte. Wenn wir nach seinem Land fragten, schüttelte er nur den Kopf, und Tariq oder Machmud hatten wenig zu übersetzen. Ich stellte mir sein Heimweh vor, wie er an sein Leben vor dem kommunistischen Putsch und vor der russischen Invasion dachte, als er ein wohlhabender Mann in einer unversehrten Stadt war, verheiratet mit einer schönen Frau und Vater von vier Kindern.

Sie gehörten auf einmal alle zu uns, als eine Art von gefühlter afghanischer Verwandtschaft, und Robert und ich suchten uns Krieg und Frieden ihres Landes aus Büchern zusammen, wie eine Kulisse für unsere neue, fremde Familie.

14.

Der Juli war schön in diesem Jahr, erst abends zogen Gewitter auf. Franzi und Said spielten abwechselnd im Hof oder bei uns auf der Wiese Fußball. Abends aßen wir draußen, bei Gewittern geschützt unter dem Dach, Said in eine Decke gehüllt, und wir sahen den Blitzen im schwarzen Himmel zu wie Schauspielern im Kino.

Ich lernte Gerichte für Kinder zu kochen, und ab und zu kamen Handwerker für die letzten Arbeiten im Dachgeschoss in den beiden neuen Zimmern, von denen eins für Said sein sollte. Die Katzen, empört über die neue Ordnung und die Unruhe, nutzten jede Ecke auf dem neuen Holzboden als Katzenklo. Wenn Robert arbeitete oder verreist war, fuhr ich allein mit Said nach Moos.

Es muss an einem dieser Wochenenden passiert sein.

Said lacht ausgelassen, bis er zu husten beginnt und nicht mehr aufhören kann und nach Luft schnappt, keucht und japst und immer elender aussieht, und ich denke an Frau Dr. Üzdün und die Asthma- und Pseudokruppanfälle, von denen sie erzählt hat, und weiß nicht, was man tut bei Asthma und Pseudokrupp. Ich denke an die weiten Entfernungen, die ein Notarzt auf dem Land zurücklegen muss, und halte die Luft an vor Schreck.

Wenn Said sonst etwas wehtut, schlage ich im neuen großen Medizinbuch nach, aber jetzt könnte ich ihn nicht eine Sekunde allein lassen, um es zu holen. Keuchend, mit schreckensweiten Augen sitzt er da. Ich lege ihm die Hände auf den Rücken und auf die Brust und spreche so ruhig ich kann auf ihn ein, und nach einer Weile, kaum zu glauben, beruhigt sich sein Atem allmählich und er fällt rückwärts aufs Bett – ein verschwitztes Kind in Trainingshosen, die Hände hinter den Kopf geworfen, mit offenem Mund, immer noch schnaufend, aber nicht mehr in Gefahr. Kaum bin ich auf Zehenspitzen aus dem Zimmer geschlichen, ruft er mich zurück.

»Ich bin eine Puppe, ich kann mich nicht bewegen.«

Den Weg ins Bad legt er auf meinen Füßen stehend zurück.

Am Anfang hatte er darauf bestanden, wenn überhaupt, nur keusch zu duschen. Er zog sich unter Protest aus, ich musste mich umdrehen, legte Handtuch und Wäsche bereit, bis er – ich immer noch mit abgewendetem Kopf – in Unterhose in die Kabine stieg. Erst hinter dem Vorhang zog er sich ganz aus, ich tastete nach der Dusche, drehte das Wasser an und regulierte die Temperatur. Alles hinter dem Vorhang, wo Said als Puppe auf dem Boden kauerte und erst mit einem großen Schwamm gewaschen und anschließend in ein Badetuch gehüllt und gerubbelt werden musste. Er jubelte und kicherte kitzelig.

Durch das Puppenspiel wurde aus dem Duschen am Abend ein festliches Programm, nachdem am Anfang Kinderzahnbürste mit Bärenkopf und die Nagelbürste in Walfischform verachtete Instrumente waren.

Ob er sich an früher erinnerte und da weitermachte, wo er nach dem Unfall seines Vaters aufhören musste? Oder entdeckte er überhaupt erst Kinderspiele im Bad?

Er machte jedenfalls große Schritte im Alter rückwärts, und wir überlegten, ob wir ihm in allem folgen sollten. Er holte sich Kindheit zurück.

»Besser jetzt und spät als nie.«

»Vielleicht spielt er, eine Mutter zu haben«, vermutete Robert, der etwas an den Rand gedrängt war. »Männer gab es bisher genug. Den Onkel, die Cousins, die entfernten Cousins, aber keine Mutter.«

»Ich bin schon die vierte.«

»Aber wahrscheinlich die erste mit dem vollen Programm.«

Auf dem Bauernhof war Said inzwischen mit allen Ecken und Winkeln vertraut, von hoch oben sprang er mit Franzi in die Getreidespeicher, sie versteckten sich im Heu, den Kuhstall fand Said längst nicht mehr ekelhaft, sie spielten in allen Scheunen und Hallen Verstecken und am liebsten im Regen Fußball. Erwachsene sahen sie meist nur von weitem. Erst vor dem Fernseher fanden alle Familienmitglieder zusammen.

Bei uns, in der Basisstation, wurde die Beobachtung durch Erwachsene stärker. Wenn Said nach dem Abendessen nicht wieder zum Hof hinüberlaufen durfte, musste ich beim Puppenspiel zur Strafe noch öfter wegsehen und manchmal sogar das Bad verlassen, er nahm es uns übel, dass er nicht kommen und gehen durfte, wie es ihm gefiel.

Wir aßen draußen, er saute zur Strafe auf seinem Teller herum – keine Spur von afghanischer Eleganz. Es schmeckte ihm unverkennbar, aber dann trat er wütend gegen den Tisch und ging mit seinem finsteren Wutgesicht auf und ab, quengelte und schimpfte und tobte, warf sich auf den Boden, weinte, kreischte und schluchzte in seinem grellen Zorn. Es war wie der Ausbruch einer Naturgewalt. Über eine Stunde lang. Wir waren ratlos, und ein paar Mal wollte ich sagen, dann geh doch! Ich sagte es nicht, und als er sich allmählich beruhigte, fingen wir mit einem improvisierten Krocketspiel auf der Wiese an, Said nannte es Golf, danach spielten wir Buchstabenfischen, von Fackeln und Windlichtern beleuchtet. Er war begeistert, gewann jede Runde und ging schließlich ohne Widerspruch in sein neues Bett in unserem Zimmer, sogar ohne die bis dahin übliche Zwischenstation auf der Couch in unserer Nähe.

»Ein oder zwei Könige später gelang es den afghanischen Stämmen, ihren Streit untereinander zu schlichten. Sie taten sich zusammen und folgten dem Rat kluger, weiser Männer und kämpften, statt gegeneinander, gegen England und besiegten den so viel mächtigeren Feind. Nun wollte der König sein Reich zu einem modernen Land machen und er suchte überall Rat und Verbündete, auch in Russland. In dem riesigen Land hatten sich die Arbeiter und Soldaten gegen ihren Kaiser erhoben, und einer ihrer Anführer, er hieß Leo Trotzki, plante einen Feldzug von Afghanistan aus, um Indien von der britischen Kolonialmacht zu befreien. Doch daraus wurde nichts. Allerdings waren die Briten nervös geworden und schickten einen Gesandten. Manche sagen, dass es der berühmte Wüstendurchquerer war, den man Lawrence von Arabien nannte, aber das ist nicht gewiss. Der Gesandte sollte jedenfalls für Unfrieden zwischen den afghanischen Stämmen und ihrem König sorgen. Er verkleidete sich als arabischer Priester und stachelte den religiösen Eifer der Stämme an. So ließ er gefälschte Fotos verteilen, die die Königin bei einem Staatsbesuch in Berlin im Badeanzug zeigten. Die afghanischen Stammesfürsten reagierten aufgebracht, sie hatten ohnehin etwas gegen eine Königin, die nicht verschleiert und nicht gehorsam war. Den Badeanzug auf den Fotos trauten sie ihr zweifellos zu.

Ob es an den Geschichten von verkleideten Männern in Afghanistan und am Badeanzug der Königin lag, dass Said uns eines Abends, wir hatten gerade Besuch, vorführte, wie er mich sah: Er posierte mit Sonnenbrille, Strohhut und Zigarette, mit meinem Bikini über dem Schlafanzug.

»Jetzt muss endlich entschieden werden, der Junge fängt an, sich bei ihnen einzuleben.« Frau Scherer vom Jugendamt hörte sich an, was wir von unseren Wochenenden und Nachmittagen mit Said erzählten, und telefonierte schon, noch während wir ihr Büro verließen.

Auf einmal ging alles sehr schnell: Es wurde beschlossen, dass Said zum Beginn der Ferien zu uns ziehen und im September in die zweite Klasse der Grundschule in unserer Nähe gehen sollte. Sofort meldeten wir ihn dort an.

Wir waren die letzte Familie, die Frau Scherer vor ihrer Pensionierung zusammenführte.

Am ersten Ferientag standen wir wie verabredet gegen sechs Uhr abends im Hof vor Saids bisherigem Zuhause.

Er kam uns entgegen, mit seiner Cousine und einem fremden afghanischen Mann. Niemand hatte mit uns gerechnet. Said hatte keinen Schlüssel, er kam nicht in die Wohnung zu seinem Fußball und den Schuhen, ohne die er nicht aufbrechen wollte. Seine Cousine hatte keinen Schlüssel, auch nicht der fremde Afghane. Er sei ein Onkel aus Hamburg, stellte ihn Said vor, ein höflicher Mann, europäisch gekleidet, der umgehend anbot, den Wohnungsschlüssel zu holen. Er sprach erst zu Said, der dann für uns übersetzte. Sollten wir warten oder später oder vielleicht erst am nächsten Tag wiederkommen? Said zog die Schultern hoch.

Wir warteten in einem kleinen Biergarten vor einem Kiosk, aufmerksam beobachtet von Erwachsenen an den Tischen und Kindern aus der Siedlung. Die ersten zwei kamen mit Said, er bat um Geld für ein Eis, wir spendierten drei. Sie hielten es hoch, wie eine Trophäe. Andere Kinder folgten und zeigten einander das fremde deutsche Paar. Zwei Mädchen blieben bei uns stehen und fragten, ob es wahr sei, dass Said demnächst bei uns wohnen würde und ob es wahr sei, dass er keine Eltern habe. Andere betrachteten uns aus einiger Entfernung.

Sollten wir jetzt Eis für alle spendieren? Nur für die sichtbaren oder auch für die Unsichtbaren? Wie viele? Zehn? Fünfzehn? Said ließ sich nicht blicken.

Überraschend schnell kam der Hamburger Onkel mit dem Schlüssel zurück und sah uns zu, wie wir Saids Gepäck aus der Wohnung holten, den Fußball, die Schuhe und zwei Säcke, die schon seit Tagen bereitstanden, gepackt mit allem, was irgendwie zu ihm gehörte.

War der fremde afghanische Onkel eine Abordnung der Familie? Einer, der Said kaum kannte, für den der Abschied nicht schmerzlich und traurig sein würde wie für Herrn und Frau Qadari und die Cousins? Auch Saids Cousine war inzwischen verschwunden.

Ersparten sich alle den Anblick, wie das afghanische Kind von einem deutschen Paar abgeholt wurde? Vielleicht war es aber auch nur ein Missverständnis oder sie hatten anderes vor.

Wir luden Saids Gepäck ins Auto, und die Kinder versammelten sich um uns, türkische, afghanische, freche Jungs und scheue. Enis, den ich schon kennengelernt hatte, war nicht dabei. Zwei vielleicht fünfjährige orientalische Prinzessinnen in glitzernden hellen Kleidchen hielten sich an der Hand und lächelten schweigend. Zwei deutsche Mädchen kamen. Eines von ihnen sagte: »Ich an Saids Stelle wäre stolz, eine nette deutsche Tante zu haben.«

Der Akzent lag weniger auf nett als auf deutsch. Said hörte zu und grinste.

»Die sind sonst nicht so lieb«, flüsterte er mir ins Ohr.

Alle winkten, wir fuhren langsam los und winkten auch, bis wir um die Ecke gefahren und die Kinder verschwunden waren. Sofort schob Said seinen Kopf zwischen unsere Sitze und wischte sich die Tränen ab.

»Weißt du, was ich will?«

»Sag!«

»Weißt du, was ich will? Eine richtige Mutter!«

Es hörte sich an wie ein Auftrag. Als hätten Herr und Frau Qadari ihn freigegeben. Vielleicht war es sogar eine Art Segen.

15.

»Was machen wir zuhause?«, fragte Said, kaum hatten wir an der alten Kirche, mit dem Abbiegen in die Lindwurmstraße, Sendling verlassen. Es ging in eine andere Richtung, als er bis dahin gewohnt war, nicht ins Geschäft seines Onkels, nicht ins Restaurant der entfernten Verwandten. Es ging nach Schwabing, zu uns.

Robert und ich trugen die beiden Säcke, und Said schob den Ball mit dem Fuß vor sich her in die Wohnung. So zog er ein.

Mein Schreibtisch und die nötigsten Bücher hatten in unserem Schlafzimmer Platz gefunden; der kleine Raum mit der Kastanie vor dem Fenster war jetzt Saids Kinderzimmer: zwei leergeräumte Regale, Hochbett, Kinderschreibtisch und Kommode von Ikea, an der Wand klebte ein »O wie schön ist Panama«-Plakat. Mein Kinder-Teddybär und ein neuer Pinguin saßen auf dem grünen Teppich unter dem Bett und erwarteten Said. Er kletterte die Leiter am Bett hoch, warf sich in die Kissen, stieg wieder nach unten und legte Bär und Pinguin unter die Decke. Er war ungewohnt still.

Drei Tage zuvor hatte ich bei C&A, am Rondell mit den Trainingsanzügen für Kinder, Saids Tante gesehen. Jemand hinter mir zog auf die gleiche Art wie Said die Nase hoch, ich drehte mich um, aber sie erkannte mich nicht. Ob es an ihren europäischen Kleidern lag, dass sie mir nicht mehr anmutig und elegant vorkam wie in ihrem Kaftan zuhause, beim Bügeln auf dem Boden vor dem Fernseher? Nebeneinander schoben wir die Trainingsanzüge in Saids Größe zwischen uns hin und her, die Bügel qietschten, ich lächelte sie an, sie erkannte mich immer noch nicht und wandte sich ab, nicht darauf gefasst vielleicht, eine von den deutschen Frauen im Kaufhaus zu kennen.

Sie wirkte versunken. Oder tat sie nur so? Suchte sie zum letzten Mal etwas für Said? Ein Geschenk zum Abschied vielleicht, bevor er zu einem ihrer zahlreichen Nichten und Neffen wurde, die über die ganze Welt verstreut lebten? Der einzige wahrscheinlich, der nicht bei Afghanen lebte.

Ich wollte ihr versichern, dass sie Said sehen könne, wann immer sie wolle, dass wir sie gemeinsam besuchen würden, und stellte mir vor, vielleicht zu ihrem Geburtstag Said mit einem kleinen Geschenk zu einem Besuch zu begleiten, und ich sah schon die ganze Familie um unseren Esstisch sitzen. Aber jetzt, während sie neben mir stand, wusste ich nicht, in welcher Sprache ich sie anreden sollte, sie hielt den Kopf abgewandt, während sie lächelnd einen blau und grau gestreiften Anzug vom Ständer nahm.

Sie ist alt, dachte ich, viel zu alt für den wilden Jungen, und schämte mich dafür und auch für meine plötzliche Eifersucht auf die immer noch legitimere und sicher auch vertrautere Verwandte von Said.

Einer von den zwei Trainingsanzügen, die Said auspackte, war blau und grau gestreift und hatte ein Etikett von

C&A. Er warf beide in die Schublade, die meisten der anderen Sachen stopfte er zurück in die Säcke, die bald für den Müll vor der Wohnungstür standen. Dann fing er an, die Wohnung mit dem Fußball zu erobern. Ein leichtes, vorsichtiges Dribbeln fast auf der Stelle und um die eigene Achse ließen wir zu, aber als der Ball gegen eine Tür krachte und nach dem nächsten Schuss gegen die Wand, protestierten Robert und ich gleichzeitig. In Saids Gesicht wurde es finster, und er fing an zu schreien.

»Sie haben gesagt, ihr würdet mir alles erlauben.«

Er hatte in seinem neuen Leben unbegrenzte Bewegungsfreiheit erwartet und traf auf die gleiche Einschränkung wie bisher: Fußballspielen in der Wohnung war verboten. Wir erklärten unser Verbot und Said wurde für einen Moment stiller. Er sah eine Chance für Verhandlungen. Doch als sich das Verbot mit Worten nicht aus der Welt schaffen ließ, kämpfte er mit anderen Kräften weiter. Er schrie und tobte, warf sich auf den Boden, weinte, und als nichts davon Erfolg hatte und wir ihn ratlos seinem Zorn überließen und für später ein gemeinsames Spiel ankündigten, wurde er still.

Robert saß am Schreibtisch und hatte Kopfhörer auf, ich machte in der Küche das Abendessen, als ich die Eingangstür ins Schloss fallen hörte. Ich lief hinaus, um nachzusehen, und sah, wie Said, den kleinen Rucksack geschultert, die Treppe hinunterlief. Er blieb auch nicht stehen, als ich ihn rief. Said zog wieder aus.

Ich rannte hinter ihm her, das Küchenmesser noch in der Hand. Bevor ich ihn kurz vor der Haustür einholte, warf ich es auf die Treppe, er blieb mit trotzig gesenktem Kopf stehen, ohne aufzublicken, und sah aus wie Hänschen klein aus dem Kinderlied, eine dunklere Version davon, einfach losgezogen, egal wohin, immerhin langsam genug, um noch aufgehalten zu werden.

Ich stellte mich vor die Haustür, breitete die Arme aus, und weil mir nichts anderes einfiel, sang ich ihm das Lied vor.

»Hänschen klein, ging allein, in die weite Welt hinein. Stock und Hut, stehn ihm gut, ist gar wohlgemut.«

»Häh?«

Ich singe nicht gut, aber es reichte zu unserer Beruhigung. Vorsichtig lachten wir beide, setzten uns auf die untersten Treppenstufen und ich sang weiter, überrascht von meiner Textsicherheit.

»… aber Mutter weinet sehr, hat nun gar kein Hänschen mehr, da besinnt sich das Kind, kehrt nach Haus geschwind.«

Wenn wir einander später erzählten, wie es uns in diesem und ähnlichen Momenten zumute war, sagte Said: »Ich musste schließlich alles neu lernen, ich wusste ja nicht, wie das geht, bei Deutschen leben, und sowieso wusste ich nicht, dass ich ein Kind bin, über das Eltern glücklich sind.«

16.

Die Sommerferien verbringen wir in Moos; es regnet oft.

Franzi würde nicht verreisen wie die meisten Kinder in der Stadt, es gibt die Scheunen und Fußball von morgens bis abends, Said ist zu wenig anderem zu bewegen – keine Ausflüge, keine Besuche, es zählt nur Fußballspielen mit Franzi.

Robert und ich machen das Haus kinderfest, und zu dritt üben wir Familienleben. Eines Tages kommen endlich zwei Handwerker und bauen die Wendeltreppe ins neue Obergeschoss ein, wir weißeln zusammen mit Said, Franzi und Franzis Schwester die Wände und schaffen nach und nach Möbel nach oben.

»Wir haben das Dach schön gemacht«, sagt Said. Er spielt den Hausherrn und präsentiert die Räume wie das Schloss seiner Vorfahren, als Roberts Schwester zu Besuch kommt.

»Mein Zimmer!« Große Geste in dem aufgeräumten, unbewohnt wirkenden Raum mit schrägen Wänden. Durch die Fenster fällt der Blick auf Wiesen mit Kühen, ein Bach schlängelt sich durch das Tal.

Im Zimmer gegenüber wieder die große Geste von Said: »Hier wohnt Robert.«

Man sieht über Apfelbäume hinweg auf den Bachlauf in die andere Richtung; gegenüber auf dem Hof grasen ein Esel und zwei Perde, ein Zwergpony, ein paar Ziegen, ein Hängebauchschwein, am Bach sind Enten. Manchmal laufen die Ziegen ins Haus. Unser Weiler hat sechs Häuser, und man könnte hier auf den Gedanken kommen, die Welt sei friedlich. Nachts ist es so still, dass man hören kann, wie die Bisamratten gegen die Strömung schwimmen.

Obwohl Robert nur ein paar Schritte entfernt im Raum gegenüber saß, wachte Said wieder auf, kaum war er, beim Vorlesen oder danach für einen Moment eingenickt, er schreckte hoch und fürchtete sich, vor Einbrechern und Afghanen, und selbst wenn wir ihm versicherten, dass es in Moos keine Einbrecher gebe, hörte die Angst nicht auf, dass Afghanen kommen würden.

»Robert hat Kopfhörer auf und hört den Räuber nicht. Und ich bin allein in meinem Zimmer. Dann holen sie mich.«

Ob er sich vielleicht sogar wünschte, von den Afghanen zurückgeholt zu werden?

Die Augen reibend, im Schlafanzug, herzzerreißend müde und ängstlich steht Said in der Tür und rettet sich auf meinen Schoß.

Ich kann erst arbeiten, wenn er schläft. Er schläft aber nicht in seinem Zimmer, er möchte dahin, wo er nicht allein ist, er will in das Zimmer, wo ich arbeite, doch meine Konzentration verschwindet, wenn er meinem Schreibtisch direkt gegenüber liegt, schnaufend und seufzend und vor sich hin murmelnd, und manchmal auch laut in seiner mir fremden Sprache rufend. Ich sitze dann da und betrachte, glückselig oder besorgt lauschend, das Kind. So wird das nichts mit der Arbeit.

Wir einigen uns auf das Sofa im Nebenzimmer, ich kann ihn atmen hören und er mich, er kann rufen, wenn er Angst hat, und ich kann ihn dann trösten. Robert bringt das Bettzeug, und Said schläft sofort ein.

Ich arbeite konzentriert wie selten, kaum fällt mir auf, dass Robert Gute Nacht sagt; er schläft schon, als ich müde werde und Said zu wecken versuche, damit er sich mit mir zu unseren Betten im oberen Stockwerk schleppt, er schimpft im Halbschlaf, ich müsste ihn über die Wendeltreppe tragen, doch ich bin müde und richte mein Bett in meinem Arbeitszimmer ein.

Als Said ins Bett schlüpft, wache ich auf. Er tritt sich die Bettdecke zurecht und schmiegt so heftig, dass es eher ein Rempeln ist, den Rücken an mich und schläft mit einem lauten Seufzer ein. Schnaufend liegt er da, und ich höre zu, wie sein Atem leiser wird, dann schlinge ich vorsichtig die Arme um den immer noch kleinen Körper, in dem ein noch viel kleinerer Junge steckt, als der tagsüber freche und strahlende oder maßlos wütende Kerl vermuten lässt.

Er ist sieben Jahre alt, vielleicht auch erst drei oder noch kleiner, ein Baby, die Puppe, die sich allein nicht bewegen kann, der Kleine, der noch gebadet werden will – ein Baby, das keine Mutter mehr hat.

Jedes Mal wenn ich wach werde in der Nacht, weil Said unruhig um sich schlägt und wieder und wieder aufseufzt, fühle ich mich gut aufgehoben in der Obhut für ihn.

Zu Saids achtem Geburtstag lud Onkel Qadari mittags ins afghanische Restaurant ein. Die ganze Familie war da, die Tante, wieder sehr schön, mit silbernen Sandaletten. Wir kamen zu dritt, Said schon zu uns gerechnet, der Tisch war beladen mit Speisen. Es gab sein Lieblingsgericht, Sabsi Tschalau, außerdem Lamm, wie es Robert gern mochte, und das Hühnchenfleisch mit Orangen, das ich immer aß, vier Sorten Reis und die Sauce aus Johannisbeeren und Chili. Die Üppigkeit war festlich. Aus Höflichkeit uns gegenüber aßen alle mit Messer und Gabel und Said stopfte so viel wie möglich in sich hinein – Vorratsbildung wahrscheinlich.

Es war ein Sonntag im August, die Stadt am Mittag menschenleer, die Hitze stand in den Straßen. Said und ich flüchteten nach dem Essen ins Kino, wir hatten den riesigen Saal für uns allein. Es gab »König der Löwen«. Irgendwann legte das Kind den Kopf in meinen Schoß und steckte den Daumen in den Mund: Vor sich das weite Land und den König der Löwen auf seinem Felsen.

Ich machte da weiter, wo Isabel acht Jahre vorher aufgegeben hatte, Said fing noch einmal mit seiner Kindheit an und Robert und ich verwandelten uns von einem kinderlosen Paar in mittleren Jahren in junge Eltern mit einem kleinen Kind.

Jeden Abend aufs Neue versuchten wir, Said in seinem Zimmer anzusiedeln, doch seine Angst wirkte so überwältigend, dass wir kapitulierten und schließlich die Matratze neben unserem Bett zur Dauereinrichtung wurde. Selbst von dort flüchtete sich Said meist noch näher zu uns, es sei denn, er hatte einen Freund zu Besuch.

Er kratzte sich blutig, wenn er allein schlief, lag jemand neben ihm, blieb die Haut heil.

Meine Freundin Corinne in Paris wird ein paar Jahre später ihren Sohn Gil aus Brasilien holen. Ausdrücklich betonen die französischen Adoptionsvermittler in ihren Broschüren, das Kind dürfe sich nicht an das Bett der Eltern gewöhnen. So weit ins Detail gehen die Ratschläge in den Schriften des Jugendamts bei uns nicht. Sie sind aber auf ihre Art hilfreich, schildern Fälle und bieten Erklärungen und Lösungsversuche an, wenn Kinder und Eltern aneinandergeraten.

Manchmal, wenn ich mit Herzklopfen und weichen Knien dasaß, nach Luft schnappte aus Ratlosigkeit über Said, las ich Statistiken und Ergebnisse von Studien: »Spätadoptierte Kinder (alle ab circa drei Jahren) waren im Jugendalter häufiger wütend und feindselig, zeigten Konzentrations- und Schulleistungsprobleme. Lügen war mit fast 35 Prozent hochsignifikant häufiger als in den Vergleichsgruppen. Ähnliches galt für Schulverweise, Weglaufen und Diebstähle.«

»Alle Adoptiv- und Pflegekinder sind verlassene Kinder«, hieß die Broschüre, die mich manchmal beruhigte, weil sie von Kindern handelte, die sich ähnlich benahmen wie Said. Nicht normal hieß das dann.

Ein normales Kind sei die falsche Erwartung bei Adoptivkindern, sagten die Broschüren. Nur bei Adoptiv- und Pflegekindern? Said war nicht normal, wir drei zusammen waren nicht normal, gut. Aber Toni und seine Familie wirkten auf uns Städter beinahe exotisch: eine Großfamilie von Bauern, drei Generationen, alle arbeiten zusammen auf dem Hof. Wir auf dem Land waren erst recht nicht normal. Franzis Großvater, etwas verwirrt geworden im Alter und schlecht auf den Beinen, schlurfte durchs Haus, und wenn er Said sah, schrie er entsetzt: »Da kommt ein Neger!« Der kleine Franzi leistete dem Alten oft Gesellschaft und beruhigte ihn: »Schon gut, Opa, der gehört jetzt dazu.«

Vielleicht das bessere Wort als normal: dazugehören.

Der alte Bauer wird sich nie an das fremde braune Kind der Nachbarn gewöhnen. Wenn er seine Uhr suchte, hatte er Said in Verdacht, aber der kleine Franzi verteidigte seinen Freund. Wenn sich die beiden stritten und verbissen kämpften, war Franzis schlimmste Beleidigung: »Erdgesicht.«

Fast gehörte Said zur Familie: Er durfte sich Fruchtjoghurt und Limo nehmen, genau wie alle anderen auf dem Hof. Agnes, Franzis Mutter, hatte ihn sofort für sich adoptiert. Bald hielt sie eigenes Bettzeug für ihn zum Übernachten bereit. Sie hatte uns auch versprochen, für ihn zu sorgen, sollte uns etwas passieren. Said hatte eine Art zweite Familie als Sicherheitsnetz gefunden.

Der kleine Brasilianer Gil kam nach vier gemeinsamen Wochen in Brasilien mit meiner Freundin Corinne und ihrem Mann am Tag vor Weihnachten in Paris an. Sie hatten in einem Hotel in der Nähe seines Waisenhauses gewohnt, später in einer Pension am Meer. Angekommen in Paris, bezog er sein eigenes Zimmer, schlief in seinem Bett und kletterte nur selten zu seinen neuen Eltern unter die Decke. Sie haben es ihm eben nur ausnahmsweise erlaubt.

Doch vielleicht fürchtete Said sich öfter und heftiger. Oder wir haben ihn nicht oft genug seiner Angst überlassen, damit er sich allmählich an das Alleinsein in den Nächten gewöhnte.

So gewöhnten wir uns stattdessen an nächtliche Aufbrüche und Umzüge, viel zu verhandlungsbereit vielleicht; manchmal schlief ich bei Robert ein und wachte neben Said auf, oder ich entkam dem Gedränge, eingeklemmt zwischen Robert und Said, indem ich im Halbschlaf in Saids Stockbett taumelte.

Das Paar, das wir gewesen waren, wurde von Saids neuen Eltern vor die Tür gesetzt und verschwand. An manchen Abenden, ein Babysitter passte auf Said auf, gingen wir es suchen, im Restaurant oder im Kino, im Theater, oder einfach so unterwegs. Die beiden, die wir einmal waren, tauchten kurz aus unserer Erinnerung auf, doch sie wurden schnell wieder vertrieben; blieben kaum einen Film lang und kamen bald gar nicht mehr, gelangweilt wahrscheinlich, weil wir so viel über Said redeten.

Das neue Glück war harte Arbeit, jeder Tag eine Reihe von Gefechten, in denen Saids entschiedener Wille, endlich selbst über sein Leben zu bestimmen, mit unserer Vorstellung von Erziehung kollidierte.

Die ganze Bauernfamilie, Großvater und Großmutter, der große Franzi und Agnes, die Kinder Franzi und Klara, alle sitzen am langen Tisch in der Küche beim Essen. Ein wenig beschützen sie Said, wenn er nicht wieder nach Hause will, weil wir ihm nicht gehorchen: »Ich will nicht mehr zu euch. Ich bleibe hier.«

»Lass ihn doch«, sagen die Kinder, und die Erwachsenen nicken. Warum lassen wir ihn nicht hier, über Nacht und eine zweite vielleicht?

Er findet schwer zurück, wenn er uns böse ist. Selbst

wenn er nicht wegläuft, vergräbt er sich unerreichbar tief in seinen Groll und findet, wenn niemand ihn holt, den Weg allein nicht zurück. Bei Franzi wird er gut aufgenommen, es ist schön da, warum also nicht von Neuem umziehen? Said spielt Familie bei Franzi, ein dunkles Kind mit blonden Eltern und Geschwistern am Tisch, während ich dastehe und mich wie die Fremde aus der Stadt fühle; eine Mutter zweiter Wahl, deren Kind lieber in einer anderen Familie bleiben will.

Said spielt, er tut jedenfalls so, als wollte ich ihn rauben. Die anderen am Tisch sehen gespannt zu, wer gewinnt. Wir spielen um Zugehörigkeit. Hoher Einsatz, und ich kann nur gewinnen, wenn ich mir zutraue, die richtige Zuflucht zu sein, nicht eine unter anderen, sondern die einzige, wohin er jetzt gehört. Und wenn ich ihn dafür rauben muss. Es ist Spiel, und es ist Ernst.

Und wenn es ihm nicht gut geht bei uns?

»Komm jetzt, ich geh schon mal vor!«

Murrend zwängt sich Said aus der Eckbank und folgt mir, ein Gefangener, der an seinen Fesseln zerrt, in einiger Entfernung. Wütend kickt er unterwegs mit Steinen und tritt zu Hause gegen die Wand. In solchen Momenten steigt er wortlos die Treppe hinauf und verschwindet in seinem Zimmer.

Die Angst überfällt ihn, wenn wir schlafen und es im Haus still geworden ist. Manchmal hustet er dann keuchend und schnappt elend nach Luft, doch damit sind wir inzwischen vertraut, ich streiche ihm beruhigend über den Rücken, schließe die Arme um ihn und lausche, ob sich das Röcheln beruhigt.

»Hast du mich auch lieb, wenn ich so schlimm huste?«

Er kann es nicht glauben und hustet probeweise noch einmal.

»Zu der Zeit, als dein Vater als einer der Jüngsten von fünfzehn Geschwistern geboren wurde, regierte der König Mohammad Zahir Shah. Die Familie deiner afghanischen Großeltern muss wohlhabend gewesen sein, ihre Kinder gingen auf gute Schulen. Dein Vater wurde später Beamter in der Regierung, und Onkel Mohammad führte ein Hotel in Kabul. König Mohammad war ein moderner Herrscher und versuchte sein Land modern zu regieren. In den Städten gingen die Frauen nicht mehr verschleiert, sie arbeiteten und studierten und in den Basaren hörte man Popmusik aus dem Radio. So war das einmal in Kabul.«

Said schlief schon.

Robert beherrschte das Spiel um Zugehörigkeit besser als ich, er dachte nicht so viel darüber nach, was er falsch machen könnte.

Said war an Männer gewöhnt, an die Cousins, die nahen und entfernten, den Onkel, er kannte viele Männer und wenige Frauen. Robert war nicht der strenge und manchmal hart strafende Familienälteste, aber auch kein älterer Cousin, der den Kleinen beim Fußballspiel – als höchste Belohnung – mitmachen ließ. Robert spielte nicht gern Fußball, er spielte mit Said Federball auf der Wiese, Said nannte es Tennis, markierte mit Schnüren Linien im Gras, ein paar Mal in den kommenden Jahren veranstalteten wir an Saids Geburtstag Tennisturniere, indem wir Federball spielten. Robert baute mit Said ein Fußballtor. Es wurde mit jeder Reparatur stabiler und hielt bis zu Saids sechzehntem Geburtstag dem starken Beschuss stand. Genau an diesem Tag ging – und wir wussten im selben Moment, es war das Zeichen zum Ende unserer gemeinsamen Zeit in Moos – langsam ein Pfosten in die Knie, und der Querbalken hing schräg. Said stand daneben, als einer seiner Freunde aus der Stadt zum Schuss ansetzte, ein anderer filmte, wie der zweite vordere Pfosten langsam kippte, mit dem nächsten Schuss der hintere, bis das Netz die Stümpfe langsam unter sich begrub.

»Wir bauen es wieder auf«, sagte Said lachend, ich lachte auch, mit einem Kloß im Hals, und Robert protestierte: »Ohne mich!«

Der letzte Pfosten stand noch eine Zeitlang als Ruine. Zwei Jahre später gruben Robert und ich ihn aus der Erde und säten Gras auf die kahlen Stellen vor dem Tor.

Robert machte Radtouren mit Said, er brachte ihm Schachspielen bei, Canasta und Mühle, stieg nach Jahren wieder auf Ski und zeigte ihm die ersten Bögen, er half ihm beim Klettern auf Bäume, denn Said war ängstlich ohne festen Boden unter den Füßen. Robert zeigte ihm die sicheren Tritte; er half ihm, über die Steine im Bach zu gehen, und lehrte ihn Hämmern und Sägen. Für Said war alles neu. Er kämpfte mit Robert, beide scheuten Zärtlichkeit.

»Wenn fremde Männer einen küssen, machen sie auch was an deinem Schwanz«, meinte Said, und ich war alarmiert.

»Haben Machmud und Tariq immer gesagt.«

Mehr war nicht zu erfahren. Vielleicht gab es nicht mehr zu wissen, und es war nur etwas Warnendes wie: Geh nicht mit fremden Männern.

»Robert ist doch kein fremder Mann.«

»Aber ein fremder Vater!«

Der fremde Vater trug Said auf dem Rücken ins Bett und las ihm vor, später, wenn am Wochenende Fußballturniere stattfanden und die Erwachsenen den Tag mit Warten und gelegentlichem Anfeuern verbrachten, saß Robert in Garten des Vereinsheims neben dem Fußballplatz und schrieb Noten in sein Heft. Roberts Väterlichkeit war leise, unaufdringlich, oft vergraben, still, aber zum Glück unverbrüchlich. Sie war jedenfalls stiller als der Gefühlstumult, mit dem Said und ich Mutter-und-Kind-Gefühle entdeckten.

Vom Rand aus sah Robert zu. Oft unerreichbar für Said und mich.

17.

Said war sieben, als, kaum dass ich ihn gesehen hatte, in mir eine Liebe zu wachsen anfing, die mich in ihrer Heftigkeit überraschte. Eine Naturgewalt, wild, ungezähmt, bedingungslos, blind, ein einziges Bewahren und Beschützen, das alles jenseits von Mutter und Kind undeutlich werden ließ. Ich war nicht darauf gefasst gewesen, und erst mit der Gewöhnung daran lernte ich allmählich, die Nervensäge wieder zu vertreiben, die Dinge und Menschen in gut und schlecht für Said einteilte und den Horizont eng zog.

Said und ich mussten beide viel nachholen. Genau wie er kannte ich von den großen Gefühlen und der Alltäglichkeit zwischen Kindern und Eltern bis jetzt vor allem die Sehnsucht danach.

Als Robert und ich heirateten, war ich neunzehn. Er knapp volljährig, ich noch nicht – damals wurde man erst mit einundzwanzig Jahren juristisch erwachsen. Meine Eltern stimmten unserer Ehe nur zu, weil sie mich für schwanger hielten. Mit langen Haaren und Bart, dem zotteligen Fellmantel aus kanadischen Armeebeständen im Winter, sah Robert nicht so aus, als hätte er Eltern gefallen können, meist war er auch wortkarg. Nur manchmal, eher selten, konnten sie ihn höflich und charmant erleben. Roberts Eltern lernten mich erst kurz vor unserer Hochzeit kennen, auch sie waren nicht gerade glücklich über mich.

Fast alle gaben uns ein, höchstens zwei Jahre, bis wir erwachsener und den Unsinn dieser frühen Ehe einsehen würden. Doch wir blieben unzertrennlich. Selbst nach Krisen, fast noch während sie uns schüttelten, rettete uns die Geborgenheit, die wir bei einandergefunden hatten.

Unsere Freunde hielten damals Hochzeiten für ein verkommenes, bürgerliches Erbe und gaben uns auf, sie schickten ironisch gemeinte schwarz umrandete Trauerbriefe anstelle von Glückwünschkarten. Robert wollte auf dem Land leben, mit Musikern und Kindern, ich war überzeugt, niemals Kinder haben zu wollen. Wir waren so jung, eine Ewigkeit Erwachsensein lag vor uns, und Robert verschob seinen Wunsch nach Land- und Familienleben auf später. Als ich schließlich auch von einer Großfamilie zu träumen begann, war ich längst über dreißig, nun war es Robert, der unabhängig leben wollte. Ein paar Mal war ich schwanger, aber nicht lange, dann gar nicht mehr. Diagnose: Unklare Unfruchtbarkeit. Wir ließen beide ein paar Tests machen, die ergebnislos blieben, warteten ein Jahr und stellten schließlich einen Adoptionsantrag.

Das Leben war leicht, und hätte ich nicht das unklare Gefühl gehabt, ohne Kind einer Verantwortung auszuweichen, wäre es auch schön gewesen. Es geschah nicht oft in den fünf Jahren, bevor Said zu uns kam, dass mich Traurigkeit überwältigte, aber manchmal war sie heftig. Ich sprach kaum über unsere erfolglose Suche nach einem Kind, vor allem nicht mit Müttern. Sie boten mir als Ersatz die Verantwortung für ihre Kinder für manchen Nachmittag oder Abend an. Ich übernahm ein paar Mal, aber es reichte mir nicht. Ich stellte mir andere

Lösungen vor: Die Welt ist groß, dachte ich, Verantwortung gibt es überall, nicht nur für Kinder.

Trotzdem.

Auf einer Party fand ich mich in einem Gespräch über die Freude und Gelassenheit beim zweiten Kind wieder, mein Kopf wandte sich nach links, nach rechts, von einer Freundin zur anderen, ihr Glück flog hin und her, es wurde größer und schöner und heller, ich war der dunkle Hintergrund, von dem es sich abhob, sie strahlten, ich schaute zu, fühlte meine Mundwinkel zittern und gab mir trotzdem Mühe, nicht missgünstig zu werden aus Neid und Traurigkeit. Ihr Glück war überwältigend, und ich trug dazu bei. Sie merkten es selbst und zogen mich immer wieder in ihr Gespräch. Da ging ich wortlos weg.

Vielleicht glaubten sie auch an Schwangerschaft durch Ansteckung.

Ich glaubte an gar nichts mehr in meinen Kinderangelegenheiten und wollte nur dem Pingpong ihres Glücksgesprächs entkommen. Später sagte meine Freundin, ich sei merkwürdig gewesen. So fühlte ich mich auch. Was sollte ich vom Glück beim zweiten Kind reden, wenn ich nicht einmal die Mühen mit dem ersten kannte? Ich war auch längst zu alt, selbst wenn man es von außen nicht immer sah. Ich gehörte nicht zu den normalen Frauen. Normale Frauen hatten Kinder. Ich wusste, dass das Unsinn war, und kam trotzdem nicht davon los.

Ich hatte auch Freundinnen ohne Kinder. Einige bewusst und mit Entschiedenheit, andere bewältigten tapfer einen Mangel, mit etwas psychoanalytischem Bombast vielleicht, aber mit Würde. Bei anderen hatte es sich so ergeben, aus medizinischen Gründen oder weil ein passender Mann fehlte, oder weil der passende schon Kinder hatte oder generell keine wollte. Wir sprachen darüber, aber nicht oft.

Und wieso sollte nur das Leben mit Kindern Glück und Gelingen versprechen? Viele der Paare mit Kindern gefielen mir ohnehin nicht. Vor allem die Mütter.

Trotzdem.

Manchmal, bei Festen meiner Freundinnen mit Kindern, kam ich mir vor wie das Publikum bei einer Vorführung von Familienglück, mit Fruchtzwergen und Überraschungseiern, wie im privaten Werbefernsehen.

Nun spielte ich selbst das Mutter-und-Kind-Programm mit Said. Manchmal, wenn ich ihn schlafen sah im dunkelblauen Bettzeug mit Sonne, Mond und Sternen, war ich überwältigt von dem Tumult aus alter Sehnsucht und neu entdeckten Gefühlen.

Said schnappt keuchend nach Luft.

Offenbar hatten seine Cousins ihm auf ruppige Art Schwimmen beibringen wollen und ihn einfach ins Wasser geworfen. Ohne Erfolg, Said kann kein bisschen schwimmen und hat selbst im Kinderbecken Angst im Wasser. Doch wie die anderen will er unbedingt auf der Rutsche abwärtssausen und im hoch aufspritzenden Wasser verschwinden. Er nimmt meine Hand und zieht mich zur Treppe.

Wie eine Riesin stehe ich in der Schlange vor der Rutsche zwischen den Kindern. Oben klettert Said auf meinen Schoß, ich umfasse seinen Kugelbauch, kreischend rutschen wir abwärts und sind kaum in der Gischt untergetaucht, als Said schon panisch um sich schlägt, obwohl ich ihn so schnell wie möglich aus dem Wasser ziehe. Er klammert sich fest, keucht und hustet und will selbst im niedrigen Wasser keinen Schritt allein gehen. Er schreit, es hört sich zornig an, wie das verzweifelte Schreien von kleinen Kindern, nur ist Said nicht mehr klein. Er ist inzwischen acht, bald neun, im Wasser aber noch leicht zu tragen. Am Beckenrand, in Sicherheit, sitzt er an mich gelehnt, immer noch atemlos, und beruhigt sich erst, als wir den Wasserball holen und im niedrigen Wasser zwischen uns hin und her werfen.

An Tagen, an denen Robert nicht zu Hause ist, fällt es mir noch schwerer als ohnehin, morgens so früh wie Said aufzustehen, wenn ich die Nacht über gearbeitet habe. Said versucht es mit Rütteln, dann lässt er meinen Wecker immer wieder klingeln, ich grabe mich tiefer in die Kissen. »Aufstehen!«

Ich handle zwei Minuten Augen-geschlossen-Halten aus und ziehe die Decke über den Kopf. Er kuschelt sich dazu und rüttelt pünktlich nach zwei Minuten erneut. »Na gut!« Aber ich drehe mich nur auf die andere Seite und döse weiter.

»Weißt du, was mir fehlt?«

»Nein.«

Er rüttelt heftig.

»Weißt du, was mir fehlt?«

»Nein«, sage ich ergeben, endlich bereit, aufzuspringen und Semmeln mit Putenbierschinken und Pfefferminztee zu servieren.

»Weißt du, was mir fehlt?«

»Sag!«

»Was mir fehlt? Gar nichts!«

Schallend, meckernd, platzend vor Übermut ist sein Gelächter, und ich bin sprachlos vor Glück.

Später kommt Franzi und zeigt seine neuen Fußballschuhe. Da wird Said todunglücklich. Mit finsterem Blick und den Tränen nahe beklagt er sich, viel zu wenig Geschenke zu bekommen, und rechnet mir vor, was er alles nicht hat.

Ich gehe ihm auf den Leim und mache die Gegenrechnung auf.

»Und das Fahrrad? Und das zweite für München?«

»Ist ja gebraucht!«

Er spielt sich auf, Herr im Haus vor seiner Dienerschaft. Franzi steht staunend dabei. Said meckert und klagt und probiert Kommandos, er genießt es zu zeigen, wie grob er sich beschweren kann, ich werde ärgerlich, aber auch unsicher. Geben wir ihm wirklich nicht genug?

»Alle anderen Kinder bekommen mehr von ihren Eltern als ich.«

Es klingt beinahe triumphierend und funktioniert. So klassisch und durchschaubar der Satz auch sein mag, ich überlege, ob er vielleicht recht haben könnte, obwohl ich ärgerlich bin.

»Bist du morgen auch noch sauer?«

Saids Lächeln ist hinreißend. Schon taue ich auf und sehe anerkennend zu, wie er ohne Protest die Zähne putzt und freiwillig zu Bett geht.

Wir sprechen über den Sieg des FC. Bayern am Nachmittag, als sich plötzlich sein Ton ändert und er in erstaunlich makellosem Deutsch sagt: »Du irrst dich, ich bin kein Fan von Bayern, ich gehöre zum 1. FC Ute. Du hast schließlich keine Ahnung von Fußball, die würden dich bei Bayern sofort austauschen. Deshalb bin ich jetzt Fan von deinem Verein.«

Unser Fanclub war auf Gegenseitigkeit gegründet, ein junger Verein in einer Liga für sich, Spieler und Fans zugleich, noch im allerersten Trainingsstadium.

Dann kam die Tante aus Amerika.

Sie war auf einmal da, und Tariq rief an, es gäbe etwas zu besprechen. Ich war beunruhigt. Robert, wie üblich nicht zu irritieren, murmelte nur: »Abwarten.« Wir hatten inzwischen eine Bescheinigung über unseren Pflegeauftrag, aber würde der durch das Auftauchen der Tante eventuell ungültig? Etwas wie: verwandt sticht nicht verwandt?

Wir wagten nicht, beim Jugendamt zu fragen.

Treffpunkt war wie üblich das afghanische Restaurant; Onkel Mohammad saß mit anderen Männern an einem der Tische am Fenster, er stand auf, umarmte Said wie einen verlorenen Sohn, mir küsste er die Hand. Die Cousine kam aus der Küche, eine orientalische Schönheit mit Schürze, lachend sagte sie auf Englisch, der Koch sei ein Cousin, auch der Kellner, und sie zeigte uns weitere Cousins an den Tischen. Ihr kleiner Sohn saß, wie früher Said, an der Bar und starrte auf den Fernseher.

Sie legte die Schürze ab, als wir uns zusammen an einen Tisch setzten. Neben uns plätscherte der Springbrunnen mit farbigen Fontänen. Ihr Sohn zog eine riesige Tüte hinter der Bar hervor und überreichte sie feierlich Said, seinem entfernten Cousin, der kaum noch Paschtu und kein Englisch konnte und auf Deutsch über die funkelnagelneuen T-Shirts und Jeans in der Tüte jubelte. So hatte er sich eine Tante aus Amerika vorgestellt.

Ob die Tüte eine Entschädigung war? Für die Kindheit in Amerika, die er vielleicht gehabt hätte, wäre die Tante früher gekommen? Dann hätte sie den fremden, angenommenen Sohn gehabt und nicht wir. Die beiden Jungs wechselten einen kurzen Blick, und schon tobten sie durch das Lokal.

»Afghan boys«, sagte die Tante, und wir lachten über unsere wilden Kinder wie zwei Mütter, nachmittags im Café. Ich tat einfach so, als wäre Said fraglos unser Kind, das unmöglich nach Amerika fahren könnte. Später vielleicht, zu Besuch. Aber das sagte ich nicht, warum auch? Ich sagte, dass Said inzwischen unser Sohn sei.

Ich sagte ihr auch nicht, dass ich manchmal einknickte unter Saids Dauerbeschuss aus unbedingten Wünschen, Launen, Erpressungen und Anfällen nicht zu bändigender Tobsucht. Auch nicht, dass ich beim Autofahren manchmal schlecht aufpasste, wenn er auf der Rückbank randalierte, und dass ich schon einmal, als wir nur knapp einem Unfall entgangen waren, zitternd am Straßenrand stand und seitdem wieder an Schutzengel glaube.

Wir saßen ohnehin nicht lange zusammen, sie brach bald auf, erst wieder in die Küche, dann zum nächsten Verwandtenbesuch. Sie konnte nicht lange in München bleiben. Beim Abschied umarmte sie mich und sagte, wie froh sie sei, das es Said bei uns gut ginge.

Später hörten wir, dass sie abgereist war.

Said fuhr also nicht mit der Tante nach Amerika, sondern blieb bei uns. Niemand erhob Einspruch dagegen, dass er unser Sohn wurde. Er kämpfte mit allen Mitteln, wie bei einem Dauerturnier, um den ersten Platz in unserer Aufmerksamkeit, manchmal so verdreht und laut, dass ich mir am liebsten die Ohren zugehalten und mich abgewendet hätte. Es konnte aber auch passieren, dass das Programm ganz von selbst wechselte und Said mit seinem charmantesten Zahnlückenlächeln aussah wie ein zufriedenes Kind.

Nur manchmal regte sich die alte Angst.

Robert hat eine hohe Leiter ans Haus gelehnt und schneidet den Knöterich, der schon in die Fenster wächst. Es muss ein Tag gewesen sein, an dem Franzi keine Zeit hatte, vielleicht Sonntagmittag, wenn alle nach der Kirche essen gehen oder Verwandte besuchen, bis gegen vier die Kühe gemolken werden müssen. Manchmal wird es später, dann treten die Kühe unruhig auf der Stelle und gegen die Gitter, und wenn sie dann immer drängender muhen, wissen wir, dass die Familie noch nicht heimgekommen ist und Franzi nicht Fußball spielen kann.

Said langweilt sich, ich spiele schlecht Fußball, eigentlich überhaupt nicht, besser schon Federball, aber auch da gewinnt meistens Said. Wir sitzen nebeneinander auf der Wiese und überlegen, was wir als Nächstes tun könnten, als Said erstarrt, den Oberkörper aufgerichtet, eingefroren in der letzten Bewegung. Nur den Kopf bewegt er und horcht, und es sieht aus, als wittere er eine schreckliche Gefahr. Seine Knie zittern, auf Armen und Beinen bildet sich Gänsehaut, dabei ist der Tag warm.

»Was ist?« Ich umarme ihn fest und halte die schlotternden Knie fest.

»Hast du nichts gehört?«

»Was denn?«

»Es ist etwas mit Robert passiert. Er hat geschrien.«

Ich sehe mich um. Robert steht immer noch auf der Leiter und schneidet Knöterich.

»Ich habe ihn aber schreien gehört.«

Auch als Franzi später kommt, will Said auf keinen Fall zum Hof gehen. Er kann Robert nicht aus den Augen lassen, weil er immer noch fürchtet, es wäre etwas Schlimmes mit ihm passiert, und weder Robert selbst noch ich hätten es bemerkt. Wenn Robert neben ihm steht, ist das kein Trost, selbst auf seinem Schoß ist Said immer noch überzeugt, dass er ihn schreien gehört hat, und kann nicht glauben, dass sein neuer Vater in Sicherheit ist.

Frau Frantz vom Jugendamt empfahl uns eine Jugendtherapeutin, die vielleicht herausfinden könnte, woher Saids Angst rührte. Robert und ich fanden sie klug, und Said schätzte an ihr, dass sie gut verlieren konnte. Er ging anfangs beinah gern zu den Stunden, sie spielten zusammen alle möglichen Spiele, und manchmal brachte sie ihn dazu, von früher zu erzählen.

An dem Tag, als er zum ersten Mal allein bei ihr war und wie üblich beim Mensch-ärger-dich-nicht gewonnen hat, hören wir abends zuhause zusammen mit einem Freund eine Sendung von Robert im Radio. Said will nicht still sein, er spielt uns seinen besten Clown vor, ich lege den Finger auf die Lippen, wir achten nicht auf ihn und hören Radio. Er überlegt einen Moment, dann nimmt er Anlauf in meine Richtung. Ein paar Schritte vor meinem Sessel stoppt er plötzlich und ruft:

»Ich brauch dich ja nicht!«

Jubelnd dreht er ab.

»Ich lebe noch. Ich brauch dich ja nicht! Ich lebe noch!«, jauchzt er immer wieder, bis er schließlich auf meinen Schoß springt und einschläft. Als ich ihn später in sein Bett trage, spielt er Äffchen und Hund, und wir sprechen über Kinder und was sie wohl sagen, wenn sie auf die Welt kommen. Said spielt weinendes Baby, und als ich ihn frage, was er sagen würde, umarmt er mich und sagt: »Hallo, liebe Mami!«

Es ist das erste Mal, dass er mich »Mami« nennt. Er springt auf, vielleicht, um aus sicherem Abstand zu beobachten, was passiert nach dem neuen Wort, und ruft schelmisch: »Oh, Entschuldigung!« und läuft wieder auf mich zu, damit ich ihn endlich auf der Welt begrüßen kann.

Am nächsten Tag wieder, ganz beiläufig, aus sicherer Entfernung: »Mami!«

Er kommt näher, auf leisen Sohlen, und schmiegt sich an mich: »Deine Haare sind so schön. Du bist so weich.«

Das Mami-Spiel eignet sich gut für die täglich nötige Versöhnung, wenn er wieder wütend tobend und um sich schlagend, auf seinem Gesicht einen Ausdruck von Hass und Verachtung, auf irgendeine Einschränkung reagiert. Das leuchtende Kindergesicht auf einmal alt, die Mundwinkel nach unten gezogen, der Mund aufgerissen, alle Linien im Gesicht nach unten gezerrt. Gemurmelte, rüde Beschimpfungen, zum Glück so leise, dass ich sie nicht verstehen und irgendwie darauf reagieren muss, wütend rennt er weg, kommt aber inzwischen öfter von selbst zurück. Dann ist er für kurze Zeit beängstigend artig, bis bald wieder, als könne er Artigkeit nicht ertragen, der andere Said ausbricht – ich nenne den brüllenden und tobenden Kerl inzwischen so, der andere Said, das coole verwahrloste Straßenkind.

»Ihr könnt mich alle! Leck mich, du Arschloch!«

Dann bitte ich den lieben Said um Hilfe, um den anderen zu zähmen.

»Vielleicht will er auch zu uns kommen. Frag ihn mal.«

So wogten wir mehrmals am Tag zwischen Zuwendung und Wutausbrüchen hin und her, Said war acht Jahre alt und im nächsten Moment ein Neugeborenes, dann vielleicht zwei, dann fünf oder erst ein halbes Jahr alt, er warf sich schreiend auf den Boden und war kaum später traurig und ernsthaft, wie ein Erwachsener, bis der andere wieder ausbrach und rüde Sprüche rotzte.

Mir wurden oft die Knie weich angesichts der Wucht seiner Ausfälle, hin- und hergerissen, ob Nachgeben oder Ausweichen besser wäre, ich schwankte zwischen Ratlosigkeit und Zorn, bis ich manchmal beinahe in Tränen ausbrach und mich schnell abwenden musste, weil meine Hand zuckte zu einer Ohrfeige. Zwei Mal ist es mir passiert – nicht mit voller Kraft, unterwegs abgebremst, aber es war eine Ohrfeige.

Danach war ich erschrockener als Said, er drehte sich um, stapfte davon, ganz leise auf einmal, und ich stand wie begossen da, mit schlechtem Gewissen. Musste er sich nicht fühlen, als würde er, wie früher wahrscheinlich öfter, geschlagen, damit er gehorchte? Es waren keine Prügel, es war eine gebremste Ohrfeige, eigentlich nur ein leicht verstärktes Streifen, beruhigte ich mich und war trotzdem unzufrieden mit mir.

Said stand am Fenster und sah hinaus. Als ich wieder ruhiger atmen konnte, legte ich ihm die Hand auf die Schulter.

»Tut mir leid.« Er sah mich überrascht an. Um meine Ehre zu retten, schob ich hinterher: »Du warst ziemlich scheußlich.«

»Und du erst. Du hast mich gehauen.«

»Ja. Und du hast viel dafür getan. Noch mal: Es tut mir leid, dass ich dich gehauen habe.«

Er ließ mich links liegen und kostete in einiger Entfernung seine Empörung aus. Es dauerte eine Weile, bis er mir verzieh und sich zur Versöhnung langsam näherte und mich nachmachte, was ich auch sagte oder tat. Und als es mir wiederum gelang, den Papagei allmählich zum Lachen zu bringen, erzählte er mir seinen Traum der letzten Nacht:

Wir waren gemeinsam auf einem Schiff. Das Schiff ging unter, Robert und ich waren in dem einen Rettungsboot, Said im anderen.

Seines versank.

Ein anderer Traum ging besser aus. Da hatte einer seiner vielen afghanischen Cousins ihm sein bisschen gespartes Taschengeld geklaut. Wir holten es ihm im Traum zurück.

Ich bin das Kind, das nicht einschlafen will. Said ist die Mutter und spielt Vorlesen und zärtliches Gutenachtsagen, ich darf nicht einschlafen, ich muss schreien, und allmählich geht er als meine Mutter zu ungeduldigem Ärger über, bis er das Kissen nimmt, auf das schreiende Baby drückt, und als es immer noch nicht aufhört zu schreien, wirft sich Said als die Mutter über mich, um das schreiende Baby zu ersticken.

Als ich dann gestorben bin, kann er weinend und kichernd den Tod des Babys beklagen, und als ich die Augen wieder aufschlage, ist die Freude groß.

An einem Tag hören wir eine Kassette mit der Geschichte von Willy, dem Delphin. Darin lebt ein Junge in einer Pflegefamilie und hat eine Mutter, die sich nie um ihn kümmert. Said will beim Vorlesen ganz für sich allein sein, hält mich auf Abstand, fast stößt er mich von sich, weg mit allem von mir aus seiner Nähe, nur ja keine Umarmung! Traurig und ernst hört er zu, und plötzlich bricht wieder heftige Wut aus ihm hervor, er reißt die Bettdecke weg und würgt, pöbelnd und ausfällig, böses Gemurmel aus.

»Es ist nichts«, sagt er plötzlich und umarmt mich, als sei ich es, die beruhigt werden muss. Vielleicht ist es so und er beschützt mich vor dem bösen Schrecken in ihm. Er murmelt seine Zuneigungssätze beschwörend, als könnten sie seine auflodernde Wut lindern.

»Wie gut wir es getroffen haben, dass wir uns alle so mögen.«

»Aber zu lieb haben ist auch nicht gut.«

»Was meinst du?«

Begann ich schon, ihn zu erdrücken mit meiner so lange aufgestauten Fürsorglichkeit?

»Hoffentlich erstichst du mich nicht.«

»Wieso denn das?«

»Vergiss es.«

War es doch der Messerstich einer eifersüchtigen Frau,

der seinen Vater aus ihrem gemeinsamen Leben gerissen hatte? Wir wussten immer noch nicht, welcher Art der Unfall damals war und vor allem nicht, ob Said ihn mit angesehen hatte. Doch wo hätte er sein sollen, außer bei seinem Vater, er war ja erst drei Jahre alt. In einem Nebenzimmer? Gab es ein Nebenzimmer im Heim für Asylbewerber? War Said vielleicht bei Onkel und Tante? Passierte der Unfall gar nicht im Heim? Oder es war doch kein Messerstich, sondern ein Autounfall wie in der anderen Version der Geschichte? Doch warum sollte Said dann fürchten, ich könnte ihn erstechen, wenn ich ihn zu sehr liebte? Ich halte ihn still in den Armen und wiege ihn beruhigend hin und her wie ein Baby.

Es muss unheimlich gewesen sein, dort, wo er, verstört und ängstlich und allein, nach dem plötzlichen Verschwinden seines Vaters zurückgeblieben ist. Er war drei Jahre alt und hatte nach der Mutter nun auch noch den Vater verloren. Das wichtigste Wesen auf der Welt war ihm weggenommen worden, aber ob der Vater selbst gegangen oder vertrieben worden war, konnte er nicht wissen. Ob er fürchtete, dass er selbst seinen Vater vertrieben hatte, weil er unartig gewesen war? Kinder denken so.

Der Schrecken von damals wird immer noch irgendwo sein, tief vergraben wahrscheinlich, darüber, in leichter zugänglichen Schichten, viele Enttäuschungen. Es muss ihm aber auch genügend Gutes begegnet sein – sonst wäre er nicht so fröhlich.

Jetzt riskiert er die alten Gefühle erneut, und seine Sehnsucht taut auf. Er wagt es, noch einmal seine Kinderliebe auf Mutter und Vater zu richten, ohne Gewissheit, ob sie nicht auch wieder verschwinden.

Behutsam sein!, denke ich, wenn Said sich wieder in den schwarzen Teufel von früher verwandelt, kämpft und kämpft und kämpft, tagelang, mit uns, mit Franzi, mit jedem, der ihm nahe kommt.

An manchen Tagen ist er fast blind vor Kopfschmerz, wenn er aus der Schule nach Hause kommt. Oder schon morgens beim Aufwachen. Oder der Schmerz überfällt ihn plötzlich am Nachmittag. Es gibt keine Regel. Nur die, dass der Anfall heftig ist und er sich manchmal so plötzlich übergeben muss, dass keine Schüsseln oder Eimer oder die Toilette in der Nähe sind und auch keine Plastiktüte. Danach taucht Said unter, versinkt beinahe in Ohnmacht, so tief ist sein Schlaf. Kein Abendessen, kein Vorlesen. Gegen Mitternacht wacht er dann auf und wünscht sich Spaghetti bolognese.

Dann sitzt er glücklich kauend da und wir feiern, dass der Schmerz aufgehört hat. Der Arzt findet keine neurologische Ursache für den Schmerz. So heißt er Migräne.

Ob das, was Said früher vermisste, durch uns ersetzt werden kann?

Wenn ich mich abwende, rennt er wütend schimpfend hinter mir her, doch manchmal sagt er schnell, vielleicht um dem anderen Said in sich zuvorzukommen: »Entschuldigung fürs Blödreden«, und will nur noch auf den Arm, ein kleines Kind, acht Jahre alt.

»Immer, wenn ich mich auf etwas freue, weil ich es noch nie gehabt habe, kommen schlimme Träume. Ich will nicht träumen, aber es kommt.«

Da war ein Tier, das Said ärgerte, und er beschloss, dass

es sterben müsse. Aber das Tier war ich, und nun musste ich sterben. Said bat um Verzeihung, er wollte nicht, dass ich sterbe, und sagte im Traum zu uns: »Ihr seid doch die einzigen Eltern, die ich habe.«

Trotzdem sollte ich sterben. Da stürzte sich Said aus dem obersten Fenster des Hauses und kam schwer verletzt ins Krankenhaus. Später hatten Robert und ich einen heftigen Streit. Als Robert erfuhr, dass ich sterben müsse, stieß er sich ein Messer in den Leib, weil er ohne seine Frau und sein Kind nicht mehr leben wollte. Aber er überlebte und kam ins Krankenhaus.

Ich saß im Auto, aus dem Gebläse kam Feuer, noch etwas anderes Lebensgefährliches passierte, ich überlebte und kam auch ins Krankenhaus.

Schließlich wurden wir nach und nach alle drei aus dem Krankenhaus wieder entlassen, und Said wachte auf.

»Und sie kehrten nach Hause zurück und lebten glücklich und zufrieden bis an ihr Ende«, sagte ich, selbst erschrocken über den Traum, und Said sah zweifelnd aus. Er versuchte aber, mir zu glauben.

18.

Kurz vor Weihnachten brach Robert sich auf dem Weg zum Rundfunk das Bein. Er humpelte zum Hochhaus, dort durch die Gänge ins Studio, Said und ich holten ihn nach der Aufnahme ab und kauften Arnikasalbe. Über Nacht hielt Robert die Legende vom verstauchten Knöchel aufrecht, am nächsten Morgen ließ er – wenn auch unter Protest – das Bein röntgen. Es wurde sofort operiert und eingegipst.

Nach drei Tagen floh er aus dem Krankenhaus, ein geschickter Krückengänger, selbst auf vereisten Straßen zog er los, um Noten zu kopieren.

Dann war Weihnachten. Ich packte Kisten mit Christbaumschmuck, Geschenken und die Katzen ins Auto, Roberts Bein lag hochgelagert auf dem Vordersitz. So fuhren wir alle zusammen nach Moos. Es lag sogar Schnee.

»Das erste Weihnachtsfest mit eurem Kind. Genießt es«, hatte eine Freundin mir mit auf die Fahrt gegeben, »Weihnachtsglanz in Kinderaugen ist das Schönste. Hast du Engelshaar gekauft?«

Ich buk mit Said noch schnell Vanillekipferl.

Unser Kind war mir böse, weil meine Fürsorge jetzt durch Robert abgelenkt war. Der große Franzi brachte einen Baum aus seinem Wald und nahm Said zum Fußballspiel mit auf den Hof. Ich steckte Kerzen auf und hängte Kugeln und Strohsterne in die Zweige.

Am frühen Nachmittag kam Said missmutig nach Hause. Auf dem Hof bereiteten sich alle auf den Weihnachtsgottesdienst vor – Franzi war Messdiener, und Klara sang im Chor. Eine gute Gelegenheit für Said, einen Weihnachtsgottesdienst kennenzulernen. Aber Said wollte Fußball spielen. Er kannte kein Weihnachten.

In der Schule hatten sie Lieder gesungen und nachmittags mit den Müttern gebastelt, die Straßen in der Innenstadt waren mit Lichtern geschmückt, an der Münchner Freiheit gab es viele kleine Stände, auch im Englischen Garten und am Marienplatz. So war das eben zur Weihnachtszeit in Deutschland. Zu Hause stand ein Adventskranz auf dem Tisch.

Wir hatten Said von Weihnachten erzählt und vorgelesen, aber das waren Geschichten, die man Kindern erzählt – dafür unterbricht man doch kein Fußballspiel. Said warf sich empört auf den Boden.

Die Vanillekipferl schmeckten gut, beruhigten aber niemanden.

Said wollte zu Franzi. Doch der würde bald in der Kirche sein und nicht Fußball spielen. Said wollte nicht in die Kirche. Gut. Von mir aus gehen wir nicht. Said wollte Fußball spielen. Er glaubte nicht, dass alle in der Kirche singen würden.

Sein Aufstand war einer der eindrücklichsten in dieser Zeit und Robert klapperte auf seinen Krücken aus dem Zimmer.

Dann gingen wir doch in die Kirche, und tatsächlich wurde Said ruhiger, nachdem er Franzi vorn am Altar in seinem Messdienergewand entdeckt hatte. Staunend hörte er den Liedern und Gebeten zu. Jetzt, während die anderen sangen oder betend knieten, wollte er auf einmal alles wissen, was wir ihm bisher über Weihnachten erzählt hatten. Ich legte den Finger auf die Lippen. »Später!«

Mich traf ein wütender Blitz aus seinen Augen. Am liebsten wäre er fortgelaufen, ich sah ihm an, wie mühsam er sich zurückhielt und fürs Erste hinnahm, dass sich die Regeln des Gottesdienstes seinem Einfluss entzogen. Als es nach Weihrauch roch, begann er zu husten, und »Stille Nacht« flüsterte ich ihm leise ins Ohr, damit er verstehen konnte, was alle sangen.

Zu Hause versuchten wir es weiter mit dem Weihnachtsglanz in seinen Augen, wir spielten »Warten aufs Christkind«. Aber Said wollte mit Franzi Fußball spielen, so heftig und unbedingt, dass Weihnachten nicht dagegen ankam.

Wir wollten ihn nicht mit der Aussicht auf Geschenke bestechen, doch die Geschichten mit Engeln und Ochs und Esel, Jesus und Maria, die ich erzählte, beeindruckten ihn wenig. »Warum kann man deshalb heute seinen Freund nicht besuchen?«

Und der Baum im Zimmer? »Na und! Ein Scheiß!«

Zum Glück blieb das Glas in den Türsprossen heil, als er den Sessel dagegenwarf.

Danach gingen Robert und Said in ihre Zimmer.

Draußen blinkten die ersten Sterne am Abendhimmel. Es war klirrend kalt. Der große Wagen, der im Sommer über dem Wald steht, funkelte jetzt über dem Pflaumenbaum. Ich schob die Ente in den Ofen, verpackte die letzten Geschenke, und als ich die Kerzen angezündet hatte, war der Kloß in meinem Hals weg.

Unser Weihnachtsbaum aus Franzis Wald war eigenwillig schief gewachsen, er reichte bis an die Decke und hatte kräftige Nadeln. Auf dem Boden die alte Krippe aus dem Weihnachtskarton meiner Eltern: Maria, Joseph und die Hirten trugen lange auf Gips gemalte Gewänder. Eines der drei Schafe um die Heiligen Drei Könige hatte ein Streichholz als Bein, der Zündkopf war der Huf. Ein Bein der Krippe war abgebrochen, auch das hatte ich als Kind repariert. Das Jesuskind aus gelbweißem Wachs lag nackt in der Krippe.

Neben der Heiligen Familie lagen unsere Geschenke.

Als Said den Baum entdeckt, die angezündeten Kerzen und schimmernden Kugeln und die Geschenke, ist er bereit, uns alles zu verzeihen. Die Katzen versetzen den Kugeln an den unteren Zweigen Hiebe mit ihren Pfoten, Said packt seine Geschenke aus, und wir singen »Ihr Kinderlein kommet« so schief, dass Robert sich die Ohren zuhält, bis wir vor Lachen nicht mehr singen können. Nach dem Essen spiele ich Said die Weihnachtsgeschichte mit den Krippenfiguren vor, dann gehen wir zu Memory und Halma über, und Said ist endlich von Weihnachten überzeugt.

Leise schleicht er sich am nächsten Morgen aus dem Bett und sucht alles irgendwie Geeignete aus seinem Besitz zusammen: eine Plastikrose vom Oktoberfest, eine Zigarettendose aus Blech, eine Indianerfigur und ein Päckchen Luftschlangen. Mit einer Banderole, auf die er »Weihnachten« schreibt, wird alles festlich gemacht, und dann weckt er uns mit seinen Geschenken. Dazu sein Weihnachtsbild: Vater, Mutter, Kind in langen Gewändern wie die Krippenfiguren, und zwei Katzen neben einem Tannenbaum.

»Unser König aus dem Morgenland und seine Gaben«, meint Robert lächelnd.

Wir alle haben Weihnachtsglanz in den Augen.

In den Ferien brachte ich Said Schlittschuhlaufen bei, die ersten Schritte auf einem flachen Tümpel zwischen den Äckern, dann auf dem Badesee im Wald. Bald spielte er Eishockey statt Fußball mit Franzi. Als es schneite, fuhren wir Schlitten auf dem Hang neben unserem Haus und warfen uns in den Schnee, um nicht in den Bach zu rasen. Robert stand auf seinen Krücken am Fenster und sah uns zu.

Wie ein Pendel fühlte ich mich im Hin und Her zwischen Robert und Said. Robert arbeitete von morgens bis spät in die Nacht und sprach wenig.

Ende Januar, als er gerade seine Krücken los war, zogen wir in München um. Said bekam ein großes Zimmer, Platz genug für ein Kickerspiel, und da unter uns niemand wohnte, erlaubten wir einen Basketballkorb über der Tür.

Im Februar war Roberts Stück fertig.

»Gut gemacht, Alter.« Said schlug ihm nach der Premiere auf die Schulter. Am besten hatte ihm der japanische Trommler gefallen, wie er mit dem Schlegel ausholte, sekundenlang anhielt und dann den dunklen Ton auf dem großen Tam-Tam schlug.

Am Tag nach der letzten Vorstellung fuhren wir nach Moos. Unterwegs, wir stritten wieder lauthals, jeder mit jedem, ich saß mit eingezogenem Kopf, sagte ich laut, als Beschwörung: »Von heute an wird alles besser.«

Abends liefen Said und ich übermütig durch den Schneematsch, wir rutschten, und ich fiel mit verdrehten Beinen.

Robert ging allmählich sicherer auf zwei Beinen, doch jetzt war nach dem langen Sitzen sein Rücken lädiert, und manchmal durchfuhr ihn ein so heftiger Schmerz, dass sein Gesicht noch lange danach in Falten lag. Nun klapperte ich auf Krücken herum, das rechte Bein in Gips, Robert ächzte stumm, und Said war enttäuscht, dass unsere Fürsorge eingeschränkt war. Er hasste meine Krücken, klatschte in die Hände und versuchte, mich vor sich herzutreiben.

»Schneller, los, los!«, rief er, ich war empört und er wütend, dass ich das Spiel nicht erkannte. Manchmal fühlte ich mich wie die Lehrer früher auf dem Schulhof, die sich vor den wilden Attacken des schwarzen Teufels fürchteten. Auf Krücken war ich nicht standfest genug für Said.

Es herrschte Dauerstreit zwischen uns dreien. Erst als Robert und ich für ein paar Stunden in München waren und Said sich so heftig mit Franzi zerstritt, dass er bei strömendem Regen vom Hof weglief und durchnässt und verzweifelt vor verschlossener Tür auf uns warten musste, waren wir alle erschrocken und versuchten ein neues Programm. Said gab sich nun sogar in der Schule Mühe.

19.

»Der temperamentvolle und aufgeweckte Schüler lebte vergnügt und ungezwungen in den Tag hinein. Seine Arbeitshaltung war wechselhaft: Teilweise erledigte er flott und selbständig die an ihn gestellten Aufgaben, teilweise war er sehr abgelenkt. Je nach Stimmungslage fielen seine Hefteinträge dann formvollendet oder nachlässig aus. Im mündlichen Unterricht erwies er sich besonders beim Lesen als interessierter Partner. Zu fast allen Mitschülern hat er regen Kontakt.« Das stand in Saids erstem Zeugnis auf der neuen Schule. Er war kein folgsamer und fleißiger Schüler, aber fröhlich und manchmal sogar ganz gut, im Malen, Turnen und Lesen. Er schien anders geworden zu sein als damals bei Frau Zallig an seiner früheren Schule. Sie hatte geschrieben: »Said störte durch sein oppositionelles Verhalten immer wieder den Unterricht. Oft wirkte er lustlos und müde. Bekannte Texte konnte er nur sehr langsam erlesen. Da er nicht beständig übte, konnte er den Wortschatz nur sehr fehlerhaft niederschreiben. Ansprechend zeichnete er.«

Das war der Said auf dem Foto in seinem Pass. Misstrauisch, voller Groll und Angst, den sie schwarzer Teufel nannten, wenn er auf den Schulhof stürmte und in die Lehrer rannte. Vielleicht hatte er einfach auf offene Arme gehofft?

Lag es an Frau Zallig und den Lehrern damals oder an seiner neuen Lehrerin, die Said Frau Weißwurst nannte? Sie hieß Frau Heisbach und galt als altmodisch streng.

»Er ist wie fünf wilde Kinder auf einmal, rennt aus dem Klassenzimmer auf den Hof und dreht erst einmal fünf Runden. Nicht zu bändigen! Ist er zu Hause auch so?«

Jeden Nachmittag setzte Said sich mit allen Kräften gegen die Hausaufgaben zur Wehr. Wir holten Bücher mit Bildern, zeigten ihm draußen die Bäume, deren Namen er lernen sollte; doch obwohl er Bucheckern und Eicheln übermütig in die Luft kickte und in den Büchern blätterte, verfiel er in eine Art Starre, und ein Panzer schloss sich um ihn, sobald die Welt Schulstoff wurde.

Er schlug sein Heft auf, nahm den Stift in die Hand und starrte aus dem Fenster. Er rührte sich nicht mehr, schrieb kein m und kein k, kein Wort. Es war, als stünde er unter einem Bann. Sanftes Anschieben löste Alarm aus. Erst spielte er noch Verweigerung, dann machte er Ernst – stundenlang war der Nachmittag blockiert, und wenn dann am Ende doch noch die Hausaufgaben im Heft standen, ließ er mich krumm vor Erschöpfung zurück. Er legte die Rüstung ab, mit der er sich vor den Zumutungen der Schularbeiten schützte, atmete tief ein und wieder aus und setzte zum Abflug an. Leicht und hell jubelnd schoss er davon. Empfand er vielleicht Lernen und Neugier als sinnlos, solange derart viel Neues und Fremdes ihm nur so um die Ohren flog? Konnte irgendetwas vom Schulstoff ihm helfen, zu begreifen, was ihm bisher begegnet war? Und wehrte er Neues so lange ab, wie er brauchte, sein bisheriges Leben zu ordnen?

Vielleicht.

In Moos rannte er ein paar Runden über die Wiese und dann zu Franzi, aber in München gab es niemanden, zu dem er stürmen konnte.

»Einer aus der Klasse sagt Schwarzer Neger zu mir.«

»Wie wär's als Revanche mit Milchschnitte? Käsesemmel?«

Said schüttelte den Kopf, er drohte lieber mit der Faust.

Im Stillen überlegte ich, die Eltern anzusprechen, beide Juristen und fleißige Beschwerdeführer bei Elternabenden, doch Said übernahm selbst und donnerte am nächsten Tag zufrieden, wie nach getaner Arbeit, die Schultasche in die Ecke.

»Der sagt nicht mehr Neger zu mir!«

Eine Schlägerei auf dem Schulhof? Oder auf dem Heimweg? Niemand beschwerte sich. Said verstand sich gut mit allen aus der Klasse, doch als Freund war keiner geeignet. An den Nachmittagen hatte er nur uns.

»Was machen wir jetzt?«

»Einkaufen fürs Abendessen.«

»Bestimmt nicht.«

Meine Liste mit Vorschlägen wurde von Tag zu Tag kürzer, außer Fußball und Fernsehen akzeptierte Said wenig.

Wir brachten ihn zu Herrn František aus Prag, einem kompakten kleinen Mann mit kurzen, kräftigen Haaren, schon seine Begrüßung klang singend, er setzte sich neben Said ans Klavier, schlug den Ton an und sang mit. Said bewegte seine Finger, als gäbe es eine direkte Verbindung: Der Motor war bei Herrn František und löste bei Said den Tastendruck aus. Einmal in der Woche ging er zu Herrn František. Immerhin übte er etwas lieber Klavier als für die Schule, vielleicht aber auch nur, weil es nicht so lange dauerte wie Hausaufgaben.

»Gibt es Fußball spielende Klavierspieler oder Klavier spielende Fußballer? Das will ich werden.«

Robert und ich waren entzückt.

An einem anderen Tag der Woche lernte er im Rhythmikon bewusste Bewegungen und sanftes Trommeln. In einem Laden nebenan gab es die besten Ravioli der Welt, die wir jedes Mal nach den Stunden kauften. Nach einem halben Jahr lockten nur noch die Ravioli und Said wollte nicht mehr trommeln und den Rhythmus in sich ordnen. Wir versuchten es mit dem Kinderforum, der Einrichtung einer Galerie, wo Künstler mit Kindern malen, werken und bauen. Damals hatten sie noch ein verwinkeltes Haus, bunt bemalt, mit Leitern und Matratzen in Höhlen, von den Erwachsenen und den Kindern selbst gebaut. Bald schenkte mir Said einen Spiegel mit bunten Glassplittern im Rahmen und ein Haus aus Ton, hoch und schmal, verziert und bemalt wie die Paläste im Jemen, oder ein Bild in leuchtend verschlungenen und aufeinandergetürmten Farben. In den Pausen war er der Lauteste, weil er vor Freude immer aus den Fenstern schreien musste; er stürmte in den Hof und brachte bald seinen Fußball mit.

Jedes deutsche Wort riss Saids alte Sprache in großen Stücken aus seinem Gedächtnis, bald war er so unsicher in Paschtu, dass er sich schämte, wenn er seine afghanische Familie traf. Mit dem Onkel konnte er sich nicht mehr ohne die Übersetzung der Cousins verständigen.

Sprach er Deutsch, hörte es sich fast schon wie seine Muttersprache an, mit bezaubernden Wendungen. Wie alle Eltern sammelten wir ein paar davon als Kindersprachschätze.

Mit größter Verachtung rief er: »Gehen mit Fuß? Nein!« Es war, als hielten wir ihn für einen aus dem niederen Fußvolk, wenn wir ihm eine kleine Bergwanderung oder gar Spaziergänge zumuten wollten. Er rannte lieber. Oder fuhr Auto. »Gehen mit Fuß« sagen wir immer noch.

Als Saids Zeugnisse mit der Zeit immer schlechter wurden, sahen wir unser Kind trotzdem nicht untergehen. Er konnte gut lesen, malen und basteln, spielte Klavier, turnte ungern und war trotzdem gut in Sport.

Vor allem war er ein strahlendes Kind. Unüberhörbar sein ansteckendes Lachen im überfüllten U-Bahn-Waggon. Einmal hatten wir uns in einem Kaufhaus aus den Augen verloren, ich blieb auf der Stelle stehen, bis ich von weitem seinen unverkennbaren Schrei hörte, ich lief in die Richtung, und der Schrei verwandelte sich in Jubel. Ich breitete die Arme aus, und Said rannte mich fast um vor Erleichterung.

Eine Bekannte, die uns zufällig beobachtete, sagte noch Jahre später: »Daran werde ich mein Leben lang denken! So hört sich der Schrecken an, wenn ein Kind seine Mutter verliert, und dann die Freude, wenn sie wiederkommt!«

Said hatte Talent für das Glück und holte seine Kindheit mit Heißhunger nach. Aber ohne Fußballtraining zwei Mal in der Woche hätte ihm das neue Leben nicht gefallen.

Herr Brockhaus, sein Trainer, war Mathematiker bei einer Versicherung und hatte sich gegen eine gerade begonnene Profikarriere bei Schalke entschieden, als seine älteste Tochter geboren wurde. Sie war jetzt so alt wie Said und spielte als einziges Mädchen im Verein. Herr Brockhaus dehnte die Förderung seiner Tochter auf alle Kinder der Mannschaft aus und gewöhnte sie eher fürsorglich als antreibend an die Regeln. Selbst Said verzichtete bei ihm auf lange Debatten und schoss stattdessen Tore: ein kleiner brauner Stürmer mit Kugelbauch, etwas lauffaul, aber mit zielsicherem Schuss.

Jasons Haut war dunkler als die von Said, und er schoss noch mehr Tore. Die Tore der beiden prasselten nur so. Jason lebte bei seiner Oma, die alle für seine Mutter hielten, und manchmal stand auch seine Tante, eine dunkle Schönheit, mit Wasserflasche, Fancap und Schal der Münchner 60er neben der Oma und mir am Spielfeldrand. Die beiden waren gut im Anfeuern, und ich schrie mit, etwas leiser noch, aber immerhin. Bei Jason schliefen die Kinder in weiß-blauer 60er-Bettwäsche, für zu Hause wünschte sich Said die Farben von Bayern München.

Jason durfte sogar mit zu den Afghanen ins Restaurant, was Said noch keinem anderen Kind erlaubt hatte, und er fuhr mit uns nach Moos zu Franzi. Jason war Saids Freund.

Zu dritt spielten sie Hockey mit Ästen auf dem zugefrorenen Bach in Moos und brachen durchs Eis ins knietiefe Wasser. Zu dritt bibberten und kicherten sie unter der Dusche: Jason fast schwarz, Franzi weiß und Said braun.

Auf einem Foto stehe ich auf Krücken mit dickem weißem Gipsbein neben Jason und Said im Schnee.

Aber Said wollte nicht, dass ich mit Jason Canasta spielte. Er wollte auch nicht, dass Jason und Franzi miteinander spielten. Er wollte jeden einzeln für sich und nur kontrolliert zusammen und beschimpfte Jason, Franzi und mich, bis ihn das Kopfweh niederstreckte und Jason weinte vor Heimweh.

Aber die beiden blieben Freunde.

»Merken: Said übt Zugehörigkeit. Aber er hat genauso viel Angst davor, es wieder mit einer Familie zu probieren, wie er sich vor der ersehnten Ungebundenheit fürchtet. Ihm helfen, wenn die Ängste brausen und er tobt!« Das hatte ich mir aufgeschrieben.

Said lobte uns. »Es gibt Eltern, die sagen: Das darfst du nicht, das kannst du nicht, das verstehst du nicht und damit basta. Solche Eltern seid ihr nicht. Ihr erklärt mir alles.«

Vielleicht hätten wir besser öfter und entschiedener Nein sagen sollen. Vor allem ich. Der Rahmen, in dem Said sich hätte bewegen können, wäre dann fest und beruhigend gewesen, wie ein Steckkissen, mit weniger Raum für Ausbrüche und Verhandlungen.

Vielleicht. Doch seine Ausbrüche glichen Naturgewalten, die ihn und uns heimsuchten, und hätten Steckkissen gesprengt.

Ich wollte Said so behandeln, wie ich selbst gern behandelt werden möchte: klar, entschieden, mit Fürsorge und Verständnis, eine helle Disziplin für alle Beteiligten. So großartig hatte ich mir das Programm am Anfang notiert. Es gelang nicht oft.

Wir hatten Said bei heftigen Anfällen in sein Zimmer geschickt, er kam zurück, weil er Publikum brauchte, wir setzten Grenzen, über deren Verlauf er in endlosen Verhandlungsmarathons kämpfte – mit Worten, Tränen, Körperkräften und Fluchtversuchen. Von einem achtjährigen Kind wollten wir aber keinen Gehorsam ohne Erklärung verlangen.

Doch vielleicht war ich zu oft verhandlungsbereit, weil im Hintergrund immer stand, wie schwer er es früher gehabt hatte.

So kochten unsere Debatten hoch, und Said ließ dem schwarzen Teufel oft den Vortritt. Oder er war herzzerreißend unglücklich, blieb nicht lange in seinem Zimmer, wenn er seine Wut ausdampfen sollte. Hätten wir ihn besser gezwungen, unseren Anweisungen zu folgen?

»Dann platzt er erst recht vor Wut und versteinert«, sagte Robert, der öfter Basta sagte als ich.

»Wie du«, gab ich zurück, obwohl ich das eigentlich nicht sagen wollte.

Es passierte jetzt öfter, dass wir uns gegenseitig unsere schlechtesten Eigenschaften zeigten, und manchmal sahen wir uns an, als wären wir Feinde. Auf rauschende Familienkräche folgten tief empfundene Ehekrisen mit Tränenausbrüchen und Türenknallen, und manchmal schienen wir alle aneinander auszuprobieren, wie viel wir uns zumuten konnten.

Vielleicht war das unsere Art, Zusammengehörigkeit zu trainieren.

Gründonnerstag war ich den Gips los und humpelte auf einem Elefantenfuß herum, endlich ohne Krücken.

Said betrachtete Ostern als eine Art Weihnachten mit dem Osterhasen als Christkind und war begeistert vom Eiersuchen. Es waren warme Vorfrühlingstage, ich hatte Moos im Wald geholt, aus dem Garten die ersten blühenden Schlüsselblumen und Anemonen und mit Said Ostereier gefärbt. Wir hatten über Jesus und seine Auferstehung gesprochen, was er ohne Widerspruch akzeptierte – wieder eine von meinen Geschichten. Jubelnd riss er unser Geschenk, ein Karomspiel, das oft in seiner afghanischen Familie gespielt worden war, aus dem Papier und brachte uns ungeduldig bei, wie man die Spielsteine über ein Brett in die Löcher an allen vier Ecken schnipst. Unnachahmlich gut spielte Said über Bande und besiegte uns fast jedes Mal, er sammelte triumphierend seine Steine ein und stopfte sich Ostereier in den Mund.

Robert und ich halten unsere Teetassen in der Hand und loben erleichtert den gelungenen Festverlauf. Die Sonne scheint warm, wir sitzen blinzelnd und zufrieden aneinandergelehnt, als aus dem Keller ein Schrei kommt.

»Es gibt keinen Osterhasen!«

Said stürmt heran, in der Hand buntes Papier und Schokoladeneier, die wir mit Rücksicht auf seinen Kugelbauch dosiert hatten. In den Augen etwas wie die Funken der Aufklärung.

»Es gibt keinen Osterhasen! Das machen die Eltern! Hasen legen keine Eier!«

Schon war der gerade erst angenommene Glaube an den Osterhasen widerlegt. Wir hatten die Geschichten ohnehin mit etwas Augenzwinkern erzählt, nun einigten wir uns auf eine neue Version, in der auch Hühner und ihre Küken vorkamen und andere Tierkinder im Frühling.

»Die Menschen machten den echten Hasen aus Schokolade nach, packten ihn in Goldpapier und setzten ihn Ostern in Nester mit bunten Eiern, als hätte der goldene Osterhase Eier gelegt. Manche der Menschen nehmen zu viel von den Eiern, ihnen wird schlecht und sie werden dick.«

»Aha.« Said schien entschlossen, sich diesen Gefahren auszusetzen.

20.

Isabel und Ashraf stehen vor einem hohen, oben abgeschrägten Maschendrahtzaun, im Hintergrund eine Reihe von Baracken. Ein Bild aus dem Lager vielleicht, kurz nach ihrer Ankunft aufgenommen. Ashraf im weißen Anzug mit rotem Hemd, eine Hand in der Hosentasche, vielleicht auch beide, ein Draufgänger, angekommen, wo er hinwollte, sein Lächeln an die ganze Welt sagt: ich bin da.

Wir hatten Tariq nach Kinderfotos von Said oder Bildern von seinen Eltern gefragt, jetzt waren sie kommentarlos mit der Post gekommen.

Isabel lehnt sich an Ashraf, beugt den Körper zurück, ihr Kopf in Höhe seines Schlüsselbeins, fast noch ein junges Mädchen in ihrer hellen weiten Bluse mit Volants und Blumen.

Das zweite Foto zeigt sie vor einem Kühlschrank. Auf die Rückseite hat sie geschrieben: ich in meiner Wohnung, in der Küche. Da hat sie die engen Jeans an, die Frau Dr. Üzdün damals so beeindruckt haben. Und einen schmalen Rollkragenpullover. Sie sieht kein bisschen indisch aus, eher wie verkleidet, als spielte sie ihren Part im neuen Leben sich und den anderen nur vor. Ob sie deshalb so einfach gehen konnte?

Woher will ich wissen, dass es ihr leichtfiel zu gehen?

Said staunt über seine junge Mutter, über den schicken Anzug seines Vaters und geht dann zu den üblichen Beschäftigungen über: Hausaufgaben unter Protest, Musikhören, Fußballspiel am Computer, er bleibt in seinem Zimmer. Den ganzen Nachmittag kein weiterer Kommentar, erst beim Abendessen beginnt er, mit Tränen in den Augen, allmählich zu fragen. Erst das Übliche: »Wie kann man ein Kind zurücklassen?«

»Man sieht doch, wie jung sie war. Ich nehme an, sie war völlig durcheinander.«

»Und warum hat mich später mein Onkel weggegeben?«

Die Flucht der Familie, die Tante, die nach vier Kindern noch mal mit einem kleinen Wildling anfangen sollte und nicht mehr konnte …

Beim Gedanken an seinen Vater wird er maßlos traurig. »Besser, er wäre tot.«

Da gibt es nichts zu trösten, ich versuche es trotzdem und erzähle von dem wenigen, was ich über Wachkoma weiß.

»Manche sagen, dass Kranke wie dein Vater ihr Unglück nicht spüren. Gegen Hunger und Durst wird er ernährt, wenn er friert, wird er zugedeckt, vielleicht erinnert er sich nicht an das Leben von früher.«

Said ist empört. »Er kann nicht an die Luft gehen! Er kann nicht in den Garten gehen, er kann nicht laufen, er liegt immer nur krumm im Bett!«

Wütend vor Traurigkeit knallt er die Küchentür hinter sich zu.

Doch er lässt sich nicht lange suchen, wie sonst. »Hier bin ich!«

Quer über unser Bett geworfen, das, mehr als sein eigenes, Zuflucht in Kummerzuständen ist, legt er seinen Kopf auf meinen Schoß. Eine Zeitlang schweigen wir beide.

»Haare schneiden und anschließend in die Badewanne?«

Said springt sofort auf, holt den Drehstuhl, die Schere und den Umhang und hält ungewöhnlich still, auch wenn ich ihm den Kopf zurechtschiebe. In der Badewanne legt er sich den üblichen Schaum-Bart an, türmt sich eine hohe weiße Mütze aus Schaum auf den Kopf, friert plötzlich mitten in der Bewegung ein und beginnt zu weinen.

»Ich habe es so gut, und meinem Vater geht es schlecht.«

In solchen Momenten hadert er mit Gott, und seit sie in der Schule über Wiedergeburt gesprochen haben, mischt er alles, was er weiß über Gott und die Welt, in eine Litanei über Unglück und Glück in seinem Leben.

»Ich glaub nicht an Gott. Er würde das nicht zulassen, was meinem Vater passiert ist. Ich will auch nicht wiedergeboren werden. Dann werde ich vielleicht ein Frosch. Ich will aber nicht als Frosch wiedergeboren werden. Lieber als Eintagsfliege. Dann sterbe ich und bin gleich am nächsten Tag wieder da. Warum muss ich Daumen lutschen und jetzt eine feste Zahnspange tragen? Warum ist meine Mutter weggegangen, und warum hatte mein Vater einen Unfall? Mir geht es so gut, und ich tue nichts für meinen Vater! Warum muss das alles immer mir passieren?«

»Lass uns deinen Vater besuchen.«

»Er hat mich nie erkannt.«

»Dann sagen wir ihm, wer du bist. Als er dich zuletzt gesehen hat, warst du erst drei und hast anders ausgesehen. Und pass gut auf dich auf! Wenn schon dein Vater nicht richtig leben kann, dann wenigstens du. Ich bin sicher, dass dein Vater das will!«

Aber Said glaubt nicht, dass er glücklich sein darf, während sein Vater im Wachkoma liegt.

»Hoffentlich macht meine Mutter gerade etwas Gutes. Hoffentlich muss sie nicht hungern.«

Abrupt steigt er aus dem Schaum, flüchtet sich in das Badetuch und weint bitterlich.

Ich sage ihm meine Zuneigungssätze über das Glück, mit ihm zu leben, und dass wir vielleicht so lange kein Kind gefunden hätten, damit wir frei waren, als er neue Eltern brauchte.

»Dann hättet ihr ein anderes Kind!«

»Vielleicht. Aber seit wir dich kennen, können wir uns kein anderes Kind mehr vorstellen.«

Er ist traurig und wehrt sich gegen den aufgebrochenen Schmerz, er will ihn noch abschütteln, obwohl er längst zu seinem Leben gehört. Starr liegt er unter der Bettdecke und verabschiedet mich mit der gleichen ernsten, verhaltenen Zärtlichkeit wie sonst, wenn er Kopfschmerzen hat und weiß, dass der Schmerz eine Zeitlang bleiben wird. Ich kann ihn nur behüten.

Der kleine Kater kommt und legt sich ans Fußende. Später schlafen beide leise schnarchend.

»Er sieht seiner Mutter ähnlich«, sage ich zu Robert, der von unterwegs anruft.

Isabel sah anders aus, als ich sie mir vorgestellt hatte: keine Spur von der tollkühnen Schwindlerin.

Als Said später aufwachte, musste ich nach langer Zeit wieder »Jim Knopf« vorlesen.

Am Anfang kannte er Vorlesen nur vom Hörensagen, und phantastische Erzählungen, die ein oder zwei Handbreit über dem Boden der Tatsachen spielten, lehnte er verächtlich ab.

»Das soll ich glauben? Von wegen! Geht nicht.«

Die Geschichte vom Findelkind Jim Knopf, das in einem Postpaket in Lummerland ankommt, hatte er umgehend zu seiner eigenen gemacht.

»Die Afghanen haben mich weggegeben, und ich kam wie Jim im Paket bei euch an. Bei ihm ist alles genau so wie bei mir!«

Ich zeigte auf die Zeichnung von der lieben dicken Frau Waas mit dem Dutt auf dem Kopf, die Jim Knopfs neue Mutter wurde, und tat empört: »Sehe ich etwa so aus?«

Said krähte: »Ja!«

»Wenn du meinst!«

Ich las ihm vor, wie glücklich Frau Waas über ihr Findelkind war, und drohte mit rosa Jäckchen und Hosen, wie sie Frau Waas für Jim Knopf mit der schwarzen Haut nähen wollte. Auf Saids brauner Haut würden sie sicher ebenso hübsch aussehen wie bei Jim, besonders beim Fußballtraining. Said protestierte jubelnd und seufzte mit dem letzten wachen Atemzug noch, wie lieb er uns hatte, und wenn er nachts aufwachte und nach uns rief, schlief er mit den gleichen Worten erleichtert wieder ein.

Es war die Zeit, in der er – über den Tag verteilt – zahllose Liebesbekundungen seufzte oder jubelte und nicht einmal auf Erwiderung wartete. Er war nur froh und atmete jedes Mal tief aus, weil es strapazierfähige Empfänger für seine Gefühle gab und wir nicht wegliefen, wenn sie sich genauso oft in wütenden Ausbrüchen aus heiterem Himmel entluden.

Meine Gefühle waren denen von Frau Waas ähnlich. Sie war glücklich über ihr dunkles Kind und dachte oft darüber nach, dass Jim Knopf nicht ihr gehörte und irgendwo noch eine andere Mutter hatte.

Vielleicht war er eine Leihgabe?

Am nächsten Tag umarmt Said mich nach der Schule so rabaukenhaft, dass ich fast umfalle, und dann kaufen wir die Prunkhose, die angeblich alle schon haben. Hintern in Kniehöhe und unten um die Knöchel Vorratslager, Hosen für Riesen an Kinderkörpern, die erste und kleinste aus der dann folgenden langen Reihe von Baggyjeans.

»Das ist cool, wie im Gefängnis«, sagt der Verkäufer, und Said sagt: »Wie ein Gangsta.«

Ich finde, die Hose sieht aus wie geerbt, aber das sage ich nicht. Erschöpft vom Einkaufen essen wir Eis im Café Venezia auf der Leopoldstraße. Der Kellner kennt mich und wundert sich kein bisschen über das Kind neben mir.

»Signora sehen glücklich aus! Früher waren sie immer so abgekämpft und traurig.«

Said lächelt charmant und hat Schokoladenschaum um den Mund.

In der Staatsbibliothek muss er warten, bis ich meine Bücher bestellt habe, wir gehen zum Schuster, in die Reinigung, einkaufen fürs Abendessen, bald schleppt er sich hinter mir her, die alte Hose als lästiges Gepäck, und als es zu regnen beginnt, weigert er sich, mit dem Fahrrad vom Odeonsplatz bis nach Hause zu fahren. Wir lassen die Räder stehen und nehmen die U-Bahn.

Zu Hause treffen wir Robert an, der von seiner Reise zurück ist. Er muss wieder weg, aber vorher begrüßen wir uns alle so innig wie selten. Dann muss Robert ins Theater und setzt uns auf dem Weg am Odeonsplatz ab, damit wir unsere Fahrräder holen. Es ist schon dunkel, Saids Dynamo funktioniert nicht, und er ist empört. Ich drehe und schiebe, die Lampe bleibt dunkel. Said ist noch empörter. Doch bevor er eine größere Szene beginnen kann, taucht Robert wie eine Erscheinung aus dem Dunkel auf. Er hockt sich zu uns und bringt mit ein paar Handgriffen das Licht in Ordnung. Said und ich sehen ihm zu und hoffen beide, ohne in diesem Moment darüber zu sprechen, dass er vielleicht doch noch zu uns gehört und nicht nur zu seinem Computer und dem Telefon in seinem Zimmer.

Oft weiß ich in dieser Zeit nicht, wen ich scheußlicher finden soll, Robert oder Said: wenn sie einander bekämpfen im Streit um meine Aufmerksamkeit oder wenn ich dem einen zustimme und dem anderen nicht genug, oder umgekehrt, oder der eine tut, was den anderen empört, und ich nicht einschreite. Einträchtig sind sie höchstens in ihrem Zorn auf mich. Es kann auch passieren, dass beide auf einer Fahrradtour vor mir in entgegengesetzte Richtungen abbiegen. Wem soll ich dann folgen?

Aber an diesem Tag, als Said und ich zusammen nach Hause radeln und Robert unterwegs an der Tankstelle entdecken, winken wir ihm begeistert zu, als sähen wir ihn seit langem zum ersten Mal.

Zu Hause sind wir so fröhlich wie selten in letzter Zeit.

»Meine Mutter ist die einzige Frau, die in der Bundesliga spielt, bei SC Freiburg. Und mein Vater spielt bei Bayern und Brasilien wie Elber und bei Mailand wie Ronaldo.«

Er hat im Traum seine sonst fremden oder armen oder kranken oder bösen Eltern an seinen Himmel versetzt, als Superstars unter seine Stars. Das erklärt endlich alles: Sie können in seinem Leben auf Erden nicht vorkommen, weil sie vielbeschäftigte Götter im Fußballolymp sind. Helden in seinem Weltbild, gut zum Bewundern geeignet.

»Früher habe ich nie an meinen Vater gedacht, aber seit gestern immer.«

Immerhin weiß Said, seit er das Foto kennt, dass sein Vater nicht immer jenes krumm und verkrampft daliegende Riesenbaby im Klinikbett war.

Ich packe den Beutel mit Broten und zwei Bananen in die Schultasche, und Said wirkt zufrieden mit der Arbeitsteilung zwischen seinen ersten und zweiten Eltern. Zur Sicherheit dreht er sich mehrmals um und winkt und ruft laut, wie lieb er mich hat, und ich winke zurück zum Beweis, dass ich zu seinem täglichen Leben gehöre und wirklich bin.

Zu Saids Geburtstag bringt Tariq ein weiteres Foto von früher mit.

Eingebuddelt liegt Said im Sand, neben ihm Tariq und Machmud, beide noch übermütige Jungs. Saids Gesicht ist nicht zu erkennen. Wahrscheinlich wurde das Foto an der Nordsee aufgenommen, damals, als die Familie öfter nach Hamburg fuhr, um Machmuds Hochzeit zu regeln.

Wir haben die ganze afghanische Familie zu Saids Geburtstag eingeladen. Dabei war klar, dass Onkel und Tante Qadari nicht kommen würden, weil wir sie und sie uns nicht verstehen könnten. Die beiden jüngeren Kinder kennen wir ohnehin kaum.

Eingeladen sind alle, doch als Einziger hat Tariq, der mittlere Cousin, zugesagt und die anderen entschuldigt. Er bringt eine teuer wirkende Armbanduhr als Geschenk und überreicht sie Said im Namen der ganzen Familie.

Said sagt stolz: »Nächste Woche fahren wir nach Italien. Ich werde zum ersten Mal das Meer sehen.«

»Du warst schon am Meer. An der Nordsee!«, korrigiert ihn Tariq.

Said kann sich nicht erinnern. Auch nicht an den Moment auf dem Foto. Er ist glücklich über das großzügige Geschenk, ein stolzer Gastgeber, der die Torte für seinen Gast vorkostet, jede Lage einzeln, die Erdbeercreme, den Teig aus Biskuit, die Früchte, Erdbeeren und Pfirsichstückchen und Johannisbeeren aus Moos, weil es im August nicht mehr viele und nur sehr teure Erdbeeren gibt. Said runzelt die Stirn und entschuldigt sich bei seinem Cousin, dass die Köchin nicht ausschließlich Erdbeeren verwendet hat. »Wie es gehört«, sagt er streng.

Alle anderen am Tisch, Jason und ein paar Kinder aus der Schule, Robert und ich, die Köchin, alle sind wir jetzt Publikum und Personal, Said ist blass vor Aufregung über den Gast.

»Tariq hat keinen Tee mehr!«

»Tariq will noch Torte!«

Er zeigt ihm sein Zimmer, den Basketballkorb über der Tür, das Computerspiel – wir haben ihm, gegen mögliches Heimweh, das gleiche wie früher in der afghanischen Familie geschenkt. Er zerrt Tariq durch die ganze Wohnung, auch in unser Schlafzimmer.

Seine Stimme wird immer heller und ist fast schon ein Schluchzen, als es nichts mehr gibt, was er noch vorzeigen könnte, weshalb er eine neue Runde beginnt. Ich rufe die beiden, doch Tariq hat keine Zeit mehr und verabschiedet sich.

»Said ist frecher als früher, aber ich glaube, er hat es gut bei euch. Er soll uns besuchen kommen, damit meine Eltern ihn sehen.«

Tariq wirkt traurig, vielleicht empfindet er Saids Prunken über seine Reichtümer als Verrat an der afghanischen Familie. Ich hätte Tariq am liebsten umarmt. Aber darf ich als Saids Mutter den jungen Afghanen umarmen? Die kleinen Küsschen rechts und links reichen, und ich verspreche, dass Said zu Besuch kommen wird. Dabei weiß ich, dass er sich vor den anderen schämt, weil er ihre Sprache kaum noch spricht und versteht.

Als hätte ich Tariq aus dem Haus gejagt, so wütend funkelt Said mich an, als ich an den Tisch zurückkomme. Auf dem Stuhl, wo sein Cousin eben noch saß, sinkt er in sich zusammen und starrt auf die Tür, als könnte der Gesandte aus seinem früheren Leben jeden Moment noch einmal auftauchen.

Dann hebt er den Blick, verlangt ein Stück Torte, und der Kindergeburtstag beginnt.

»Da ist das Meer!«

Wir fliegen über die blaue Fläche unter uns, und Said kann nicht glauben, dass es so viel Wasser gibt.

Stunden später, die Sonne steht schon tief, stürmt er an den Strand. Im Laufen reißt er sich die Schuhe von den Füßen, bis zu den Knien versinkt er im Sand und lässt staunend die winzigen Körner durch die Finger rinnen. Mit beiden Händen schaufelt er den Sand auf, schleudert eine leuchtende Freudenfontäne hoch in die Luft und rennt mit einem langen Jubelschrei durch den Sandregen.

Am Wasser bleibt er abrupt stehen und winkt uns zu.

21.

Das waren die Flitterwochen. So nennen Psychologen und Pädagogen die erste Zeit von Pflege- oder Adoptivkindern in ihren neuen Familien, wenn die Kinder ihren Schmerz und das Durcheinander ihrer Gefühle zu bewältigen versuchen, indem sie ganz auf die neuen Eltern einschwenken. Eine gute Methode, um bei allen Beteiligten Polster aus guten Gefühlen und Sicherheit wachsen zu lassen. So sind sie gut ausgerüstet, wenn es anders, schwieriger wird. Erst wenn es schwierig wird, sind die Kinder angekommen, sagen die Fachleute.

Unseren Freunden erzählte Said von dem russischen Schriftsteller Tschechow, den er von einem Plakat über meinem Schreibtisch kannte, als wäre er einer meiner Verwandten, den er bald näher kennenlernen würde. So hätte ich es gern gehabt. Robert brachte ihm bei, wie man Melodien am Computer »komponiert«, Said spielte Klavier, ging ins Kinderforum zu den Künstlern und ließ sich gern vorlesen. Er nahm an dem Konzert teil, das Herr František jedes Jahr mit seinen Schülern veranstaltete.

Blass und sprachlos vor Lampenfieber verbeugt er sich vor dem Publikum und legt die Hände auf die Tasten. Herr František sitzt neben ihm, er nickt ihm nur zu, und Said kommt ohne Fehler und mit Schwung durch das Stück. Applaus und Verbeugung.

»Mein Herz hat nicht mehr geschlagen, so aufgeregt war ich.«

Immer noch blass und atemlos, hört er den Kindern zu, die nach ihm auftreten. Einer, der sonst keinen Teil seines Körpers auch nur für den Bruchteil einer Sekunde stillhalten kann, spielt die Melodie aus »Pink Panther« mit so viel Konzentration und Bravour, dass man nicht glauben kann, wie sehr er sonst zappelt.

»ADS«, sagt Herr František leise. Er weiß, dass manche auch Saids Aufmerksamkeit für krankhaft gestört halten und Medizin empfehlen. Er würde durch die Pillen vielleicht ruhiger, meinen wir, aber sonst?

Es ist kein Wunder, dass Said unruhig ist, und wir hoffen, dass er sich durch das Gefühl der Geborgenheit allmählich beruhigt.

Auf dem Heimweg im Auto ist er immer noch blass.

»Wer ist eigentlich meine richtige Mutter?«, fragt er, als hätte das Lampenfieber alle Gefühle aufgewühlt. Er erwähnt seine Mutter in Indien selten von sich aus.

»Du hast zwei Mütter. Die eine hat deinen Vater geliebt und deshalb ein Kind von ihm gewollt. Das warst du, sie hat dich geboren, aber sie konnte nicht bleiben und ließ dich hier bei deinem Vater, weil sie dachte, dass er zusammen mit deinem Onkel und deiner Tante besser für dich sorgen könnte als sie allein in Indien. Jetzt bin ich deine Mutter: eine, die morgens aufsteht, Brote schmiert, tröstet, lobt und schimpft und mit dir Hausaufgaben macht und immer da ist.«

»Du bist aber manchmal nicht da!«

»Aber ich komme wieder und bringe ein Geschenk von unterwegs mit, damit du weißt, wo ich war.«

Am nächsten Tag sagt er zu Robert: »Ich spiel nicht gern Klavier, wenn andere zusehen. Ich spiel lieber für euch und für mich.«

Er strengte sich an, unser Kind zu sein. Einen Sommer und noch einen Sommer lang und noch einen. Wir fuhren wieder nach Italien ans Meer, nach einem erfolglosen Schwimmkurs im Hallenbad lernte Said in den Wellen endlich schwimmen und wagte sich ins tiefere Wasser. Er übte stundenlang Handstand mit dem Kopf unter Wasser, und ich musste Punkte vergeben für gerade Beine in der Luft. Wir schliefen zu dritt in einem riesigen Bett, und als ein wichtiges Spiel von Bayern München im Fernsehen übertragen wurde, blieb Said allein bei einem Bauern in der Nachbarschaft. Nach zwei Stunden kamen Robert und ich wieder, es waren die letzten Minuten des Spiels, und wir sahen mit an, wie auf einmal, in drei Minuten, die Gegner der Bayern zwei Tore schossen und der Pokal verloren ging. Fassungslos, unter Tränen stöhnte Said: »Mei! Warum seid ihr nicht früher gekommen! Dann wäre das Spiel schon aus gewesen, und sie hätten keine Tore mehr schießen können.« Selbst Fußballglück oder -unglück seines Lieblingsvereins hingen für ihn irgendwie von uns ab.

Abends saßen wir unter einem Feigenbaum und dachten uns Geschichten mit Geckos aus. Said schlief im Liegestuhl neben uns ein. Am Tag spielte er mit fremden Kindern am Strand, sie besuchten mich alle im Strandcafé, und ein kleiner Junge sagte, dass Said ihm gestanden habe, wie alt ich schon sei.

»Aber du bist noch ganz jung, und außerdem kannst du alle Spiele.«

Ich war stolz, und auch Said hörte zu und lächelte zufrieden über die artige Mutter.

Es gibt ein Foto aus diesen Ferien, da sitzen wir beide im Sessel und sogar Said hat ein Buch in der Hand.

Dann verschlug es ihn allmählich in die Gegenrichtung. Frau Heisbach-Weißwurst verließ die Schule und ihr Nachfolger sagte beim Elternabend: »Saids nächste Station wird sicher kein Gymnasium sein.«

»Es gibt andere Möglichkeiten«, meinten wir, selbst wenn ich schlucken musste, weil es so endgültig klang.

Die Fußballmannschaft wurde neu aufgeteilt und Herr Brockhaus wechselte mit seiner Tochter in eine andere Gruppe. Der neue Trainer für Saids Gruppe scharte die Mannschaft um seinen Lieblingsspieler Elias, der spielte auf Saids Position. Jason verließ den Verein, um in der Jugendmannschaft der 60er zu spielen und auf die Schule für den Nachwuchs der beiden Münchner Vereine zu gehen.

Wir meldeten Said für ein privates Sportgymnasium und bei einer Montessorischule an. Das Sportgymnasium sagte ab. Also ging Said ab der fünften Klasse auf eine Montessorischule und war wie üblich für seine Späße bei den Mitschülern beliebt.

Herr Siebert, sein Klassenlehrer, schrieb im Brief zum ersten Zeugnis: »Lieber Said, wenn es um Sport geht, bist Du wirklich ein ganz Großer! Bleibt die Frage, warum jemand, der sich so gut in Szene setzen kann, in der Klasse häufig Ermahnungen durch die Lehrer benötigt.«

Das war sehr freundlich formuliert. Said interessierte sich nicht für den Unterricht, höchstens manchmal, ein bisschen, für Werken und Lesen. In der restlichen Zeit nutzte er das Prinzip der Selbstorganisation in der Montessoripädagogik, um die Lernfächer zu ignorieren und mit Beginn der Freiarbeitsstunden aus dem Klassenraum auf den Sportplatz zu stürmen. Er spielte Basketball oder Fußball und rauchte mit Elias, seinem Konkurrenten aus dem Fußballverein, die ersten Zigaretten und Joints. Die beiden taten sich zusammen, obwohl sie keine Freunde wurden, sie beobachteten nur genau, wie gut der jeweils andere Eltern und Lehrer gegen sich aufbringen konnte. Said strengte sich an. Er war neu in der Klasse, Elias alter Adel. Seit Kindergartenzeiten gehörte er zur Schule, blond, mit blauen Augen, immer noch ein Engelskind. Mit seinem Lächeln nahm er jeden für sich ein. Dabei gab er sich Mühe, endlich kein süßer Junge mehr zu sein, sondern der Kopf einer Viererbande von coolen Gangstas. Said wollte auch Gangstaboss sein.

Zwei Männer kämpfen: Erst ringen, dann boxen, dann wird getreten, schließlich hauen sie sich Latten mit langen, herausstehenden Nägeln auf den Kopf. Blut spritzt. Der eine geht zu Boden, offenbar K.o., der andere haut weiter mit den Latten, noch mehr Blut, wieder treten, dabei rührt sich der am Boden längst nicht mehr von allein, nur von den Tritten wird der Körper bewegt wie ein Sack, sieht aber nicht aus wie ein Sack, sondern wie ein ziemlich blutiger Männerkörper, der andere tritt ein paar Schritte zurück, blickt sich um, sucht offenbar nach einer neuen Waffe, da steht ein Hocker am Rand, der Mann packt ihn mit beiden Händen und schlägt mit der Kante der Sitzfläche dem Mann am Boden auf den Kopf.

Blitzschnell bewegt Said die Finger auf dem Controller, wählt Waffen und Angriffsart. Er wird unruhig, als ich zusehe, macht aber weiter, als hüpfe noch der niedliche Super Mario aus einem der anderen Computerspiele über den Bildschirm und nicht einer, den er morden lässt. Als der Mann am Boden matschig aussieht von den Schlägen mit dem Hocker und wieder getreten wird, fange ich an zu schreien.

»Hör auf damit! Mach sofort die Kiste aus!«

Said will protestieren, drückt aber lieber schnell noch ein paar Knöpfe, um seinen Spielstand zu sichern, und der Bildschirm wird dunkel. Er weiß, dass ich den Fernseher ausschalten würde, wie sonst, wenn er nicht aufhört zu spielen, obwohl die vereinbarte Zeit längst überschritten ist und er auf mein »Hör auf« nur mit ein paar »Ja gleichs« reagiert. Einmal, als gar nichts mehr half und er weiterspielte, über alle Abmachungen hinaus, drehte ich die Sicherung heraus, und wir standen alle im Dunkeln. Inzwischen könnte ich gezielter vorgehen.

»Was fällt dir ein? Es geht dich überhaupt nichts an, was ich spiele. Das ist mein Spiel. Hab ich geliehen bekommen! Das spielen alle!«

»Aber nicht in deinem Alter!«

»Doch! Außerdem ist es nur ein Film.«

»Bring das Spiel sofort zurück!«

Meine Stimme hört sich schrill an. Keine Spur von vernünftiger erklärender Reaktion.

Warum schreie ich eigentlich so? Weil ich fürchte, dass Said davontreiben und sich in Grausamkeit flüchten könnte. Die Männer auf dem Bildschirm sahen fast wie reale Männer aus, und Said war völlig gebannt, er drückte die Knöpfe, und seine Clicks lösten die Schläge auf den matschigen Mann am Boden aus.

Jetzt, plötzlich aus dem Spiel gerissen, zieht er den Kopf ein und lässt nicht mit sich reden. Ich will ihm meine Einwände erklären, er ist schließlich erst zwölf, doch er packt nur wortlos die Kassette ein und bleibt den ganzen Nachmittag weg. Abends kommt er zwar wieder, ist aber nicht ansprechbar und will auch nichts essen.

»Das verzeih ich dir nie!«, presst er nur mit finsterem Blick zwischen den Zähnen hervor.

Bis dahin war ihm der Frieden mit uns letztlich doch wichtiger gewesen und er nahm irgendwann hin, dass nicht alles erlaubt war – nach harten Kämpfen, ausufernden Verhandlungen und vorübergehend.

In den Sommerferien, als wir nicht nach Moos fahren konnten, sondern erst noch in München bleiben mussten, hatte er nach tagelanger Langeweile eine Truppe von Kindern an der Münchner Freiheit bei den Tischtennisplatten kennengelernt. Die gewöhnlichen Regeln waren in der Ferienzeit etwas außer Kraft gesetzt, aber als es an einem Abend spät und später wurde, elf und schließlich zwölf, dunkel seit langem, und Said immer noch nicht zu Hause war, war ich so besorgt, dass ich aufs Fahrrad stieg, um ihn zu suchen.

An der Münchner Freiheit war es still, das Café längst geschlossen, auch beim Schachspiel war niemand mehr, nur die Penner. Einige lagen auf den Bänken, andere saßen noch zusammen und murmelten vor sich hin. Die Polizei war wohl noch nicht da gewesen, um sie wegzuschicken, oder sie waren schon wieder zurückgekommen.

Vor den Büschen, halb im Licht der Laternen, lag Saids Fahrrad im Gras. Er war nirgends zu sehen. Es war auch keine Kindertruppe bei den Tischtennisplatten, auch nirgendwo im Gebüsch rote Funken von heimlichen Zigaretten. Ich begann zu rennen, überall hin, wo Said sonst tagsüber war, aber jetzt war es Nacht, und es gab unendlich viele Möglichkeiten, von denen ich keine Ahnung hatte. Robert war zu Hause geblieben, beim Telefon, er fand meine Sorge übertrieben, und ich dachte selbst, meine Güte, es sind Sommerferien. Aber mit elf? Und das Fahrrad im Gebüsch? So ein Bild sieht man in Filmen, wenn ein Kind geraubt worden oder verunglückt ist. Ich fragte einen der Penner, aber er war schon müde und betrunken, und ich war inzwischen selbst nicht mehr ganz in Form und radelte so schnell ich konnte nach Hause, um Robert und die Polizei zu alarmieren.

Said kam gleichzeitig mit mir an.

Erst war ich nur glücklich, dass er heil vor mir stand, und umarmte ihn erleichtert, dann kam allmählich Ärger auf. Es war jetzt Stunden später als ausgemacht.

»Die anderen dürfen, solange sie wollen.«

»Na klar. Aber du nicht!«

»Ich will aber.«

Wir erzählten ihm von unserer Aufsichtspflicht, was er unglaublich fand, lächerliche Kleinkinderregeln, und meine Sorge geschehe mir recht: eine verdiente Strafe für Kleinlichkeit. Unzugänglich, verschlossen stand er uns gegenüber.

Dann holte Robert mit Said zusammen das Fahrrad, und wir gingen alle zu Bett.

»Bis zum Dunkelwerden«, sagte ich am nächsten Abend.

Said kam nicht, als es dunkel wurde, aber ich ging ihn diesmal nicht suchen. Er kam gegen eins, und die Debatte danach war erschöpfend und zog sich über Tage hin.

Einer von den Jungs hieß Rocco, er war auch elf, und seine Mutter arbeitete nachts in einem Hotel. Seine Freundin war schon siebzehn, und die beiden brachten den anderen bei, richtig zu küssen.

»Trotzdem will ich, dass du pünktlich bist.«

»Dann komme ich eben pünktlich um eins.«

Es dauerte ungefähr eine Woche. Wir hatten ihm schließlich verboten, nach dem Abendessen noch wegzugehen, doch er brach auf, ausgestattet mit Proviant und einem warmen Pullover, um länger zu bleiben. Es waren schließlich Ferien.

Robert holte ihn an der Haustür ein.

Stumm und voller Verachtung kam Said zurück, Robert musste ihn schieben, dann fiel seine Zimmertür erstaunlich leise zu.

Vollständig angezogen musste er aufs Bett und sofort in einen tiefen Schlaf gefallen sein. Heimgekehrt aus dem Krieg. Als ich ihm später Schuhe und Jacke auszog, umarmte er mich leise murmelnd im Schlaf. Am nächsten Morgen sagte er: »Ich will, dass der Streit aufhört.«

Wir fuhren dann ohnehin für den Rest der Ferien nach Moos und ans Meer und der Streit um Roccos Kindertruppe an der Münchner Freiheit erübrigte sich.

Said verzieh mir auch die Sache mit dem Computerspiel. Am nächsten Tag stand er fröhlich auf, und wir waren die besten Freunde der Welt. Und seine Eltern.

Ich wurde allerdings den Eindruck nicht los, dass er

allmählich lernte, sich zu verstellen, nachdem wir bisher immer zu wissen glaubten, ob Wut oder Jubel oder Kummer oder Zuversicht seine Gefühle regierten.

Tage später sprachen wir über das Spiel und er sagte: »Du hast ja recht.«

»Meinst du das ernst?«

»Nicht für immer!«

»Früher war Afghanistan ein Land, wo man hinfahren wollte, wenn man jung war. Die aus Europa fuhren im VW-Bus, die aus Amerika kamen geflogen. Sie wollten nach Indien, wo es Lehrer gab, die nicht Schulstoff lehrten, sondern eine Art Weisheit, Afghanistan lag auf dem Weg und war damals ein schönes Land. In Kabul trafen sich junge Leute von überall auf der Welt, sie kauften sich Kleider auf den Basaren und bestickte Pelzmäntel, und manche von den jungen Leuten aus Kabul zogen auch Jeans an. Besonders interessant fanden die aus dem Westen eine spezielle Sorte Haschisch, den berühmten schwarzen Afghanen.

Da wurde der König durch einen Verwandten, Prinz Daud, gestürzt. Der suchte Hilfe aus Russland, das sich jetzt Sowjetunion nannte und vorgab, wie einst die aufständischen Arbeiter und Soldaten, um Freiheit für die Menschen zu kämpfen. In Wirklichkeit war längst eine Diktatur daraus geworden, die auch andere Länder unterwerfen wollte. So kam es in Afghanistan zu einem Militärputsch unter sowjetischem Einfluss. Wer nicht mitmachte, wurde getötet. Dein Vater und Onkel Mohammad waren junge Männer in dieser Zeit, dein Vater war Beamter und gehörte dadurch zu den früheren afghanischen Herrschern, gegen die der Militärputsch gerichtet war. Deine Familie blieb noch ein paar Jahre, dann hielten sie es unter der sowjetisch-afghanischen Diktatur nicht mehr aus, und sie verließen wie Tausende andere das Land. Es gingen eigentlich alle, die es sich irgendwie leisten konnten.«

Das hatten wir alles aus Büchern und uns dann zusammengereimt. Aber so, stellten wir uns vor, könnte es gewesen sein, mit Saids Vater und seiner Familie. Said fand ohnehin nur den schwarzen Afghanen bemerkenswert.

Elias fuhr nur einmal mit uns nach Moos. Er war reizend, räumte den Tisch nach dem Essen ab und erzählte von seiner großen Familie und dem Bauernhof, den sie früher hatten. Said war wütend auf uns, als Elias sein verlorenes Paradies beschrieb und ihm unser Haus dagegen wie eine erbärmliche Hütte erschien. Auch Elias gefiel es nicht bei uns, die Katzen pinkelten in sein Bett und Said war verzweifelt.

Stattdessen kamen öfter Paul und Joschi, die beiden anderen aus der Viererbande. Paul war ein blonder Engelsknabe mit berückendem Augenaufschlag unter akkuratem Mittelscheitel. Er staunte über die vielen Debatten bei uns.

»Bei uns wird nicht diskutiert. Wir sind vier Kinder, und wenn meine Eltern mit allen streiten würden, kämen sie zu nichts anderem mehr.«

Recht hat er, dachte ich, aber wir haben nur ein Kind und Zeit für Diskussionen, und manchmal werden Streits daraus. Ich hätte allerdings auch lieber ein harmonisches Familienleben gehabt.

Joschi war ein gutmütiger, dicker Riese, der Angst hatte, wenn er vom Heuboden springen sollte, und Said nutzte die Gelegenheit, sich mit Paul zu verbünden und Joschi laut meckernd auszulachen.

Ich fand meinen Sohn abscheulich und wünschte mir das charmante Kind zurück, das er gerade noch gewesen war. Said wurde dicker und unglücklicher und sein Zeugnis noch schlechter.

»Außer euch habe ich keine Freunde«, sagte er zu Robert und mir, wenn wir allein waren. Dann schämte er sich dafür und gab sich vor Paul und Joschi Mühe, uns so rüde anzumotzen, dass ihn die beiden bestaunten. Joschi hatte eine bessere Stereoanlage.

Als hätte er verbundene Augen, so taumelte Said hin und her, nicht viel anders als andere in diesem Alter, nur noch haltloser. Er hatte nichts zum Festhalten, wenn der innere Wirrwarr zu groß wurde, mal schlug er sich auf die Seite von Paul, gegen Joschi, mal auf die von Franzi und wieder zurück und fühlte sich verraten, wenn der die beiden anderen begeistert empfing. Dann verbündete er sich mit Paul gegen Franzi und rächte sich an allen auf dem Hof, bis Franzis Eltern enttäuscht von ihm waren und er nicht mehr ins Haus durfte.

Das Publikum war in München: An Sonntagnachmittagen machte Elias Autotouren mit dem Trainer aus dem Fußballverein, abends erfuhr er von Joschi und Paul die Ereignisse in Moos. Selten kam etwas davon gegen die Nachmittage mit dem Fußballtrainer an.

Weil sich die Beschwerden häuften, mussten wir Eltern der Viererbande oft in die Schule zu Gesprächen mit verärgerten Lehrern. Ich war zwar beunruhigt, aber ich gab mir Mühe, auch so gleichmütig zu wirken wie Elias' Mutter.

»Er ist ein Kind, das nicht auf die Welt kommen wollte, das schwierigste von allen meinen Kindern. Und seit sein Vater nicht mehr bei uns lebt, ist er kaum noch zu halten. Wie ein Fremder unter uns anderen. Aber das gibt sich. Er ist jetzt schließlich in dem Alter.«

Auch Said kam in das Alter. Kaum hatte er sich einigermaßen an uns als Eltern gewöhnt, war es mit der Kindheit schon wieder vorbei.

»Babys!«, sagte er verächtlich über die anderen in der Klasse, die nicht zur Viererbande gehörten und noch Kinderspiele mochten. Dabei sah er selbst noch aus wie ein Kind, und seine Stimme war hell.

Elias' Vater schenkte seinem Sohn echte amerikanische Gangsta-Jeans, gleich vier Paar, und die geilsten Nike-Fußballschuhe der Welt. Said brauchte mehr Geld, als wir ihm geben wollten.

Eigentlich hätten wir durch die Bücher über Pflege- und Adoptivkinder und die Broschüren des Jugendamts vorbereitet sein müssen. Ich wusste, dass die Kinder ihre Verletzungen vielleicht über Jahre, manche ein Leben lang mit sich herumschleppen und allen in ihrer Umgebung zumuten. Es kann passieren, dass sie lügen, ausreißen und klauen.

So war es auch.

Es gibt Schlimmeres, dachte ich manchmal, um mich zu trösten: Said nahm keine harten Drogen, und er war kein Schläger. Doch manchmal dachte ich an die kommenden Jahre, und mir wurde angst und bange.

Als Parole gaben wir immer nur aus: die Verbindung halten, selbst wenn es oft aussah, als täte Said alles, um sie zu kappen.

Dabei hatten wir geglaubt, dass er mit seinem Strahlen, seinem Überschwang und seinem kräftigen Kindheitshunger vielleicht zu denen gehörte, die ihren schwierigen Anfang im Leben bald hinter sich lassen. Alle glaubten das, auch die Betreuerinnen beim Jugendamt.

Said korrigierte uns. Ich sagte mir Sätze aus den Broschüren und Büchern vor: Kinder, die Schwierigkeiten machen, sind Kinder, die es schwer haben.

»Ich will nicht zu den Braven gehören. Ich bin auch kein Streber.«

Es hörte sich an wie sein Plan für die Zukunft. Er hörte auf, Klavier zu spielen, dann ging er nicht mehr ins Kinderforum, auch nicht in die Gruppe für Jugendliche, und seinen Computer nutzte er nur für Spiele.

Nachmittags, in der Zeit für die Hausaufgaben, saß er da und starrte in die Luft oder schlich sich zum Fernseher. Wenn ich ihn zurückschickte, explodierte er.

Er hatte sonst nicht viel zu tun, das Bündnis der Viererbande war voller Krisen, und ganze Nachmittage lang saß er allein herum und langweilte sich herzzerreißend.

»Ich finde nicht, dass das Leben schön ist, wenn man keine Freunde hat.«

Er wollte jetzt keine Gesellschaft von Erwachsenen mehr.

Dann zog er los und suchte sein Glück in Kaufhäusern bei den herrlichen Sachen und nahm es uns bitter übel, dass wir ihm all die Schätze nicht schenkten. Er ertrank fast in seinen Wünschen, sie kamen wie Flutwellen, gegen die Hosen, Schuhe und Pullis, Computerspiele und -zubehör zu Dämmen aufgeschichtet werden mussten, damit er nicht unterging.

Gerade erst hatten wir neue Hosen und T-Shirts und Schuhe gekauft, als er noch auf der Heimfahrt mit einer kriegerischen Belagerung begann, um mehr und größere Beute zu machen. Ich war viel zu erschöpft für eine pädagogisch korrekte Antwort.

»Du bist wie ein Fass ohne Boden!«

»Was heißt das?«

»Da kann man so viel reinfüllen, wie man will, es ist nie genug, weil alles unten wieder rausfällt.«

»Ich dachte, das heißt, dass man in so einem Fass steht, aber weil es keinen Boden hat, kann man nirgendwo stehen und fällt in das Loch.«

Ich musste lachen, weil er mir immer noch am besten erklären konnte, wie ihm zumute war.

Dann, und manchmal abends vor dem Einschlafen gelangen uns mit Ach und Krach freundliche Minuten, es gab auch Tage wie Inseln, ungewöhnlich gelingende, wenn Said einsichtig und für ein paar Stunden erreichbar war. Wir fragten Vokabeln ab, besprachen die Arbeitshefte, und Said sagte: »Ich will ein guter Schüler sein.«

Einmal überredete ich ihn, mit mir in die Glyptothek zu gehen, zu den antiken Statuen. Er war begeistert von den nackten Männern mit und ohne Feigenblatt, kicherte und sah sie interessiert von allen Seiten an. Ich erzählte von Achilles und von Odysseus, die er von Comics aus dem Fernsehen kannte.

»Heute habe ich viel erlebt.«

Wir waren beide zufrieden mit unserem Nachmittag, aber abends sagte er: »Museum ist uncool.«

»Auch die nackten Männer?«

Als die Klasse kurz darauf eine Nacht in der Schule verbrachte, mussten Said und Elias zur Strafe in der Garderobe schlafen. Keine Ahnung, wofür Elias verbannt wurde, Said jedenfalls hatte ein Mädchen erschreckt, als er ein Wiener Würstchen vom Abendessen aus seinem Hosenschlitz baumeln ließ.

Zum ersten Mal arbeiteten Robert und ich zusammen an einem Stück, das im Februar Premiere haben sollte. Es handelte von den Sprachen der Menschen, warum es so viele sind, von denen viele wieder verschwinden, und Robert hatte eine Aufnahme eingebaut, wie Said früher mit Endloswörtern lesen übte. Ge-birgsjä-gerrinds-leder-um-häng-eta-schen-ver-schluss war das längste, er las erst stückelnd und dann die ganze Wortschlange auf einmal, immer schneller und richtiger: Gebirgsjägerrindslederumhängetaschenverschluss, mit einem erleichterten Ausatmen am Schluss. Als Robert ihm vorspielte, wie es sich mit Musik anhörte, war er stolz, dann war es ihm peinlich, aber er gab doch seinen Segen, weil es ihm gefiel, dass seine Stimme im Theater zu hören wäre und sein Name auf dem Besetzungszettel stand. Man konnte ihn ja nicht sehen.

Der Anruf aus der Schule kam am Tag vor der Premiere: Said hatte das Fahrrad eines anderen Schülers gestohlen und in einem nahen Weiher versenkt. Das allein wäre als Schülerstreich durchgegangen, aber die Lehrer zweifelten an seinen sozialen Fähigkeiten, weil er zur

Begründung gesagt hatte: »Ich habe gedacht, das Fahrrad gehört doch nicht mir.«

Die Premiere lief gut. Said schämte sich, als er im Publikum einen Lehrer von seiner Schule entdeckte. Als der mit seiner Frau nach der Vorstellung zu uns kam, wäre er am liebsten im Boden versunken.

»Ihr Streber!«, sagte er hinterher, und ich ahnte, was er meinte: Eltern, die ihre Zeit mit etwas verbrachten, wofür sich Lehrer interessierten, waren nur peinlich, und wehe, wenn einer von der Viererbande davon erfuhr.

Die Konferenz, bei der darüber entschieden werden sollte, ob Said die Schule verlassen müsste, fand am nächsten Nachmittag statt. Vorher musste ich zur Direktorin.

Frau Dr. Brandts Büro glich einem Wintergarten, mit Palmen und Zimmerlinden bis zur Decke, hell und tröstend. Sie war eine zierliche Frau mit langen Locken, die noch viel von ihrer Jugend hatte. Wir waren uns bald einig, dass eine Entschuldigung bei dem Jungen, dem das Fahrrad gehörte und eine Reparatur der platten Reifen als Strafe ausreichend wären. Wenn es unbedingt sein musste, auch ein Verweis.

Ich gab auch zu bedenken, dass der merkwürdige Satz vielleicht aus Unsicherheit im Deutschen entstanden sein könnte und Said vielleicht im Gegenteil meinte, das Fahrrad sei vielleicht seins. Sein Deutsch, das schon beinahe wie seine Muttersprache geklungen hatte, wurde täglich schlechter.

Kein Verweis von der Schule. Frau Dr. Brandt war trotzdem besorgt.

»Die vier tun sich nicht gut.«

Dann fragte sie, wie Said zu uns gekommen sei, und

erkundigte sich nach seinem Vater. Ich war misstrauisch und erzählte weniger, als ich wusste, ich kannte sie schließlich nicht, und Saids Vater hatte ich damals noch nie gesehen.

»Mein Mann lag im Pflegeheim im selben Zimmer wie er.«

Sie sprach leise, und als ich sie nur fragend ansah, erzählte sie ihre Geschichte.

Ihr Mann war von einer Reise krank zurückgekommen, niemand hatte die gefährliche Infektion erkannt, bis er ohnmächtig wurde, ins Koma fiel und nie mehr aufwachte. Er war fortan ohne Bewusstsein dahingedämmert.

Frau Dr. Brandt folgte mit ihrem Blick den Palmen bis zur Zimmerdecke.

»Wie er dann da lag, war er auf so friedliche Art abwesend, dass die Kinder oft allein zu ihm fuhren, meine Tochter hatte schon einen Führerschein. Bei ihm konnten sie alles abladen, Liebeskummer oder schlechte Noten, sie hatten das Gefühl, dass er zuhörte, obwohl er nichts sagen konnte, auch keine Laute ausstieß wie Herr Qadari im Bett nebenan. Er hörte nur zu und sie meinten danach, dass er Bescheid wüsste, und fühlten sich besser. Irgendwie gab er wortlos trotzdem Rat.

Aber es kam auch vor, dass einer von uns wütend war, weil das alles mit uns geschah. Einmal fuhr ich wochenlang nicht zu ihm, ich wollte nicht mehr sehen, wie er stumm, fast tot in seinem Bett lag. Das, was da lag, war einmal mein Mann gewesen und ein Vater!

Deshalb haben wir auch immer mit Herrn Qadari im Nachbarbett gesprochen. Er reagierte wenigstens irgendwie!

Eines Abends entschloss ich mich von einer Minute auf die nächste, wieder zu ihm zu fahren. Ich saß die ganze Nacht an seinem Bett, morgens rief ich in der Schule an und blieb den Tag über, bis nachmittags die Kinder kamen. Wir hatten bis dahin noch geglaubt, dass er irgendwann wieder aufwachen würde, aber auf einmal wusste ich, dass er so bleiben würde, bis zum Ende. Ich hatte begriffen, dass er jederzeit sterben könnte, und das würde möglicherweise schon bald sein.«

Sie kam mit ihrem Blick zurück, ihr Lächeln war fast leuchtend vor Traurigkeit und so ruhig, als hätte sie es bei ihrem Mann gelernt.

»Und jetzt?«

Ich fragte leise, mit Tränen in den Augen, als sich unsere Blicke trafen und ich ihre Tränen sah.

»Er ist gestorben.«

Es war ein Schlusssatz. Danach war ihre Stimme anders.

»Ich habe Said auf dem Schulhof gesehen. Kaum zu glauben, dass dieser wilde Junge derselbe sein sollte, der einmal ängstlich an Herrn Qadaris Bett stand. Die Schwestern hatten gesagt, dass er der kleine Sohn sei. Ich weiß noch, dass ich dachte, er ist zu klein für sein Schicksal. Auch meine Kinder waren zu klein, dabei waren sie viel älter als Said. Aber es gibt wohl für das Schicksal kein passendes Alter.

Was soll so ein kleiner Junge mit einem Mann, der nichts mehr von dem Vater von früher hat? Für Kinder war mein Mann vielleicht leichter zu ertragen, er war still, während Saids Vater merkwürdig reagierte und unkontrolliert lallte, wenn er etwas sagen wollte.

Aber das waren Zeichen, dass er einen wahrnahm! Selbst wenn wir immer behaupteten, ganz sicher zu sein, wussten wir nie, ob mein Mann uns bemerkte.

In einer Pause auf dem Hof habe ich Said vorsichtig nach seinem Vater gefragt, aber er sagte nicht viel. Trotzdem gibt es eine Verbindung zwischen uns.«

Ein paar Wochen später kam Frau Dr. Brandt mit ihrem Sohn zum Essen zu uns. JayJay war dunkelhäutig wie Said, ein DJ mit Dreadlocks, ein hinreißender junger Mann, sein Lächeln glich dem seiner Mutter, und wenn er sprach, klang es wie zärtlicher Hip-Hop. Said war beeindruckt.

»Mein Mann war Amerikaner und Moslem, wahrscheinlich haben sie deshalb die beiden zusammengelegt.«

Wenn Frau Dr. Brandt von ihrem Mann sprach, hörte man große Liebe und viele Sorgen, schon vor dem Koma. Jetzt war er tot, und JayJay trat in seine Fußstapfen.

Die beiden erzählten einen ganzen Abend lang. Jeder von uns, sogar Robert, schluckte ein paar Mal, wenn wir uns die beiden Männer in ihren Betten vorstellten, nebeneinander, ohne dass sie miteinander sprechen konnten.

Said sagte am nächsten Morgen: »Wir fahren zu meinem Vater. Er hat fast nie Besuch.«

Aber erst fuhr er mit seinem Fußballtrainer spazieren.

Ich konnte den Angeber, der in immer anderen, tiefergelegten Schrottautos mit röhrendem Auspuff kam, nicht leiden. Wie er Trainer war, indem er vor allem Elias trainierte und bei den Spielen anfeuerte. Er hieß Ecki, aber ich duzte ihn nicht, es ergab sich auch selten, dass ich mit ihm sprach. Er sprach überhaupt nicht gern mit Eltern.

Nach den Spielen gab es Pizza, die Jungs wurden auf ein paar Autos verteilt und dann ging es los mit dem Schrottkistenrennen. Jedes Mal kamen sie später zurück: eine Truppe wild gewordener Zwölfjähriger, als wäre kein Erwachsener dabei, unterwegs im klapprigen Auto mit heulendem Motor. Eckis Auto jedenfalls war so, und Said gehörte endlich zu denen, die mitfahren durften.

Trotzdem war es dann bei den Spielen der Mannschaft, als hätte ihn all sein Fußballtalent verlassen, er schlurfte über den Platz, stand am Rand, außerhalb der Aufmerksamkeit seines Trainers. Ich war auf einmal eine neidische und eifersüchtige Fußballmutti, unglücklich, weil mein Kind unglücklich war.

»Ein Trauerspiel«, seufzte Jasons Oma, die 1860er Luft atmete, seitdem Jason dort in die Schule ging und trainierte. Ecki begrüßte sie geradezu ehrfürchtig.

»Hoher Besuch!«

Said schämte sich für sein schlechtes Spiel. Er traf Jason ohnehin nur noch manchmal, sie waren keine besten Freunde mehr. Jason trug das Trikot von 1860 und hatte eine Verletzung nach der anderen, immer wieder am Knie.

Der erste Unfall ging glimpflich aus, nur das Auto war hin, aber niemand verletzt.

»Ich will nicht, dass du in Eckis Auto mitfährst.«

Diesmal schrie ich nicht, ich sprach ganz ruhig und fand mich überzeugend. Said hatte begeistert erzählt, dass sein Trainer oft Unfälle baute und seine Autos immer zu Schrott fuhr.

Ein bisschen mulmig war ihm schon, aber er hatte viel zu lange die Ehre vermisst, mit Ecki unterwegs zu sein. Wie Elias. In Eckis Nähe, in seinem Schutz würde er vielleicht endlich wieder Tore schießen.

»Er ist schließlich mein Trainer, und ich muss ihm gehorchen!«

Jason und seine Großmutter empfahlen, den Verein zu wechseln. Es gab schließlich genügend andere, doch Said wollte nichts davon hören. Es wäre eine Flucht vor Elias gewesen.

Ich war inzwischen vom bloßen »Ich will nicht« zu einem entschiedenen Verbot übergegangen, und Robert hatte vorgeschlagen, zum Pizzaessen in einem der anderen Autos zu fahren, es fuhren ja auch andere Erwachsene mit. Nichts davon kam bei Said an. Abholen war selbstverständlich ausgeschlossen.

Doch es fuhren offenbar auch die Schutzengel mit, denn beim nächsten Unfall war wieder nur das Auto kaputt, und die Jungs begannen, Autounfälle für herrlich krachende und scheppernde Spiele zu halten.

Als ich das Foto mit dem Balken über den Augen und die Schlagzeile am Zeitungskasten sah, dachte ich sofort: endlich ein überzeugendes Argument! Endlich mehr als der vage, aber umfassende Verdacht, den ich seit Monaten hatte. In Gedanken verhängte ich schon eine lange Gefängnisstrafe über Ecki, bevor ich überhaupt wusste, was er angestellt hatte.

Man konnte ihn leicht unter dem schwarzen Balken erkennen. Ich ging zu Jasons Oma, sie war genauso sicher.

Unter dem Foto stand, dass der Mann, der aussah wie Ecki, seine kleinen Kinder habe verwahrlosen lassen. Er war mit seiner Freundin – und mit den Jungs aus dem Fußballverein, aber das stand nicht in der Zeitung – um die Häuser gezogen, während seine Kinder tage- und nächtelang in einem kahlen Zimmer sich selbst überlassen blieben.

Auch Said hatte Ecki erkannt. Ich sagte nicht, dass ich ihm noch nie getraut hätte. Ich sagte überhaupt wenig und versuchte unauffällig, Said zu trösten. Lange sah er das Foto an.

»Krass.«

Ecki kam nicht mehr zum Training, und Said hörte auf im Verein. Er sagte nur traurig: »Aber Fußball ist mein Leben!«

Wie die anderen Eltern der Viererbande hatten wir nach einer anderen Schule gesucht. Said stand auf der Warteliste von zwei Waldorfschulen, doch als ein Platz frei wurde, wollte er auf keinen Fall auf eine Schule wechseln, auf der – das hatte Herr Siebert, sein Klassenlehrer, gesagt – Fußballspielen verboten wäre. Murrend ging er mit mir zu einem Vorstellungsgespräch, doch etwas schien ihm zu gefallen: Er gab sich als überzeugenden, vielversprechenden Jungen, genauso, wie ich ihn geschildert hatte. Nur danach sagte er: »Du schleimst dich ein!«

»Ich will einen guten Eindruck machen!«

»Wieso muss ich überhaupt auf eine andere Schule?«

»Damit du mehr lernst.«

Nichts konnte ihn weniger locken, er zeigte sich aber beim Gespräch mit der Aufnahmelehrerin von seiner besten Seite und wurde angenommen. Elias und Paul gingen für die letzten Jahre vor dem Abschluss auf eine Hauptschule, Joschi blieb.

Die Viererbande würde sich wohl auflösen.

Ich war erleichtert und merkte erst jetzt, wie sehr ich einige aus der Schule mochte. Vor allem Clarissa, ein Mädchen aus Saids Klasse, würde mir fehlen. Hoch aufgeschossen, blonde Haare bis zur Hüfte und ein bezauberndes Lächeln über der Zahnspange, mit fahrigen Bewegungen, verzweifelt und beinahe verstummt, nachdem sich ihre Mutter eines Morgens im Wohnzimmer aufgehängt und Clarissa sie nach der Schule gefunden hatte. Kein Wunder, dass ihr seitdem das Leben nicht mehr der Mühe wert zu sein schien. An manchen Tagen aber brach es mit aller Kraft aus ihr heraus, sie schlug wütend um sich und lachte Tränen.

Immer wieder tageweise waren Said und Clarissa verliebt, dann zog sich jeder in eifersüchtige Beobachtung zurück und ließ Botschaften zum Weitersagen bei mir. Ihren ersten richtigen Kuss inszenierte Clarissa vor Said als Zuschauer. Wir hätten sie zu uns genommen, als zweites Pflegekind, doch es gab eine Tante, die sie aufnehmen und besser als wir die Trauer um ihre Mutter teilen konnte.

Clarissa zog weg aus München. Vielleicht ließ sich Said nur deshalb von der neuen Schule überzeugen.

Vermissen würde ich bald auch die junge Englischlehrerin, die nachmittags oft die Hausaufgaben durchgab, weil Said sie gern vergaß. Und Herrn Siebert, seinen Klassenlehrer, der trotz des Dauerärgers traurig war, als Said die Klasse verließ.

»Er ist eins von den Kindern, die sagen, der Kaiser ist

nackt«, sagte er und bot an, ihn jederzeit wieder aufzunehmen, sollte es mit der neuen Schule nicht klappen.

Am meisten würde mir Frau Dr. Brandt fehlen. Wir wollten in Verbindung bleiben und ich versprach, Saids Vater von ihr zu grüßen.

Robert und ich atmeten auf. Es hatte geklappt. Said war auf der neuen Schule erst einmal in Sicherheit, und wenn es gut ging, konnte er dort bis zum Abitur bleiben. Und wenn es nicht zum Abitur reichte, könnte er hier genug für das Leben lernen.

Saids erster Schultag war der 11. September 2001.

22.

Sie sind zu zweit, Said und ein ähnlich dunkelhäutiges Mädchen aus der Klasse wie er. Sie sind in New York.

Mit einer Schleuder schießen sie einen Kieselstein in die Luft, und plötzlich stürzen die riesigen Twin Towers zusammen. Erst der eine, dann der andere.

Konnte ein kleiner Stein, von einer kleinen Schleuder abgeschossen, die riesigen Türme zu Fall bringen? Ein bisschen sind sie stolz. Trotzdem: »Das waren wir nicht!«

Sie drehen sich um, ob jemand sie beobachtet hat.

Da kommt eine riesige Menschenmenge auf sie zu, rennend, es werden immer mehr, alle zeigen mit den Fingern auf sie und kommen schnell näher. Hinter den Verfolgern steigt eine riesige Flutwelle auf und wälzt sich heran, hoch wie die Wolkenkratzer.

Die Kinder rennen um ihr Leben. Immer wieder drehen sie sich um, der Abstand ist schon gering geworden, als die Verfolger auf einmal abrupt stehenbleiben, wie festgewachsen im Asphalt. Tosend schwappt die riesige Welle über den Menschenschwarm, erreicht die Kinder, sie halten sich umklammert, die Welle zieht weiter und verschwindet in den Straßenschluchten.

Alles ist nass, überall Pfützen. Die beiden rappeln sich auf und schnappen nach Luft, gerettet, denken sie und wollen sich schon ausruhen, als die Menschenmenge wieder in Bewegung gerät und sich in ihre Richtung wälzt, eine züngelnde Welle aus schreienden und drohenden Verfolgern. Keuchend stürzen die beiden vorwärts, längst außer Atem.

»Da bin ich zum Glück aufgewacht.«

Es war kurz nach dem Beginn der amerikanischen Strafaktionen gegen Afghanistan, ein paar Wochen nach den Anschlägen in New York. Obwohl Said nichts wissen wollte von dem Land, aus dem sein Vater gekommen war, gehörte er im Traum dazu. Die ganze westliche Welt hatte ihm den Krieg erklärt.

Vor Fremden behauptete er eine Zeitlang, Türke zu sein, um nicht mit diesem merkwürdigen Land in Verbindung gebracht zu werden, aus dem nichts Gutes zu kommen schien, kein Fußballer, kein Filmstar, nur Krieg und Terroristen und Elend.

Es war ein Land, das nicht in die moderne Zeit zu passen schien. Taliban, Fundamentalismus, Krieg mit Russland, Krieg mit Amerika, und die Stämme untereinander bekämpften sich ohnehin. Seit Jahrzehnten nur Krieg. In jedem Tal herrschte ein anderer kriegerischer Stamm, die Männer versteckten ihre Frauen unter Schleiern ohne Öffnungen, sie konnten nicht lesen und nicht schreiben und lebten in Zelten in unzugänglichen und abgeschiedenen Regionen. In manchen Gegenden wurden kilometerweit Drogen angebaut, andere Landstriche waren übersät mit Landminen. Dreißig Prozent der Bevölkerung waren, wie Saids Familie, ins Ausland geflüchtet.

Manchmal sah man ein Bild von kämpfenden Afghanen in einer Wüste oder vor schroffer Bergkulisse in ihren wilden Uniformen mit Messer, Turban und Kalaschnikow, wie aus einem Film, oder das melancholische

Gesicht von Ahmad Shah Massud, dem Löwen aus dem Panjirtal, der Gedichte schrieb und Kommandant der Nordallianz gegen die Taliban war, bis er zwei Tage vor dem 11. September ermordet wurde.

Said wollte das alles nicht wissen. Er hörte höchstens gnädig zu. Aber er träumte, dass ihn die Menge für jemanden hielt, der irgendwie schuld daran war, dass die riesigen Hochhaustürme eingestürzt waren. Wie die Afghanen. Was man ihm alles zutraute! Deshalb waren sie hinter ihm her.

Gleich an den ersten Tagen auf der neuen Schule trommelte Said ein paar Jungs aus allen Klassen zusammen und zeigte, was er konnte. Er konnte vieles, was nicht gern gesehen war. Fußball war nicht gern gesehen, doch auch nicht verboten. Said wurde der Lateinklasse zugeteilt, weil er für Französisch zu viel hätte nachholen müssen. Said und Latein! Aber am Anfang machte er mit.

Bei den fließenden Bewegungen in Eurythmie platzte er vor Lachen und wurde aus dem Raum geschickt, aber weil alle Eurythmie irgendwie komisch fanden, lachte er schließlich leiser und durfte bleiben. Er lernte Korbflechten und wie Getreide wächst, seine Englischlehrerin verehrte er, und in Mathematik gingen die Noten auf und ab, waren also nicht gleichbleibend schlecht. Der Lehrer war so leidenschaftlich verliebt in die Mathematik, dass er sich geringere Zuneigungsgrade kaum vorstellen konnte. Die meisten Schüler lagerten die Korrektur der gröbsten Schwächen aus und nahmen Nachhilfe, so blamierten sie sich nicht vor dem verehrten Lehrer. Auch Said bekam Nachhilfe, die manchmal half.

In Deutsch ächzten wir wie alle aus der Klasse bei der Hausarbeit über Schillers »Verbrechen aus verlorener Ehre«, und ich war begeistert. Und weil es bei fast allen am Heftrand stand, gefiel uns sogar die Bemerkung im Deutschheft: »Muttersprache Deutsch?!!!« Ich war wieder begeistert. Saids Fehler galten als Vergehen gegen eine Muttersprache, die er erst sehr spät gelernt hatte.

Das Lernen war lästig, trotzdem ging Said gern in die Schule. Er hatte Freunde, sogar unter denen, die er Streber nannte. Gnädig verzieh er ihnen, gut in der Schule zu sein – zweifellos die Schuld ihrer Eltern –, und sie mochten ihn für seine Späße.

Naomi war eine der Schönsten in der Klasse, begabt und gefährdet. Ihre Mutter war hilflos aus Liebe und tat alles für ihr Kind, auch wenn es ein Haschischeinkauf in Amsterdam sein musste. Naomi schrieb Aufsätze, die der Lehrer fast ehrfürchtig als die Besten der Klasse vorlas, am nächsten Tag kam sie morgens bekifft in die Schule. Beim Unterrichtsbeginn legte sie den Kopf auf die Arme, schlief ein und nichts brachte sie wieder hoch. Sie war mal still und lieb, mal kratzbürstig vor Lebenshunger, mit einem Hang, sich selbst und andere zu zerstören.

Sie hatte beschlossen, Said für immer zu lieben, das sagte sie jedenfalls. Er nahm es hin, war ab und zu ein paar Tage genauso verliebt, dann abgeschreckt und im Sog ihrer tänzelnden und schrillen Launen bald wieder angezogen. Sie suchte Halt und strauchelte, er ließ sich mitreißen.

Zu Hause hatte er endlich wieder einen besten Freund. Vom ersten Moment an, als Sami mit seinen Eltern eine

Wohnung in unserem Haus besichtigte, taten sich die beiden zusammen. Sie waren Komplizen, ein verwilderter Moslem und ein Judenjunge, beide füreinander eine sichere Zuflucht in den kommenden Jahren, in denen Eltern kaum auszuhalten sein würden. Und umgekehrt.

Auch Sami war immer mal wieder in Naomi verliebt. Oder ganz im Gegenteil. Er war ein halbes Jahr jünger und fast zwei Köpfe größer als Said, liebenswürdig und höflich, manchmal bis zur Übertreibung, längst im Stimmbruch, während Said immer noch seine Kinderstimme hatte. Manchmal war Sami Tag und Nacht bei uns, und ich fühlte mich beobachtet beim Erziehen. Oft lief nachts der Fernseher in Saids Zimmer noch spät, er hatte ihn bekommen für die vielen Fußballübertragungen, die er zum Leben brauchte, zu zweit zappten sie das Nachtprogramm durch, und wenn ich ärgerlich wurde vom vielen Mahnen, traf mich ein Blick von Sami, in dem ich nicht gut dastand. Bei den Verhandlungen ums Heimkommen abends gab sich Sami gehorsam, wütenden Protest nur im Blick, Said brüllte auf.

Sie waren vierzehn, zwei Einzelkinder, endlich zu zweit.

Wie hübsch und erfreulich diese Jungs alle sind, dachte ich, wenn ich gerade nicht ärgerlich war. Samis beste Freunde gingen in Saids Klasse, seine Eltern hatten viele Bücher zu Hause und besuchten Konzerte, genau wie ein paar von den Eltern und Lehrern in der neuen Schule. Im Sommer, als unser nächstes Stück Premiere hatte, saßen Said und Sami, seine Mutter und eine Lehrerin der Schule im Publikum, die Jungs klatschten und jubelten und trampelten.

»Und als der Applaus so lange dauerte, hat mich einer neben mir gefragt, ob ich jemanden von den Musikern kenne, und ich hab gesagt, die da, die beiden, die sich gerade verbeugen, das sind meine Eltern. Und als ihr rausgegangen seid, ist Robert gestolpert, und ich habe gesagt, der da, der so komisch hampelt, das ist mein Vater.«

An Wochenenden oder in den Ferien in Moos spielten sie Tag und Nacht Fußball. Sami war da, und Freunde aus der Klasse, oft mehrere auf einmal, wer nicht mehr ins Auto passte, fuhr mit dem Zug. Franzi kam nur noch selten vom Hof herunter zu uns. Verirrte Bälle schossen wie Sensen über meine Blumen und köpften die Hortensien, aber es kam auch vor, dass die Jungs nebeneinander in Liegestühlen saßen und Latein lernten. Nachts kletterten sie aufs Dach und stritten über die Namen der Sternbilder, sie legten sich ins Gras und beobachteten die Fledermäuse.

Zu Saids Geburtstag im August kommen Corinne und François aus Paris mit ihrem brasilianischen Adoptivsohn zu Besuch.

Gil ist jetzt neun, nach vier Jahren in Frankreich ein fast perfekter Franzose, der kein Wort seiner ehemaligen Sprache mehr spricht. Nur bei den Namen der Fußballer aus Brasilien hört man noch, woher er kommt. Er spricht sie anders aus, brasilianisch eben.

Said kann kein Französisch, Gil nicht Deutsch, trotzdem fühlen sie sich verwandt, Said sagt »Bruder« zu Gil, cool wie ein Gangsta.

Sie sind beide adoptierte dunkelhäutige Kinder bei weißen Eltern.

Auf einem Foto sehen sie aus wie großer und kleinerer Bruder: Gil steht beschützt zwischen den Armen von Said, der eine mit Krauskopf, der andere mit struppig geeltem Haar. Sie hören Hip-Hop zusammen, spielen Tennis am Computer und verständigen sich schreiend, jubelnd oder enttäuscht, irgendwie.

Gil hatte zwei Jahre in einem brasilianischen Waisenhaus verbracht, dann kamen seine neuen Eltern, um ihn kennenzulernen. Als er zum ersten Mal bei ihnen übernachten sollte, kämpfte er auf einmal heftig um sein vertrautes Leben und flüchtete zur Polizei. Dabei hatte er sich auf die fremden Leute aus Frankreich gefreut, das schon, sie waren sein Triumph vor den anderen im Waisenhaus, aber als er eines Abends nicht zurückgebracht werden sollte, war das Waisenhaus auf einmal besser als alles, was noch kommen könnte. Er kannte es immerhin.

Sie brachten ihn ins Heim zurück und holten ihn am nächsten Tag wieder. Der gleiche Aufstand, obwohl ihm die beiden gefielen. Er sagte Maman und Papa zu ihnen, ihre anderen Namen kannte er kaum. Er verstand auch ihre Sprache nicht. Papa war lieb und tröstete, Maman war auch lieb, aber irgendwann, als sein Aufstand kein Ende fand, hielt sie eine zornige Rede. Sie sprach Französisch, doch er verstand sie genau: Er müsse nicht bei ihnen leben, auch Kinder hätten einen freien Willen, sie würden ihn nicht zwingen, und wenn er auf keinen Fall zu ihnen wolle, würden sie eben wieder abreisen, und er bliebe im Waisenhaus.

Sie sind dann für zwei Wochen mit ihm ans Meer gefahren und er ließ es danach zu, dass sie ihn mit nach Frankreich nahmen.

Am Abend beim Silvesterfest, als ihn ihre Freunde begrüßten, setzte er den Motorradhelm seines neuen Vaters auf und nahm ihn nicht mehr ab. Auf dem Foto sieht er aus wie ein Kind aus einer anderen Galaxie, gerade erst dem Raumschiff entstiegen, schon von dieser Welt, aber immer noch einer, dem der Wind im neuen Leben heftig um die Ohren pfiff.

Gil spielte nicht gern Fußball, doch in Moos durfte er bei den Großen mitmachen und war stumm vor Anstrengung. Er war klein und spindeldürr, oft flinker als unsere Blicke. Flöhchen nannte ihn seine neue Mutter. Nachts führte er vor, womit sie sich im Waisenhaus getröstet hatten: Er reckte den anderen seinen nackten Hintern entgegen. Said übernahm sofort. Am nächsten Tag brüllte er mich bei irgendeinem Disput an: »Willst du meinen Arsch sehen?«

So viele Kinder waren im Haus, dass die kranke Katze keinen ruhigen Platz mehr fand, alle wollten sie streicheln, bis sie in Panik sogar vor mir floh. Ich brachte sie zum Tierarzt, und jeden Abend, wenn wir gerade beim Essen saßen, klingelte das Telefon und das tägliche Bulletin zum Gesundheitsstand unserer Katze wurde durchgegeben.

Wir tranken auf die kranke Katze, die Kinder spielten wieder Kinder und versteckten sich, als es dunkel wurde, im Haus und am Bach, und es war wie immer in den Sommerferien in Moos.

Tagsüber, wenn es zu heiß für Fußball oder Federball war, gingen wir schwimmen oder mieteten ein Boot oder machten ein Picknick im Wald, oder wir krochen durch ein Loch im Zaun und badeten in einer Privatbucht am See. Ich kochte unaufhörlich Berge von Essen: Nudelauflauf und Spaghettipizza und Fleischbällchen und Nudelsalat und Spaghetti bolognese. Zum Geburtstag immer Erdbeertorte, mit mehr oder weniger vielen anderen Früchten.

Für ein paar Tage um Saids Geburtstag herum hatte ich die Großfamilie, die ich mir früher gewünscht hatte. Dann reisten die meisten wieder ab, und ich ging an den Schreibtisch zurück.

Eigentlich war ich glücklich. Vielleicht strengte ich mich zu sehr an, weil ich immer noch unsicher war, wie eine Mutter sein sollte. Wie ich als Mutter sein konnte. Ob wir es richtig machten mit Said. Ich war in dem Leben aus meiner alten Sehnsucht angekommen, doch das merkte ich kaum. Als ich das Glück bemerkte, hatte schon etwas angefangen, das ich mir früher nicht vorgestellt hatte. Es kam ganz allmählich.

Aber noch war unser Leben schön.

Als Jahresarbeit in der achten Klasse baute Said ein Basketballstadion, schwer zu sägen mit den vielen Tribünen und nicht sehr passend für eine Waldorfschule. Aber die Kinder hatten freie Wahl und der einzige Maßstab war das Gelingen. Said nahm Aufgabe und Abgabefrist lange nicht ernst und wurde erst spät fertig. Nur mit Mühe konnten Robert und er die Schulsekretärin überreden, ihnen den Raum mit den ausgestellten Arbeiten zwei Stunden nach Ablauf der Frist noch einmal aufzuschließen.

Said schämte sich, als sein Stadion den Vergleich mit den anderen aushalten musste. Es sah nicht ganz gelungen aus, kein Wunder, am Ende mussten Minuten für die letzten Arbeiten reichen, dabei hatte er an manchen Tagen immerhin für kurze Zeit konzentriert und sorgfältig gearbeitet. Erleichtert dachte ich dann, na also, geht doch! Ich war beeindruckt, was ihm gelungen war, vor allem die vielen Reihen mit Bänken, alle mutig gesägt und mühsam geklebt.

Naomi hatte einen langen, dramatischen Mantel aus Schaffell genäht, ein Junge einen Angelschein gemacht, zwei andere eine Halfpipe aus makellos poliertem Holz. Ein Mädchen, das Said zu den Strebern zählte und von ferne verehrte, hatte ein großes Buch gedruckt und gebunden. Ihr Großvater war Drucker, und mit der Arbeit, sagte sie bei der Vorstellung in der Aula, habe sie ihren Opa noch besser kennengelernt. Die ganze Familie saß im Publikum, Eltern, Großeltern und Geschwister, und ich sah sie gerührt und auch etwas neidisch an. Said machte nur Faxen, als er vor dem großen Publikum über sein Stadion sprechen sollte, so nervös, dass es ihm die Sprache verschlug.

Zum Lehrplan im selben Jahr gehörte Theaterspiel, und die Klasse hatte sich ein schwieriges Stück über versteckte Juden in Berlin ausgesucht. Verschworen und schulbekannt aufsässig, erschienen alle, bis auf die Hauptdarsteller mit dem meisten Text, nach Lust und Laune zu den Proben und machten hinter der Bühne Theater.

Die Jungs stiefelten in Naziuniformen durch die Kulissen, schneidiger, als die Rollen erlaubten, die Mädchen kicherten über die fremden Männer.

Wir Eltern halfen bei den Kostümen, schminkten und kochten Verpflegung bei den Proben, abends fällten die Jungs im Schulgarten Bäume für die Bühne – es herrschte Ausnahmezustand. Said war einer der lautesten Störer, immer abgelenkt, und er mischte auch die auf, die sich konzentrieren wollten. Nach der Generalprobe glaubte niemand mehr an das Stück und seine Schauspieler. Es wurden auch nicht, wie sonst üblich, die Zeitungen informiert.

Dann war Premiere.

Naomi in der Hauptrolle einer untergetauchten Jüdin spielte überzeugend, hinreißend sogar, als hätte sie einfach eine weitere Seite von sich aufgeblättert und präsentiert. Auf einmal waren alle gut auf der Bühne, selbst Said, der sonst bei aufkommender Stille sofort dazwischenfunkte, ließ in seinen drei kleinen, fast wortlosen Rollen mit kleinen Gesten und Haltung so viel von den Gefühlen und dem Lebenshunger der Eingesperrten spüren, dass alle gerührt waren – auch wer ihn nicht kannte und nicht seine Mutter war.

»Ich weiß doch, dass er vieles könnte«, flüsterte ich Robert zu und schluckte. Der war zwar auch gerührt, legte aber zweifelnd den Kopf schief.

Nach der Vorstellung feierte Said seinen Regisseur in Fußballmanier und stimmte das Jubellied aus der Weltmeisterschaft an. Er ersetzte den Namen des Nationaltrainers im Lied einfach durch den des Regisseurs und zog nach dem Premierenapplaus mit den anderen glücklichen Schauspielern aus dem Theater, laut das Fußballlied schmetternd. Es war nicht die richtige Musik, das sah man einigen Lehrern an. Sie waren aber so erleichtert, dass die aufsässige und ungezügelte Klasse eins der besten Stücke der letzten Jahre hingelegt hatte, dass sie lachen mussten.

Said gehörte zu den wenigen, die danach nicht Schauspieler werden wollten, aber er hatte den Tumult der Gefühle beim Theater gespürt.

Ein paar Wochen später, als Robert und ich unser neues Stück probten, flüchtete ich mich nach einem Tag voller Streitereien mit einem Schauspieler heulend ins Bad.

Said klopfte an, um mich zu trösten. Ich erzählte das Wichtigste und er umarmte mich: »So ist Theater, Mom!«

Zuhause gab es danach weiter Theater, große Pubertätsaufführungen. Das Stück handelte fast immer vom Lernen. Oder vom Kaufen.

»Ich mache meine Aufgaben, wann ich will. Ich lasse mir von euch nicht vorschreiben, was ich üben soll. Ich mache, was ich will, ich will meine Freiheit!«

Dazu gehörten selten Schularbeiten.

Said wird aus dem Chor geschmissen. Ich befürchte, dass er vielleicht zu hart bestraft wird, und schreibe der Chorleiterin einen Brief. Jedes Mal fordern die Proben des riesigen Schulchors organisatorische und stimmliche Höchstleistungen, die Leiterin ist heiser nach der Probenwoche. Als ich vorsichtig anrege, Said vielleicht wieder mitmachen zu lassen, listet sie das Ausmaß seiner Störmanöver auf, und ich kapituliere.

Er darf nicht mitsingen und steht bei der Weihnachtsfeier im überfüllten Saal neben der Tür. Wenn es poltert oder tuschelt oder kichert, wenden die Lehrer in unserer Nähe mahnend den Kopf zu Said, der, vielleicht nur ausnahmsweise, still und verzagt neben mir steht.

Mit allen Kräften setzt er sich dafür ein, den Anforderungen der Schule auszuweichen, baut perfekte Konstruktionen auf, überzeugende Geschichten, um zu tun, was nicht erlaubt ist.

Die Debatten sind mühsam und Robert und ich nicht immer auf der Höhe unserer Elternkunst.

»Sollen wir im Sommer einmal nicht zusammen verreisen?«

Zwei Wochen Erholung voneinander für alle Beteiligten. Said in einem Tenniscamp bei der Torwartlegende Sepp Maier – Tennis mit Fußballgeschmack, ohne Eltern. Das ist mehr als ein Trostpreis, meinen wir. Said wird blass vor Schreck. »Ihr schickt mich weg! Genau wie meine anderen Familien!«

Bitterlich schluchzend kriecht er unter die Bettdecke.

Ich bin ratlos.

Nach meinem ersten Versuch, Said in seiner Verzweiflung zu erreichen, wird aus dem Schluchzen motzende, pampige Verweigerung. Zweiter Anlauf: eine flammende Rede, wie sehr wir ihn lieben, ihn nicht wegschicken, aber auch nicht schlecht behandelt werden wollen. Dritter Anlauf: Wir sind für immer eine Familie, die Frage ist nur, wie gut es uns dabei geht.

Da wagt er sich wieder aus dem Bett heraus, ich schneide ihm ein altes T-Shirt in die richtige, zerfetzte Form, er übt Englisch, doch als ich mich weigere, zu kochen, was er will, also nicht die klassischen Lieblings-, Trost- und Versöhnungsgerichte, sondern ein Essen, das uns allen, auch Robert und mir, schmeckt, beginnt das Schreien und Toben erneut und die Wohnungstür fällt krachend hinter ihm zu.

Am nächsten Tag, wir beziehen gerade zusammen sein Bett, sagt er: »Warum bist du jetzt so höflich zu mir und gestern nicht?«

So sieht er das.

Ein paar Wochen später hat Said das Tenniscamp hinter sich, und wir sind zusammen in Süditalien am Meer. In Paestum stolpert er zwischen den antiken Trümmern herum, den Blick fest auf seinen Gameboy gerichtet. Vor den beiden Tempeln, riesig und jahrtausendealt, bleibt er stehen und steckt den Gameboy in die Hosentasche.

»Geil!«

Aber um keinen Preis will er zu den Trümmern und Toten von Pompeji. Abends essen wir manchmal in der Pension Sonnenstrahl in der Nachbarschaft mit den Hausgästen. Said ist das einzige Kind. Er lässt sich bewundern, weil er es aushält mit so vielen Erwachsenen, und wenn es nicht mehr geht, geht er vom Tisch und den Gesprächen weg in den Hof. Da sitzt er dann, umringt von fünf großen Hunden, die er mit dem Auf und Ab seiner Hände zu dressieren scheint.

Morgens, wenn alles gutgeht, üben wir Gleichungen mit zwei Unbekannten. Bestzeit gewinnt.

Wir haben dabei einen herrlichen Blick auf den Golf von Neapel.

Mal gelingen die Tage, mal gehen sie schief. Mal lernt Said, mal heult er auf, manchmal finden wir den richtigen Ton und die Worte. Allerdings häufen sich jetzt die Tage, an denen er kaum noch erreichbar ist, er scheint uns dann beinahe zu hassen. Vor allem, wenn er meint, uns nicht genügend wert zu sein – aufgewogen mit dem Geld, das Hosen, Pullover, Schuhe, MD- und CD-Player und Computerspiele kosten. Ist die Dosierung zu niedrig, überfällt ihn grenzenlose Wut, und wenn kein Geschenk, keine Belohnung, keine Spende ihn hält, scheint er in einen tiefen Schacht zu stürzen.

Anders geäußerte Liebe zählt nicht.

Gepanzert gegen die Außenwelt. Innen ein brodelndes Gebräu, das er manchmal hervorwürgt. Die Verbindung zu Robert und mir gekappt. Als hätten wir ihn misshandelt.

Nachts, wenn ich wie immer in seinem Zimmer nach dem Rechten sehe und die Bettdecke über ihm zurechtziehe, ruft er manchmal, tief aufseufzend im Halbschlaf »Mom« und streckt die Arme aus.

Ich war eine empfindliche Freundin in dieser Zeit, nicht immer großherzig genug für Berichte über Schulerfolge und andere Triumphe der Kinder anderer Eltern. Trotzdem ging ich nicht zu den Seminaren des Jugendamts. Da hätte ich Geschichten nicht bloß von aufsässigen Schulverweigerern gehört, wie Said einer war. Härtere Fälle. Aber ich hatte an den jeweiligen Tagen keine Zeit, jedes Mal, deshalb denke ich, dass es nicht nur daran lag.

Ich las zwar die Bücher und die Broschüren vom Jugendamt, las überhaupt Bücher über Sorgenkinder, aber ich ging nicht zu den Seminaren.

»Said ist ein gewöhnlicher Junge, und ein ganz besonderer, wie alle Kinder. Er ist auf ungewöhnliche Weise zu uns gekommen, und die Schwierigkeiten, die er macht, gehen nur ein paar Schraubendrehungen weiter als die üblichen in diesem Alter.«

Meine Freundin Katharina hatte Glück mit ihren zwei Söhnen und offenbar vieles richtig gemacht. Ich wusste inzwischen nicht mehr, was wir richtig machten und was falsch war.

Katharina versuchte, mich mit den Möglichkeiten des Gelingens zu trösten, wenn ich ihr manchmal von den Tumulten unserer Tage erzählte. Ihre Kinder kamen gut durch die Schule und hatten sich nur die nettesten Freunde gesucht, sogar die Schwierigkeiten der Pubertät ließen sie aus. Und in der Fernsehserie Ally MacBeal habe jemand gesagt, dass Kinder wie Said immer wieder provozieren, weil sie wissen wollen: liebst du mich wirklich?

Ach so.

Einmal, als ich schluchzend durchs Treppenhaus ins Freie rannte, nur weg von Saids Beschimpfungsgewürge, hielt mich eine Nachbarin tröstend auf und erzählte von einer Jugendtherapeutin, die mit Jugendlichen in Gefängnissen nach dem Leitsatz arbeitet: Immer darauf achten, dass die Verbindung nicht reißt.

Daran hielt ich mich, wenn es ging.

Alle Schüler mit wackelnden Noten mussten die Prüfungen extern an einer Hauptschule ablegen – als Probe auf ihre Eignung fürs Abitur. Said hätte viel lernen müssen. Als uns bei einem Elterngespräch die Liste seiner Verfehlungen vorgelegt wurde, gaben uns die Lehrer zähneknirschend, unwillig, eine letzte Gnadenfrist: Sollte er die Prüfungen bestehen, dürfte er auf der Schule bleiben, wenn er durchfiele, müsste er gehen. Klare Sache. Auch Said war einverstanden und gab sich etwas mehr Mühe als sonst, vor allem für ein englisches Referat über Hip-Hop.

Er spielt mir die Musik vor und was er sagen will, fängt an und bricht ab.

»Ich kann das nicht. Mir fällt kein Wort mehr ein, wenn ich vor der Klasse stehe.«

»Doch, du kannst, so viel wie du jetzt übst! Jedes Wort sitzt, du musst es nur rauslassen.«

»Ich kann nicht!«

Ich spiele die Klasse und die Lehrerin, die Said ohnehin am meisten von allen Lehrkräften mag. Auf einmal klappt es, und er bringt seinen Vortrag gut über die Runden. Wir üben zur Sicherheit noch einmal, und es geht wieder gut.

»Meinst du, ich könnte?«

»Na klar.«

Es geht auch im Unterricht gut. Das Referat ist kein Meisterstück, aber in Ordnung, und die Lehrerin habe ihn gelobt, verkündet er strahlend nach der Schule. Ich lobe ihn auch und denke, dass vielleicht auch für ihn endlich der Zusammenhang zwischen Lernen und Gelingen erkennbar wird.

»Ich werde jetzt Streber«, sagt er und macht sich an die Arbeit.

Ich muss zum Elterngespräch in die Schule. Seiner Klassenlehrerin berichte ich von Saids Erfolg mit dem englischen Hip-Hop-Referat: »Er könnte es schaffen, es war ein wichtiger Moment, glaube ich.«

Streng und voller Leid blickt sie mich an.

»Er muss die Schule verlassen, selbst wenn er die Prüfungen besteht. Bis dahin kann er bleiben und an den Vorbereitungsstunden teilnehmen.«

Meine Stimme klingt noch einigermaßen fest, als ich mich auf die Abmachung berufe und noch einmal sage, dass vielleicht jetzt der Schalter umgelegt sei, der Groschen gefallen und so weiter. Ich frage nach Gründen. Sie lächelt nur in stillem Kummer und sagt, ihre Geduld sei erschöpft.

Danach bleibe ich nicht mehr lange in ihrer Sprechstunde. Mir sitzen die Tränen zu locker, meine Stimme kippt, und ohnehin ist offenbar nichts mehr zu ändern. Sie wollen ihn nicht mehr haben.

Ich bringe nur noch heraus, dass ich bedaure, wie sehr Said sie strapaziert habe, die Entscheidung gegen die Abmachung aber für eine pädagogische Katastrophe halte, für Said und für uns jedenfalls.

Draußen hole ich Luft. Was soll ich noch hier? Beim nächsten Lehrer die gleiche Nachricht abholen? Mein nächster Termin ist bei der Englischlehrerin. Sie freut sich über Saids gelungenes Referat und baut, genau wie wir, darauf, dass jetzt, vielleicht, etwas anders geworden sein könnte. Sie weiß nichts von dem Beschluss der anderen Lehrer. Ihretwegen würde Said nicht weggeschickt.

Ich glaube ihr, ich will ihr glauben, und einen Moment lang denke ich daran, den Beschluss anzufechten, aber der nächste Lehrer, der Latein unterrichtet, spricht wieder im Namen der Lehrer, die ihn nicht mehr haben wollen.

Da bleibt mir die Stimme weg, und ich gebe auf.

Selbst seine übliche Wut fällt erst einmal von ihm ab, als ich Said vom Beschluss des – wenn auch unvollständigen – Kollegiums erzähle. Als wäre er mitten im Laufen gefällt worden und bliebe noch stehen, obwohl schon alle Ströme von Energie gestoppt sind. Der ganze Junge scheint nur noch mühsam, durch Gewohnheit, von Haut und Muskeln zusammengehalten, aufrecht zu stehen, von einer spärlichen Restenergie auf der Stelle umgedreht und wie auf Schienen in sein Zimmer geschoben zu werden. Wie er gefallen war, liegt er auf dem Bett, fast ohnmächtig, weit weg, abrupt in den Schlaf geflüchtet. Als ich ihn wecke, tastet er, Halt suchend, nach dem Buch auf dem Nachttisch, das er eigentlich kaum noch beachtet hat, es liegt nur noch da, übriggeblieben von einer Woche im Krankenhaus kürzlich.

Mit elf Jahren hat Said den elfjährigen Harry Potter kennengelernt, den Jungen ohne Eltern, der als Pflegekind in einer ekelhaften Familie lebt und bei Zauberern Zuflucht findet. Harry Potter im Roman und sein Halbbruder im wirklichen Leben sind jetzt fünfzehn.

Mit dem Buch in der Hand und Tränen in den Augen kommt Said spätabends in mein Zimmer.

»Jetzt ist alles aus. Ich bin von der Schule geflogen und Dumbledore ist tot.«

Dumbledore ist der mächtige und gütige Direktor der Zauberschule, der immer, wenn Harry Potter in größter Not war, zur Stelle war oder hilfreiche, rettende Wesen schickte.

Wie kann jetzt, wo der große Zauberer tot ist, irgendjemand Said noch helfen?

Ein paar Wochen nahm er weiter am Unterricht und an den Vorbereitungskursen in der Schule teil: Er traf seine Freunde, aber mit dem Lernen war Schluss. Es hatte schließlich nichts geholfen.

Wenn wir nachmittags versuchten, den Prüfungsstoff zu wiederholen, setzte er sich zur Wehr: erst bockig, dann schreiend und tobend oder mit verletzenden Worten. Dann brach er schließlich aus, rannte aus der Wohnung, die Tür knallte zu, er kam zwar zum Essen, blieb aber unerreichbar.

Ich war bald genauso mutlos wie er.

Es half nichts, ihn zum Lernen zu treiben, aber was sonst könnte helfen? Internat? Mein Vorschlag war halbherzig, weil ich selbst im Internat unglücklich gewesen war, aber das sagte ich nicht. Said widersprach ohnehin voller Empörung.

»Ihr wollt mich wohl loswerden!«

Nachdem auch Johanna, eine seiner besten Freundinnen, die Schule verlassen musste, weil sie das Abitur kaum schaffen würde, meldeten wir die beiden in einem privaten Lernstudio an. Ein paar Stunden lang, am Vormittag, versuchte Herr Sieling, der Leiter des Studios, die Aufmerksamkeit der beiden auf den Prüfungsstoff für den Qualifizierenden Hauptschulabschluss zu lenken. Er war freundlich und verstand ihr Durcheinander. Eine seiner Schülerinnen hatte er in den buchstäblich letzten Minuten aufgelesen; und am Abend vor der entscheidenden mündlichen Prüfung die halbe Nacht mit ihr gebüffelt.

»Bestnote!«

Von Kopf bis Fuß graue Falten, ein guter Geist der Nachtarbeit, mit stolz blitzenden Augen über sein erfolgreiches Paukprogramm, versprach Herr Sieling vollen Einsatz auch für Johanna und Said. Morgens gelang es den beiden manchmal, beinahe zielstrebig zu lernen, doch die restliche Zeit nachmittags und am Abend war so angefüllt mit unruhiger Langeweile und Schrecken, dass am nächsten Morgen keine Ahnung mehr von den Lektionen des Vortags übrig war.

Said und Johanna waren verliebt. Wie alle, die Freunde aus der alten Klasse und ein paar von außerhalb, durcheinander, wechselseitig, nacheinander, über Kreuz, da blieben kaum Zeit oder Aufmerksamkeit übrig.

23.

Früher hatten Robert und ich von Zeit zu Zeit dafür gesorgt, dass Said seine afghanische Familie nicht aus den Augen verlor. Robert traf manchmal Machmud, den ältesten Cousin, im Fitnesstudio. Der fragte dann: »Ist Said ein guter Afghane?«, und Robert sagte: »Es geht ihm gut.«

Machmud ließ Said ausrichten, er solle bei der Familie anrufen, Robert gab die Nachricht weiter, und Said meldete sich nicht.

Wir nahmen an, dass er seine Verwandten nicht treffen wollte, weil er von der Schule geflogen war. Alle Kinder seines Onkels hatten das Abitur gemacht, bis auf Machmud, und auch der war inzwischen ein gemachter Mann.

Die Verwandten waren traurig oder ärgerlich oder enttäuscht, dass Said sie selten besuchte, Said war traurig oder ärgerlich oder enttäuscht, dass seine ehemalige Familie ihn nie besuchte. Nur Tariq, der mittlere Cousin, war einmal zum Kindergeburtstag gekommen.

Die Regeln des Respekts schreiben vor, dass der Jüngere sich um die älteren Familienmitglieder bemüht. Alle in der Familie sind älter als Said. Er spricht ihre Sprache nicht mehr. Jedes neue deutsche Wort hat viele Wörter seiner Kindersprache gekostet, sie verschwanden spurlos und er kann sich nur auf Deutsch mit Afghanen verständigen. Sein Onkel und seine Tante sprechen kein Deutsch.

Wir waren daher überrascht, als auf einmal Machmud anrief und uns alle zu einem Treffen in ein neueröffnetes afghanisches Restaurant einlud. Die Neuigkeit sagte er erst ganz am Schluss: Er hatte wieder geheiratet.

Nach der ersten großen Hochzeit damals war seine Frau bald wieder zu ihren Eltern zurückgekehrt. Jahrelang wich Machmud danach wenigen Vergnügungen junger Männer aus, doch damit sei jetzt Schluss, sagte er. Seine Frau stamme aus einer afghanischen Flüchtlingsfamilie im Iran, die Eltern hatten die Ehe arrangiert und in Teheran eine große Hochzeit ausgerichtet.

Nun sollte Said nicht nur Machmuds junge Frau kennenlernen, sondern auch den Zwillingsbruder seines Vaters, der zum ersten Mal zu Besuch in Deutschland war. Wir sollten alle in ein neueröffnetes afghanisches Restaurant kommen.

Anders als die meisten Mitglieder der Familie hatte Ashrafs Bruder mit seiner Frau in der ganzen Zeit des Taliban-Terrors in Kabul ausgeharrt. Der Krieg schien jetzt vorüber zu sein – vorläufig jedenfalls. Nun wollte er seine Geschwister sehen und all die Nichten und Neffen, die in der Zwischenzeit auf die Welt gekommen oder groß geworden waren. Und endlich wollte er den Sohn seines verunglückten Zwillingsbruders begrüßen, ganz gleich, ob er noch zur Familie gehörte oder nicht.

Auch die anderen hatten Said lange nicht mehr gesehen. Er war jetzt sechzehn; hoch aufgeschossen überragte er alle, sogar Onkel Mohammad, der mir immer imposant groß vorgekommen war.

Er war jetzt kleiner und älter, als ich ihn in Erinnerung hatte.

Direkt hinter dem Eingang des Lokals an der Bar steht eine große Gruppe von Afghanen. Onkel Mohammad küsst mir wie immer die Hand. Machmuds junge Frau ist seit zwei Wochen in Deutschland und besucht ihren ersten Sprachkurs. Sie ist kaum älter als Said, der sie umwerfend hübsch findet.

Er verschwindet bald in den Armen seiner Familie. Von jedem wird er umarmt und wieder umarmt, geküsst und unter Tränen noch mal umarmt. Jeder wendet sich dem Nächststehenden zu, und es wird wieder umarmt und geküsst und geweint.

Ich stehe ratlos da, lächle aus Verlegenheit, und es scheint ewig zu dauern, bis ich dem Paar aus Afghanistan vorgestellt werde. Beide sind klein und mager, westlich gekleidet, aber ohne eine Spur von Wohlstand. Sie sehen schutzbedürftig aus. Der Mann wirkt zwei Köpfe kleiner als der Ashraf im weißen Anzug auf dem Foto. Ich habe seinen Namen nicht verstanden. Ob er Ashraf früher einmal wie einem Zwillingsbruder ähnlich sah?

Im allgemeinen Umarmen legen die beiden auch um mich ihre Arme und weichen erschrocken zurück. Ich versuche ein freundliches Lächeln und würde am liebsten auch weinen. Sie wirken so traurig und arm, und mir fällt das Fußballstadion in Kabul ein, wo keine Spiele, nur Steinigungen und Erschießungen stattfanden. Warum sie wohl im Unterschied zu allen anderen aus der Familie in Afghanistan geblieben sind?

Die Umarmungen werden für Kabul fotografiert. Ich sehe zu. Ob ich störe? Ich bin eine Fremde, aber ich bin auch die Mutter von Said, der immer noch einer von ihnen ist, obwohl sie ihn weggeben mussten.

Tariq bittet mich an einen der freien Tische und gibt mir eine Speisekarte – Said und ich sind eingeladen. Said wird immer noch in Arme geschlossen, in andere weitergeschoben und aufs Neue unter Tränen begrüßt. Seit Stunden, so kommt es mir jedenfalls vor. Ich verstehe nicht, was sie sagen, vielleicht vergleichen sie ihn mit seinem Vater und weinen erneut und umarmen einander zum Trost.

Die Erwachsenen wirken müde, aber auch froh, so viel überstanden und die Kinder gerettet zu haben. Sie sehen stolz aus, fast ehrwürdig, wenn sie für die Fotos ihre groß gewordenen Kinder um sich versammeln.

Der Onkel aus Afghanistan hat in Kabul überlebt, zwischen Trümmern und Schuttbergen, Militärpatrouillen und Bomben und Minen, so kennt man die Stadt aus den Fernsehberichten. Ob es Viertel gibt, die verschont geblieben sind? Inzwischen weiß ich, dass Kabul eine große Stadt ist, obwohl sie im Fernsehen immer nur aus ein paar Baracken an staubigen Straßen mit Panzern zu bestehen scheint.

Hier spielen leise Flöten und Tablas im Hintergrund, an den Wänden hängen Bilder vom Hindukusch, mir gegenüber, groß und gerahmt, die Buddhas von Bamian – bevor sie von den Taliban gesprengt wurden.

Vom Einband der Speisekarte strahlen die hellen Augen eines afghanischen Mädchens. Sie ist noch zu jung für das Burka-Gefängnis, das ihr in ein paar Jahren droht, noch ist der Blick offen, eindringlich hell unter einem lose geschlungenen roten Tuch.

»Bestell mir Sabsi Palau und Ferni«, ruft Said wie früher.

Das Foto aus einer Reportage in »National Geographic« ist berühmt, ich hatte aber noch nie darüber nachgedacht, woher das Mädchen die ungewöhnlich grünen Augen hat. Stammt sie von englischen Soldaten aus den Kriegen im 19. Jahrhundert ab? Leicht vorstellbar, dass einige desertierten. Drei Armeen in drei englischen Invasionen konnten das kleine Land nicht erobern, sie wurden besiegt von hohen Bergen, Wintern mit tiefem Schnee bis in die Täler und einer kleinen Armee des damaligen Königs, dazu Freischärler der Stammesfürsten. Vielleicht entkamen ein paar Engländer am Khaiberpass, als im ersten der Kriege fast alle fünfzehntausend Soldaten der abziehenden Armee aus einem Hinterhalt überfallen und getötet wurden.

Oder gibt es die grünen Augen schon seit Alexander dem Großen, der auf dem Zug nach Osten seinen blonden griechischen Soldaten befahl, sich mit der Bevölkerung zu vermischen? Es war die einzige erfolgreiche Eroberung Afghanistans. Durch Vermischung.

Die Tablas werden schneller, brechen ab, eine wehmütige Frauenstimme setzt ein. An den Wänden Fotos von den unermesslichen Gebirgstälern und von früher, aus der Zeit vor den Taliban – als wäre hier, auf ein paar Quadratmetern, das verlorene Afghanistan in Sicherheit gebracht.

Meine irgendwie verwandt gewordene und dennoch fremd gebliebene afghanische Familie umarmt immer noch meinen Sohn. Morgen wird der Onkel aus Kabul seinen Bruder in der Klinik besuchen und zum ersten Mal sehen, was der Unfall aus ihm gemacht hat.

Said löst sich aus der Gruppe am Eingang und setzt sich zu mir an den Tisch, als unser Essen gebracht wird.

»Was machst du?

»Ich denke an Afghanistan.«

»Sie glauben eben, dass du nicht zu uns gehörst.«

Dabei habe ich nichts davon gesagt, dass ich mich ausgeschlossen fühlte. Es ist ohnehin schon vorbei. Said ist so fürsorglich und liebevoll zu mir wie selten in dieser Zeit, dass mich das neue »uns« nur kurz irritiert Es gibt inzwischen viele »wir« und »uns«, die Robert und mich entschieden ausschließen, aber dieses »uns«, das ihn und seine afghanische Familie meint, beruhigt mich. Es hört sich an, als hätten seine inneren Parallelgesellschaften an diesem Abend eine deutsch-afghanische Freundschaft geschlossen.

Eine junge Frau setzt sich mir gegenüber an den Tisch und lacht, als ich mich vorstelle.

»Kennst du mich nicht mehr? Ich bin Salima.«

Saids Cousine hat sich aus einem pummeligen, muffigen Mädchen in eine schöne junge Frau verwandelt. Damals war sie vielleicht zwölf oder dreizehn, ich wechselte kaum drei Worte mit ihr. Wenn wir kamen, saß sie meistens mit der jungen Frau, die Machmud damals heiraten sollte, im Auto, weil sie sonst keinen Ort hatten, um ungestört zu reden. Salima studiert inzwischen Informatik.

Sie fragt nach Saids Leben bei uns, und ich frage nach ihrem Studium und wie sie lebt, unter Studenten in München. Sie wohnt bei ihren Eltern, trägt kein Kopftuch, keine Frau aus der Familie trägt Kopftuch oder Schleier. Sie erzählt, dass sie abends ausgeht, öfter mit deutschen Freunden als mit Afghanen – als wären so die strengen Regeln für afghanische Frauen leichter außer Kraft zu setzen.

Said sieht Salima bewundernd an. Dann redet er mit Tariq, die beiden lachen. Sie sprechen Deutsch. Tariq fragt nach der Schule, und weil ich direkt neben Said sitze, höre ich ihn behaupten, dass er in die zehnte Klasse im Gymnasium gehe. Sag nichts, es geht nicht anders, sie dürfen nicht wissen, dass ich geflogen bin, gibt er mir mit einem schnellen Blick zu verstehen und tritt heimlich unter dem Tisch gegen mein Schienbein.

Zum Abschied küssen mir beide Onkel die Hand und murmeln: »Moddar gut.« Ich hoffe, dass moddar, oder etwas ähnlich Klingendes, auf Paschtu Mutter heißt.

Dann nehmen Herr Qadari und sein Bruder meinen Sohn, der ihr Neffe ist, und mich in die Mitte, und wir lächeln alle zusammen auf dem Foto für Kabul. Ein Familienfoto, als hätten sie mich adoptiert.

Ich sehe das Bild vor mir, obwohl ich es noch nie gesehen habe: Said lacht, das alte Strahlen, das er anknipsen kann, egal wie es ihm geht, ich mit einem schiefen Lächeln vor Rührung und die Onkel beide mannhaft, Onkel Mohammad mit seiner struppig grauen Mähne und der kleine Onkel aus Kabul, würdig, doch irgendwie verloren im afghanischen Hochland auf dem Foto hinter uns.

»Zum ersten Mal bin ich stolz, ein Afghane zu sein«, sagt Said auf dem Heimweg im Auto. »Muss man nicht jetzt schon anfangen, eine Frau für mich zu suchen? Ich bin ein bisschen in meine Cousine verliebt.«

Am nächsten Tag ist wieder Schluss mit dem afghanischen Stolz. Eine Ausstellung in Rosenheim mit Jurten und traditionellen Kostümen, Waffen und Schmuck und Säcken voller Gewürze in einem nachgestellten Basar besuchen Robert und ich ohne Said. Was soll ein Afghane in einer Ausstellung über Afghanistan, selbst wenn er Afghanistan nicht kennt? Ich kaufe den Katalog der Ausstellung und ein kleines Stück Lapislazuli für Said, das angeblich aus dem Hindukusch stammt.

Wie früher, wenn ich von einer Reise zurückkam, erzähle ich Said, wo wir waren und vom Lapis im Panjirtal. Wer über das Tal herrschte, konnte die kostbaren Steine gegen Waffen tauschen. Doch es ist Said schon längst wieder egal, wie es in Afghanistan ist. Er sagt nur: »Wenn schon«.

24.

Allmählich verirrten wir uns in andauernden Krächen. Jeder in einer Art Dschungel unterwegs, Said schlug um sich, als müsste er sich einen Weg bahnen, ein Kämpfer allein gegen uns. Wir sagten: Du lernst erst Englisch, du lernst erst Mathematik, dann darfst du gehen, und konnten uns selbst kaum noch ertragen.

Oder wir versuchten, ihn nicht mehr zu drängen, und er tat, was er wollte – nichts für die Prüfungen jedenfalls. Durften wir ihn so trudeln lassen? War es nicht unsere Aufgabe, seinem Leben Festigkeit und Halt zu geben, damit er eine einigermaßen gute Ausbildung immerhin über sich ergehen ließ, wenn er sie schon nicht selbst wollte? Verführen? Mit Belohnungen locken? Den Stoff mit Ausflügen und Büchern unterfüttern und interessanter machen?

Said machte keine Ausflüge mit uns, er merkte die Absicht und streikte. Er wollte auch keine Bücher. Nach den Prüfungen ein paar Monate ins Ausland, um frischen Wind aus anderen Weltgegenden in der Nase und in den Haaren zu spüren?

»Ihr wollt mich wohl loswerden.«

Aber was tun, damit er die Prüfungen besteht?

Es war, als ließen wir mit unseren Vorschlägen nur eine immer höher werdende undurchdringliche Wand um ihn herum wachsen, er hieb um sich, in wilden Befreiungsschlägen gegen alles, vor allem uns, mit immerwährend finsterer Miene. Sprachen wir ihn an, spuckte er, mehr oder minder laut, rüde Beschimpfungen aus. Wenn sie leise waren, hieß das, er gab sich Mühe. Aber vielleicht fragten wir auch das Falsche, immer wieder die Schule, die Aufgaben, der Stand der Dinge beim Pensum, und was er so tat, den Tag über.

Da blieb nur Fluchen. Was sollte er sagen?

So irrten wir weiter durch seine und unsere Ratlosigkeit, durch trübe, wütende, wirre Tage, Wochen, Monate, Jahre. Manchmal blieb er anderswo – eine Nacht, und noch eine; dieser freundliche und höfliche Junge mit dem fröhlichen Lachen war ein gern gesehener Gast. Uns rief er an, das schon, wenn auch empört über unsere Zumutungen: Er teilte uns seinen Aufenthaltsort mit. Ich war erleichtert, unser Sohn war irgendwo in Sicherheit, und ich musste ihn nicht sehen. Im selben Moment war ich entsetzt von mir. Wollte ich ihn vielleicht wirklich loswerden?

Doch bald hatte ich wieder Heimweh nach ihm und uns als Familie. Und dann hielt die Freude, ihn wiederzusehen, wieder nur ein paar Stunden, bis erneut Ratlosigkeit ausbrach.

Es war dasselbe Zimmer, sogar die Kerzen auf dem Tisch hatten die gleiche Farbe wie an dem Tag, als wir zum ersten Mal von Said hörten: Orange. Damals war Frau Scherer für uns zuständig; es war eine ihrer letzten Vermittlungen im Amt gewesen, Said und uns zusammenzubringen. Frau Frantz, ihre Nachfolgerin, war jung, mit blonden Locken, tatendurstig zunächst, aber die Jahre seitdem hatten sie traurig gemacht. Einmal im Jahr besuchte sie uns zuhause, wir tranken Tee oder Kaffee und aßen Kuchen, Fragebogen wurden ausgefüllt, ein sogenannter Hilfeplan für unser Pflegekind; der Stand der Dinge im Kontakt mit den leiblichen Eltern wurde abgefragt und protokolliert, und wenn ich nach Unterstützung im ausländerrechtlichen Kauderwelsch suchte, ob Saids Anwesenheit in Deutschland erlaubt, nur geduldet oder anders gewährt werden würde, war es hilfreich, dass Frau Frantz tröstete und immer eine Telefonnummer wusste.

Aber bei Saids Aufenthaltsrecht in Deutschland konnte niemand helfen. Sein Status der Aufenthaltsbefugnis war aufgehoben und wurde nicht mehr zugeteilt, es gab ihn eigentlich nicht, nur Said und vielleicht noch ein paar andere Asylanten steckten darin fest. Man konnte sie aber nicht, wie wir ahnungslos vorschlugen, in den Stand eines genehmigten Aufenthalts befördern. Sie waren nach einer nicht mehr gültigen Bestimmung in Deutschland, irgendwer hatte vergessen, sie in das neue Recht zu hieven, sie trieben nun dahin, abgetrennt, auf einem kleinen Aufenthaltsstatus für sich, und kein Weg führte zu den anderen. Eigentlich hätten sie gar nicht in Deutschland sein dürfen.

Said war aber – zum Glück – da, und wir stellten uns vor, dass ein sicher gewährter Aufenthalt in Deutschland ihm Halt geben würde.

Ein Anwalt meinte, seine Mutter in Indien sei zuständig für ihn, deshalb sollten wir stillhalten. Nach Indien, wo kein Krieg herrschte, könnte er leichter abgeschoben werden als in ein Land im Kriegszustand wie Afghanistan. Also nicht auffallen. Nicht straffällig werden.

An den Nachmittagen mit Besuch vom Amt rutschte Said nach dem Kuchen auf seinem Stuhl hin und her, entschuldigte sich, verschwand für kurze Zeit, dann länger, bis wir ihn zurückriefen und er am Tisch sitzenblieb und folgsames Kind spielte. Zusammen spielten wir gelingendes Familienleben und sagten nichts über unsere Turbulenzen. Nur Schulsorgen gaben wir zu, die standen ohnehin schwarz auf weiß in den Zeugnissen, sonst präsentierten wir uns beinahe festlich. Wir spielten für unsere Fürsorge vom Amt und waren in diesem Moment selbst überzeugt: so könnte es sein. Frau Frantz sah es gern.

Vielleicht haben ihr die Nachmittage bei uns gefallen, nach den vielen Kindern und Eltern, an denen ihr amtlicher Auftrag abprallte.

Jetzt hatte sie uns zum Abschiedsbesuch bestellt, weil sie auf eine andere Stelle wechseln würde, wo sie sich mehr Einfluss und pädagogische Mitsprache erhoffte.

Wir hatten schon am Morgen die ersten Familiengefechte hinter uns. Ich berichtete von Saids Schulwechsel.

»Warum?«, fragte Frau Frantz Said.

»Keine Ahnung.«

»Was willst du machen?«

»Weiß nicht.«

»Was willst du nach der Schule machen, meine ich?«

»Keine Ahnung.«

»Gibt es eine Arbeit, die dir gefallen würde?«

»Weiß nicht.«

»Wie steht's beim Fußball?«

»Keine Ahnung.«

»Was wünschst du dir für dein Leben?«

»Weiß nicht. Vielleicht mache ich ein soziales Jahr. Aber ich weiß nicht, da muss man so früh aufstehen und hat kaum Ferien oder Freizeit. Weiß nicht, ob ich das aushalte.«

»Wo willst du dich bewerben?«

»Keine Ahnung.«

»Wann willst du das angehen?«

»Weiß nicht.«

»Wie ist es denn mit deinen Eltern?«

»Die interessieren sich nicht für mich. Gestern hab ich gesagt, ich geh nicht mit zu diesem Termin hier. Da hat die gesagt«, der Kopf deutet zu mir, niederträchtigste Frau der Welt, sagt der Blick, »dass es hier um mich gehen soll, und wenn die beiden allein hier sitzen müssen, gibt sie mir kein Taschengeld mehr.«

Er hat recht. Wir wissen nichts Besseres, als sein Taschengeld an Bedingungen zu knüpfen, und wenn er nicht tut, was er, wenn auch unter Protest, versprochen hat, werden die Zahlungen gekürzt. Dabei fürchten wir, er könnte sich dann das fehlende Geld zusammenklauen. Aber was tun? Es sind Manöver, die wir lassen könnten, schließlich macht die Geldknappheit Said nur verstockter, aber uns fällt nichts Besseres mehr ein.

»Ihr erpresst mich«, sagt er. Sonst rotzt er uns die wenigen Worte entgegen, die uns noch gelten: Forderungen, Erpressungen, Drohungen. Wir haben es ausprobiert. Mit pünktlicher und reichlicher Zahlung lässt sich das Klima nur für den Moment während und kurz nach der Übergabe verbessern.

In den Büchern steht: Hüten Sie sich davor, in Machtkämpfe zu geraten. Wir stecken längst darin fest und wissen nicht, wo der feste Grund für uns alle ist. »Strampeln«, sage ich manchmal, wenn es gerade nicht ganz so schlimm ist, »wie der Frosch in der Milch. So lange strampeln, bis aus der Milch Butter geworden ist und der Frosch wieder Boden unter den Füßen hat.«

Dann lachen wir, kurz, aber immerhin. Manchmal lacht sogar Said mit. Und wenn wir auf die falsche Art strampeln? Oder der Boden nur dazu da ist, dass Said wegrennen kann?

»Es geht mir schlecht, aber das ist ihr scheißegal. Sie kauft mir keine Schuhe, zum Trost.«

»Hast du ihr gesagt«, fragt Frau Frantz, »warum es dir schlecht geht?«

»Denen sage ich nicht, was mit mir los ist! Ich rede überhaupt kein bisschen mit denen, so wie die zu mir sind!«

»Und ich hab bisher immer gedacht, bei Ihnen läuft alles gut.« Frau Frantz seufzt. Zu ihrem und unserem Trost sage ich, dass es lange gut war, eigentlich sogar sehr gut, erst mit dreizehn, vierzehn Jahren fing es an, und auch jetzt seien manche Momente friedlich. Sie fängt den bitteren Blick auf, den Said mir zuwirft.

»Wie wäre es, wenn du mit anderen Jugendlichen in einer WG wohnen würdest. Du wirst vom Jugendamt unterstützt, es gibt Leute von uns, bei denen du Rat suchen kannst, aber du bist meistens mit anderen Jugendlichen zusammen, denen es so ähnlich geht wie dir. Du musst nicht mehr bei deinen Eltern wohnen.«

Ich muss heulen über ihren Vorschlag und wende mich ab, Said wippt stumm mit einem Bein.

»Überleg es dir. Ruf einfach hier an, dann kommst du vorbei und wir leiten alles in die Wege. Ich bin noch zwei Wochen hier, aber auch meine Nachfolgerin würde dir helfen.«

Zum Abschied gibt Said Frau Frantz artig die Hand und dreht sich auf dem Absatz um. Wir Erwachsenen wünschen uns gegenseitig für die Zukunft alles Gute. Ganz zum Schluss sagt sie, fast entschuldigend: »Ich werde notieren, dass ihr gemeinsames Leben nicht mehr funktioniert.«

»Vielleicht ja nur vorübergehend.«

»Er wird nächstes Jahr achtzehn, dann sind Sie sowieso nicht mehr zuständig.«

Sie wirkt enttäuscht. Von uns, von Said, von uns dreien zusammen, und ich denke, wie Millionen von Eltern überall auf der Welt: Irgendetwas machen wir falsch.

»Wir machen alles falsch«, sage ich auf dem Flur, als Frau Frantz die Tür hinter uns zugemacht hat. Robert verdreht nur die Augen.

Ich trete wieder ein in die uralte Ahnenreihe der Mütter und mache mir Sorgen.

Auf der Straße wartet Said. Kaum sind wir bei ihm angekommen, geht er, ohne dass ein Wort gefallen wäre, in eine andere Richtung als wir. Es lag wohl an unserem Gesichtsausdruck oder an nichts Besonderem – er wollte nur wieder von uns weg.

Spätabends kommt er nach Hause, wortlos, finster, er faucht nur, als ich ihn begrüße. Freundlich, ohne Groll, hatte ich mir vorgenommen zu reden, aber wer weiß, was Said hörte?

Es geht mit dem üblichen »Ich lerne, wann und wie ich

will, und ihr habt mir überhaupt nichts zu sagen« weiter, nimmt den Weg über die Forderung nach einem MD-Player und mündet in schluchzendes Gebrüll.

»Hör auf mit dem Geschrei. Ich will nicht, dass jeder Tag so verläuft! Das Leben ist im Moment ganz schön beschissen. Auch Eltern haben ein Recht auf erfreuliche Tage.«

Mir ist schlecht, ich sitze matt am Tisch und schlürfe Krankensuppe. Said ist überraschend still geworden, er sieht mich genauso fassungslos an wie ich ihn, dann zieht ein Ausdruck trauriger Gewissheit über sein Gesicht – als hätte er mich endlich überführt.

»Jetzt hast du's gesagt. Du hast gesagt, ich bin Scheiße. Das ist das Schlimmste, was eine Mutter zu ihrem Kind sagen kann. Du hast gesagt, ich bin Scheiße. Deshalb bekomme ich nie, was ich will. Ihr zahlt keinen MD-Player und kein Snowboard-Wochenende. Ihr macht mich fertig. Immer schon habt ihr mich schlecht behandelt, und du hast dich noch nie um mich gekümmert.«

Ich nehme an, dass er sich so fühlt.

Die Tür knallt zu. Er wird zu Sami oder einem anderen Freund gehen und sich bitter und herzzerreißend bei den Erwachsenen über sein Leben unter bösen Stiefeltern beklagen.

Habe ich wirklich gesagt, er sei Scheiße? Seit Stunden würge ich, Festes und Flüssiges, auch das Süppchen hält es in mir nicht mehr aus, hohe Wellen in der Magengegend, etwas würgt und würgt, als Said nach Hause kommt, Schleim und Worte, obwohl ich längst aufhören will. Said würgt auch: Alles, was ich ihm angetan habe, sein Leben lang.

Es ist die entscheidende Abrechnung; ich, trüb am Küchentisch, Said an den Kühlschrank gelehnt. Riesig neben mir, wütende Verzweiflung in seiner neuen tiefen Stimme.

Gedankensplitter und Gefühle tosen. In der Ferne zieht eine Ahnung vorüber, Saids Wut könnte nicht mir gelten, wir wären nur die Letzten in der Reihe von Erwachsenen, die ihn bisher verlassen oder schlecht behandelt haben. Aber jetzt sind wir dran. Wir lenken und filtern und ordnen, was er darf, was vorkommt in seinem Leben: Snowboard fahren oder lernen. Wir sind Täter, keine Komplizen mehr wie noch am Anfang. Wir lassen zu, dass er nicht länger auf der Schule bleiben darf, dass er nicht lernt, dass er nicht über unendliche Reichtümer verfügt, dass andere teurere Boards und Jacken haben und jedes Wochenende, auch jetzt im Frühling, in den Schnee fahren. Wir befreien ihn nicht, wie früher, als er noch zu trösten war durch Nudelauflauf und Vorlesen und vielleicht ein Geschenk. Alle anderen haben es besser. Sie haben schließlich nicht bloß Ersatzeltern wie er.

So, stelle ich mir vor, könnte er denken, während er alles, was ihm böse und schlecht an uns vorkommt, wütend verflucht.

»Ich will meine Freiheit. Ich halte es bei euch nicht mehr aus!«

»Kannst du haben! Du kannst in eine der Wohnungen vom Jugendamt ziehen. Dann musst du uns nicht mehr ertragen.«

Das sage ich nicht einfach nur so, eher halb heulend wahrscheinlich, mit Schluchzen, und auch nicht leise. Ich konfrontiere ihn nicht klar, bestimmt und freundlich mit den Konsequenzen seines Handelns, wie die Bücher empfehlen. Dabei ist die Lage klar: Er könnte in eine der betreuten Wohngemeinschaften ziehen, die es nicht nur für Pflegekinder gibt. Auch Jugendliche, die bei ihren leiblichen Eltern leben und unglücklich sind, finden dort Zuflucht. In den Filmen, die man manchmal über solche Wohngemeinschaften im Fernsehen sieht, geht es ihnen unter ihresgleichen oft besser als zu Hause.

Said sagt nichts.

Niemand ist gezwungen, bei uns zu leben. Wir sind kein Gefängnis, wo ein Junge bei scheußlichem Essen und Hagebuttentee eingesperrt und zu seinem Unglück gezwungen wird. Er ist alt genug, selbst über sich zu entscheiden. Vielleicht geht es ihm ohne uns besser. Ich will nur, dass das Dauergeschrei und Getobe ein Ende hat.

Said ist still.

Am Morgen habe ich mit dem Ausländeramt telefoniert. Seine Einbürgerung in Deutschland erscheint fast aussichtslos. Könnte er ausgewiesen werden? Möglich. Ein Polizist, der ihn nachts auf der Straße kontrolliert, sieht einen wütenden, halbwüchsigen Afghanen mit fragwürdigem Aufenthaltsstatus vor sich. Ohne Schulabschluss, ohne Aussichten. Das sähe er zwar nicht, trotzdem: Said könnte wirken, als sei er zum Schläfer berufen. So heißen nach dem 11. September junge Moslems, die jahrelang unauffällig in Deutschland leben und eines Tages als Taliban aufwachen.

Said ist immer noch still.

Auf einmal ist Robert da. Die ganze Zeit war er in der Nähe, vielleicht sogar in der Küche wie wir. Jetzt sagt er etwas.

»Du ziehst nirgendwo hin. Du bleibst hier!«

Said schnappt nach Luft.

»Bis du achtzehn bist, ist hier dein Zuhause. Wir haben uns vor dir, dem Jugendamt und deinem Onkel verpflichtet, für dich zu sorgen, solange du noch nicht volljährig bist. So lange bleibst du hier. Das müssen wir hinkriegen, du und wir. Ob es schön ist oder nicht. Wenn es irgend geht, essen wir abends um halb acht zusammen.«

Laut knallt die Tür hinter Said zu. Nur die Küchentür. Nicht die zu seinem Zimmer und auch nicht die zum Treppenhaus. Ob er uns hört?

»Rausschmeißen geht jetzt nicht. Da müssen wir alle durch.«

Ich will Said nicht rausschmeißen. Selbst wenn ich manchmal so wütend bin, dass ich ihn am liebsten aus einem Fenster fort durch die Luft segeln sähe.

»Ich will nur, dass er freiwillig bei uns ist. Auch Sechzehnjährige können entscheiden, wo sie leben wollen. Wenn er hier unglücklich ist …«

»Wäre er es woanders auch. Im Moment ist er durch den Wind gejagt, und solange braucht er ein festes Gehäuse.«

25.

Ich fand sie nicht besonders hübsch. Wahrscheinlich würde ich sie auf der Straße heute nicht mehr erkennen. Aber das heißt nichts. Sie war in Wirklichkeit sehr hübsch, sagten jedenfalls die Jungs, aber auch die Mädchen als Erstes, wenn sie von ihr sprachen. Sally war eine Trophäe. »Wenn ich sie kriegen könnte, wären alle neidisch.« Said machte sich über sich selbst lustig, damit, vielleicht, die Wucht der neuen Gefühle abgefedert würde. Sally gehörte nicht zu dem Trupp, der in Saids Zimmer manchmal ineinander verknäult auf dem Boden einschlief und morgens gemeinsam in die Schule taumelte, nur zusammen einigermaßen geschützt. Sie war gut in der Schule und musste trotzdem die externen Prüfungen machen. Wegen ihrer Aufsässigkeit wahrscheinlich. Sie hatte einen Stiefvater, den sie hasste. Ihr Freund war Türke, türkischer Herkunft jedenfalls und ein paar Jahre älter als sie. Sie war fünfzehn, als sie schwanger wurde und immer noch fünfzehn, als sie das Kind abtreiben ließ.

»Sally hätte weiter in die Schule gehen können. Das Baby wäre willkommen gewesen, mein jüngstes Kind ist erst drei, aber ihr Freund bestand darauf, das Kind abtreiben zu lassen. Seitdem habe ich eine fremde Tochter. Ausgewechselt! Wirklich in allem, und nichts zum Besseren. Das ist mehr als Pubertät.«

Das Handy ans Ohr geklemmt, stand ich an der Münchner Freiheit und telefonierte mit Sallys Mutter. Jetzt wusste ich immerhin, wo Said war und dass er nicht auf der Straße oder am Bahnhof schlief.

Er war seit drei Tagen weg. Ausnahmsweise nicht wütend aus dem Haus gerannt, er ging langsam und jagte nicht zu spät wie sonst durch den Flur, er hatte sich verabschiedet, ausführlich für seine Verhältnisse, und mir von der Tür aus noch einmal zugewinkt. Fast wie früher, als er uns noch nicht für Feinde hielt.

Ich sah ihm aus dem Fenster nach, weil sein Aufbruch so ungewöhnlich war, und er, noch ungewöhnlicher und auch wie früher, hob noch auf der Treppe zur U-Bahn ein letztes Mal den Kopf und sah zu unseren Fenstern hoch. Er winkte, als er mich sah, zum Abschied.

Vielleicht würde jetzt alles wieder gut.

Robert und ich hatten eine Besprechung mit einer Flötistin, sie spielte uns ihren Part vor. Danach redeten wir über alles Mögliche, sie kannte unseren Sohn nicht, und ich lief in Saids Zimmer, um das neueste Foto zu holen. Erstaunlich: Das Bett zugedeckt, keine Hosen und Socken auf dem Boden, die Schranktüren zu. Auf dem leeren Schreibtisch, im geraden Winkel und abschließend mit der äußersten Kante, lag unübersehbar ein einzelnes Blatt Papier, aus einem Ringheft gerissen, mit Saids Schrift.

»Liebe Mutter, lieber Vater.« So hatte er uns noch nie angeredet.

»Wenn Ihr wissen wollt, warum es mir so beschissen geht, dann fragt die Johanna, die wird es Euch bestimmt erzählen.

Ich möchte die nächsten Tage einfach nur alleine sein!!

Ich werde bis Freitag auch nicht in die Schule gehen, weil ich das einfach nicht schaffe. Ihr habt mich noch nie so verliebt gesehen, und das wird auch so bleiben, wenn ich dagegen nichts unternehme!!

Ihr könnt mich auch wieder erpressen, aber das sage ich Euch, das bringt nichts, dann geht es mir nur noch schlechter.

Ich bin sehr froh, Euch zu haben!!!

In Liebe Said

P. S. Macht Euch ja keine Sorgen.«

Danach telefonierte ich. Wie angekündigt, war Said nicht im Unterricht, und selbst Johanna wusste nicht, ob und wo er sich versteckte. Sagte sie jedenfalls. Was sie über Saids Liebe erzählte, war genauso durcheinander wie unsere Ahnungen.

Sally war nicht in der Schule, auch nicht zu Hause. Keiner von den Freunden hatte die beiden gesehen. Said ging nicht an sein Handy. Bei jedem Telefonklingeln stürzte ich los, immer ging es um Termine im Theater, unsere Premiere rückte näher, nur Said rief nicht an, aber irgendwann Johanna. Sie hörte sich besorgt an. Am späten Abend wussten wir immer noch nicht, wo er war.

Ich sollte schlafen, ohne zu wissen, ob es ihm gut ging oder schlecht. Robert schien weniger beunruhigt zu sein.

»Er hat doch geschrieben, warum er weg ist. Da muss er durch. Bei mir war es auch nicht anders, als ich so alt war. Damals habe ich auf einer Parkbank geschlafen.«

Na toll. Probeweise, um einzuschlafen, übernahm ich die Parole. Aus dem Halbschlaf fuhr ich hoch, auf einmal überzeugt, dass etwas passiert sei mit Said, ich tastete nach dem Telefon und drückte seine Nummer. Er nahm sogar ab und nuschelte, es ginge ihm gut, er klang verschlafen, aber er sagte nicht, wo er schlief. Ich hatte aber auch nicht gefragt.

Danach schlief ich auch.

Er kam am nächsten Tag nicht nach Hause, auch am übernächsten nicht, ging nicht an sein Handy und nicht zum Lernen ins Paukstudio. Bei den Proben hatte ich immer mein Handy im Blick, damit ich sofort, wenn Said anriefe, antworten könnte. Er rief aber nicht an.

Am Abend war Charlie, Johannas Mutter, am Telefon.

»Ich weiß nicht, wo Said ist, aber Johanna weint und weint und hört nicht auf.«

Naomi, die seit dem Kindergarten Johannas beste Freundin war, hatte sich deren Freund ins Bett geholt. Auf die Beichte der beiden hin kündigte Johanna ihnen die Liebe und die Freundschaft und konnte seitdem nicht mehr aufhören zu weinen.

Charlie und ich telefonierten lange. Es waren nicht nur verratene Freundschaft und Liebe, die Johanna todtraurig machten, es war auch der besoffene Kerl im vergangenen Jahr, der in der U-Bahn-Station beim Oktoberfest über sie her gefallen, sie weggezerrt und fast vergewaltigt hätte, nur fast, aber das Gepackt- und Gezerrt- und Besabbert-werden war schlimm genug gewesen. Ein junger Mann, der vorbeikam, hatte sie im letzten Moment gerettet.

Deshalb also. Einmal, als Johanna wie alle in diesem Sommer eins dieser tief ausgeschnittenen Kleidchen anhatte und ihr beeindruckendes Dekolleté zeigte, wirkte sie trotzdem geknickt, als traute sie sich nicht, den Stolz auf sich selbst durch die Welt zu tragen. Kein Wunder.

Die ganze Zeit, während ich mit Charly sprach, deutete kein leises Tuten an, dass jemand, vielleicht Said, mich zu erreichen versuchte.

Am nächsten Morgen war er wohl zum Unterricht gekommen, aber nicht lange geblieben.

»Es ist etwas passiert, haben sie gesagt, dann waren sie weg.«

Herr Sieling vom Paukstudio hatte sie nicht aufhalten können, und ich glaube, ich hörte mich an, als wollte ich ihm Vorwürfe machen.

Charlie fand sie mittags in Johannas Zimmer, die alte Truppe wieder zusammen, Vorhänge zugezogen, die Mädchen unter Tränen, selbst Said war ganz still.

Am späten Abend hatte Naomi auf Johannas und Saids Mailbox eine Nachricht hinterlassen: Sie verabschiedete sich und bat für alles um Verzeihung. Dann kippte sie ein Glas auf ex, mit dem ganzen Röhrchen Schlaftabletten, die ihr ein Arzt verschrieben hatte, damit sie nachts besser schlief und nicht immer kiffen musste. Sie hatte aber wohl bald ihre Mutter geweckt.

Said und Johanna nahmen die letzte U-Bahn und saßen den Rest der Nacht bei Naomi im Krankenhaus auf dem Flur.

Es war zehn Uhr morgens, als Charlie mich anrief. Johanna war zu Hause gewesen und dann versuchsweise zum Unterricht gegangen. Und Said?

»Said hat kein Vertrauen zu dir«, sagte Charlie, »sonst würde er sich melden.«

Ich verschluckte mich an meinem Einspruch. Vielleicht hatte sie recht? Ich fragte sie nach der Telefonnummer von Sallys Mutter. Nicht einmal ihren Namen wusste ich, sie hieß anders als Sally, aber deren Nachnamen kannte ich auch nicht.

Sallys Mutter hatte sich gewundert, dass niemand nach Said fragte. »Er hat mir gestanden, dass er nicht nach Hause kann, weil er eine teure Glastür zu Bruch getreten hat und danach abgehauen ist. Fürs Erste kann er hier bleiben, aber allmählich wird Fazil eifersüchtig.«

Verständlich. Fazil war Sallys Freund und ahnte, dass Said zusammen mit ihr in ihrem Zimmer eine Etage unter der Familienwohnung übernachten würde. Ich war auch nicht überrascht von Saids Versuch, sich heimatlos zu geben, um bei ihr bleiben zu können. Das Gefühl von Heimatlosigkeit war für ihn immer noch leicht abrufbar. Sallys Mutter hatte sich über die strengen Eltern gewundert, aber nicht weiter darüber nachgedacht. Von einer Liebe zwischen Sally und Said wusste sie nichts. Er wäre auch zu jung und naiv für das Drama.

»Sagen Sie ihm, dass ich mich freuen würde, ihn wieder hier zu Hause zu sehen.«

Danach dauerte es eine halbe Stunde, bis Said seinen Schlüssel wie üblich auf das Regal im Flur pfefferte und Robert und mich mit Anlauf umarmte. Wir sagten alle drei, wie sehr wir uns über unser Wiedersehen freuten. Danach musste jeder von uns telefonieren, dann umarmten wir uns wieder und Said grinste. »Süßer Schokobär, sagt sie zu mir.«

Er brach bald wieder auf, um mit Sally Englisch für die Prüfung zu lernen.

»Aber morgen gehst du wieder zum Unterricht«, schickte ich ihm noch hinterher.

Zusammen mit ihr kam er nie zur ausgemachten Zeit,

aber er kam, und manchmal huschte morgens im Flur scheu und eilig ein Wesen an mir vorbei, das ich für Sally hielt. Zusammen machten die beiden eine Fahrradtour an den Starnberger See, sie zelteten am Ufer, und in München stand Sally als Spielerfrau am Fußballfeld. Alle aus der Mannschaft starrten sie an, und Said schoss zum ersten Mal seit langem wieder ein Tor. Er ging jetzt wieder öfter zum Training.

Johanna hörte mit dem Weinen auf. Sie sah aber aus, als hockte in ihr noch ein mächtiger Kummer. Zur Ablenkung deckte Herr Sieling Said und Johanna mit Übungen zum Prüfungsstoff ein, sie lernten ein bisschen. Naomi wurde aus dem Krankenhaus entlassen.

Nach einer Woche, Said übte gerade Mathematik, rief Sallys Freund an. Er wirkte höflich und stellte sich vor: »Ich bin Fazil, Sallys Freund.«

Zu Said sagte er: »Lass die Finger von ihr«, verstärkt mit ein paar Drohungen. Said hörte auf zu lernen.

»Sally sagt, er hat eine Knarre und ein Messer.«

Fazil rief wieder an. Ich fand seine Stimme nett.

»Entschuldigen Sie, dass ich mich einmische«, sagte ich, und Said zeigte mir einen Vogel. Er nahm mir aber nicht den Hörer aus der Hand

»Ich mach mir Sorgen, dass mein Sohn in den vielen Aufregungen um die Liebe seine Prüfungen nicht besteht. Für ernsthafte Kämpfe ist gerade nicht die richtige Zeit. Außerdem: Sie können ihm nicht vorwerfen, dass ihm Ihre Freundin gefällt. Wenn es Sally bei Ihnen gut geht, sucht sie keinen Trost bei anderen. Vermute ich mal.«

Fazil murmelte etwas und legte auf.

War das hilfreich? Said wirkte jedenfalls erleichtert, den Drohungen seines Konkurrenten fürs Erste entkommen zu sein. Ich nahm mir trotzdem vor, solche peinlichen Ausbrüche besser unter Kontrolle zu halten.

Zwei Tage später kehrte Sally zu Fazil zurück und kam am Sonntagmorgen nicht zu Saids Fußballspiel.

Am Montag probierten Sally und Naomi, gemeinsam von der Schule zu fliegen: Sie leerten die eine Hälfte einer Schnapsflasche in der Klasse, die andere auf einer Bank in der U-Bahn-Station bei der Schule. Zum Sport am Nachmittag kamen sie zurückgetorkelt und Naomi brach bei den ersten Übungen in der Turnhalle zusammen. Sie wurden nicht rausgeworfen. Naomi wurde nur wieder vom Notarzt abgeholt

Eigentlich hätte ich Sally genau wie Naomi gernhaben müssen: ihre Unruhe, ihre Intelligenz und weil sie so gefährdet war. Sie tat aber Said nicht gut. Naomi tat ihm auch nicht gut, aber von ihr drohte keine Gefahr, sie drehte jetzt ihre verzweifelten Pirouetten ohne Said.

Von weitem, unmerklich, legte ich Said meine Hand auf die Schulter, zum Trost im Liebeskummer. Einmal kam er sogar und ließ sich umarmen, aber sonst war er so still, dass ich ihn kaum wiedererkannte.

»Du kannst sie sowieso nicht leiden.«

»Mehr als ein paar Mal Guten Morgen hat sie bisher nicht zu mir gesagt. Woher soll ich wissen, ob ich sie mag oder nicht? Außerdem kann ich sie nicht mögen, wenn sie dir nicht guttut.«

Er suchte Streit, ich versuchte, Streit zu vermeiden. Wir kauften beim ersten Sommerwetter die tollsten Pumaschuhe in Blau, und er vertraute mir zum Dank die ganze Geschichte mit Sally an und lernte ein bisschen für die Prüfung.

Aber bald loderte der Streit um kleine, tägliche Aufgaben wieder heftig auf, ich konnte es nicht verhindern. Said war sofort auf Widerstand gebürstet und teilte aus, ich war alle üblen Feinde auf einmal, alles, was ihm das Leben verdarb. Ich dachte mit aller Kraft an den Satz aus einem der Bücher über die heißen Zeiten mit Teenagern: »Jedes Drohgehabe ignorieren und sich nur um das Positive und Vernünftige in ihrem Verhalten kümmern.«

Da ist weit und breit nichts Vernünftiges, weder bei Said noch bei mir, da ist nur Schlamm, eine trübe Brühe aus Worten für all die Wut und den Kummer in ihm, über mir ausgekippt. Keine Ahnung, was ich sage.

Said schreit auf, sofort in Türnähe greift er nach seinem Rucksack. Aber dann wird er still und sagt leise, kaum hörbar: »So wie jetzt alles ist, will ich überhaupt nicht mehr leben.«

Ich rufe ihm noch nach, etwas wie, bleib doch, wahrscheinlich, aber völlig wirkungslos. Ich rufe ihm auch noch vom Fenster aus nach, er geht weiter, ohne sich umzusehen. Meint er das ernst? Tabletten hat er nicht, aber wer weiß? Im Augenblick ist ihm alles zuzutrauen.

Abends treffe ich Sami mit ein paar Freunden vor unserem Haus.

»Keine Ahnung«, sagt jeder von ihnen, dabei bin ich sicher, dass sie Bescheid wissen. Sami bleibt stehen. Er war so oft bei uns, zum Essen, über Nacht oder übers Wochenende in Moos gewesen, dass er jetzt nicht einfach weitergehen kann.

»Wir hauen alle mal ab. Aber wir kommen auch wieder. Ihr müsst endlich kapieren, dass wir uns nicht mehr alles von euch gefallen lassen.« Das stimmt. Mal ist der eine ein paar Tage weg, dann ein anderer.

Sami hat vielleicht Mitleid mit mir, er scheint zu überlegen, während er mit gesenktem Kopf beobachtet, wie er erst auf den einen, dann auf den anderen Fuß tritt, und gibt sich dann einen Ruck: »Er ist bei Sally.«

Fast andächtig hört es sich an, und ich bin gerührt von Sami. Es ist vielleicht gegen die Abmachung, dass er mich einweiht, aber es ist richtig: Wir kapitulieren vor der neuen Wendung in der Geschichte von Sally und Said. Wir hören auf zu bestechen oder zu zwingen, oder zu überreden, mit allen Versuchen, ihn irgendwie davon zu überzeugen, dass er sich mit den Prüfungen für den Schulabschluss beschäftigen soll. Es ist sinnlos, er macht andere Prüfungen durch.

Als die Zeit der Klausuren kam, war Said immer noch nicht wieder ganz nach Hause gekommen, nur für die eine oder andere Nacht. Johanna und er bestanden mit Mühe die erste Prüfung, Sally mit Note zwei. Ich telefonierte oft mit Sallys Mutter, Said konnte, auch wegen Fazil, nicht immer bei ihr übernachten, er schlief dann bei Freunden, irgendwie wussten wir fast immer, wo er gerade war, und als ich einmal in Gedanken seiner Übernachtungsspur folgte, war es wie ein Kreisen um Sallys Haus.

Auf diese Weise war ich abgelenkt von meinem sonst heftigen Premierenfieber. Am Abend der Vorstellung ließ ich eine Karte an der Theaterkasse und beschrieb meinen Sohn, falls er später käme, damit man ihn auf jeden Fall noch einließe. Die Musiker zogen sich um, Robert und ich spuckten ihnen und einander über die Schulter, im Zuschauerraum begrüßte ich ein paar Leute, dann nickte mir Robert zu, und ich gab das Zeichen zum Lichtlöschen. Von meinem Platz am äußersten Rand der letzten Reihe warf ich einen Blick auf den Eingang, aber die Tür ging nicht auf. Die Musiker kamen auf die Bühne, Applaus, es wurde still.

In der allerletzten Sekunde, vor dem ersten Ton, spürte ich eine Bewegung von der Seite: Said hockte sich neben mich auf die Stufen. »Bist du nervös?« Er flüsterte und drückte mir beruhigend die Hand. »Du zitterst ja!«

Eigentlich kehrte Sally bald wieder zu Fazil zurück, eigentlich aber auch nicht. Sie war vielleicht schwanger, dann nicht mehr. Dann wieder? Oder doch nicht? Von wem? Von Said? Von wem auch immer, Said plädierte für Abtreibung.

»Besser, meine Mutter hätte damals auch abgetrieben, dann wäre das alles nicht passiert.« Mein Einspruch kam nicht an.

Sally probierte aus, wer auf sie flog, sie holte sich Verstärkung, um Fazil zu verlassen. Bald flog sie wieder zurück.

»Identifikation mit dem Verursacher«, meinte ihre Mutter.

Said geriet heftig ins Trudeln. Er hatte knapp den Notendurchschnitt für den Hauptschulabschluss geschafft, für den Qualifizierenden Hauptschulabschluss, das Ziel der Prüfungen, reichte es nicht. Danach pendelte er zwischen seinem Bett am Tag und Clubs und Freunden in der Nacht hin und her und war zu nichts anderem zu bewegen. Als Familie pendelten wir zwischen Krieg und seltenen Friedensschlüssen.

Was tun? Durchhalten? Ich drohte manchmal mit Konsequenzen und blieb nicht konsequent. Robert hatte eigene Sorgen mit seiner Arbeit. Es war jedenfalls nicht schön, wie wir zusammenlebten, Said und wir und Robert und ich in wechselnden Koalitionen und Allianzen bei immer aufs Neue ausbrechenden Gefechten.

Etwas besser ging es uns, als Said nach drei Monaten in eine Hauptschule für einen neuen Anlauf zum qualifizierenden Hauptschulabschluss ging. Doch es änderte sich nicht viel, selbst Sally tauchte wieder auf. Der wichtigste Unterschied kurz vor den Prüfungen bestand darin, dass Said sich bei einem Fußballspiel den Fuß gebrochen hatte und mit schwerem Gips herumhumpelte. Außerdem probten wir diesmal in einem anderen Theater als im vergangenen Jahr.

Eines Nachts, Said klapperte gerade wütend durch den Flur an mir vorbei, ein böses Flackern in den Augen, flüchtete ich vor Robert und ihm nach Moos, fest entschlossen, meine Familie zu verlassen. Ich wütete im Garten, in den Himbeeren, Arme und Beine bald völlig zerkratzt. Am Abend schrieb ich Said einen Brief, erklärte ihm meinen Entschluss und bereitete ihn auf seine Zukunft als Scheidungskind vor. Das ganze Wochenende lang war ich überzeugt, ich ginge fort. Dann war der Brief fertig und der Entschluss vorbei. Ich wäre am liebsten woanders gewesen, aber nicht ohne Robert und Said.

Mit vereinten Kräften konnten wir danach seinen Rauswurf aus der Hauptschule abwenden.

Jeder Schritt auf Krücken machte Said wütender, er hielt es in seinem Zimmer nicht aus und flüchtete zu Naomi. Die war fiebrig und verstört, mal ein Häufchen Unglück, mal strahlend und überschwänglich hochfahrend, und bald trieb es ihn wieder aus ihrer Nähe, auch lockte Sally wieder. Sie lief von zu Hause weg und beschimpfte ihre Mutter wüst, dann kam sie wieder mit einer Lilie. Dann war Fazil wieder akut, und es trieb Said zu Johanna, die in dem ganzen Strudel beständig und vertraut für ihn blieb, in ihrem Zimmer, bei Räucherkerzen, schon jetzt, mit siebzehn, ein schönes Bild der Fürsorglichkeit. Auf Krücken war es mühsam, zu Johanna zu kommen. Sie wohnte im vierten Stockwerk, ohne Aufzug. Also blieben die beiden zu Hause, tagsüber nach der Schule, oder anstatt in die Schule zu gehen, auch abends. Ich fand Said gut aufgehoben so, und Charlie, die früh zu Bett ging, hörte beruhigt das Murmeln im Nebenzimmer. Die beiden versuchten zu lernen, aber sie hatten zu viele andere Sorgen. Ob sie leichter wurden, wenn er fluchte?

Alles, was wir sagen, macht es offenbar schwerer. Er ist groß jetzt, größer als Robert, und sie stehen nebeneinander in Saids Zimmer und schreien sich an. Ich bleibe weiter weg stehen, höre nur zu, ein unerträglicher Elternteil genügt, aber ihr Schreien wird trotzdem schlimm, Robert steht drohend in der Tür, er will aus dem Zimmer gehen, der eine schreit, der andere auch, Said schreit wüsten Dreck, da lässt sich nichts schlichten, in diesem Moment. Robert geht in sein Zimmer.

Jetzt lehne ich an der Tür und versuche Said zu beruhigen, dabei sagt er kein Wort und packt nur stumm seinen Rucksack mit Jeans und Wäsche und Pullis wie für eine Reise. Es ist drei Uhr in der Nacht, ich sehe auf die Uhr, als er den Rucksack schultert und mit großen Schwüngen auf den Krücken zur Wohnungstür klappert.

»Wo willst du hin, mitten in der Nacht.«

Wem fällt schon eine gute Frage ein in einem solchen Moment?

Said schiebt mich mit einer Krücke aus dem Weg, dann ist er weg. Robert und ich starren die Wohnungstür an, die hinter ihm zugefallen ist. Es ist in dieser Zeit so, dass ich manchmal nicht weiß, ob ich gerade anfange zu heulen oder noch nicht damit aufgehört habe.

Vor dem Haus setzt er sich auf sein Fahrrad, das Gipsbein weggestreckt, die Krücken hält er mit einer Hand auf der Stange fest, die andere lenkt. Es sieht wackelig aus, aber je schneller er wird, um so grader und entschiedener hält er die Spur und fährt davon.

Ich weiß nichts mehr, das ich noch tun könnte. Das Telefon liegt neben mir, damit ich sofort annehmen kann, wenn jemand anruft – wenn ein Unfall geschieht, weil Said mit dem Gipsbein auf dem Fahrrad nicht mehr rechtzeitig ausweichen kann. Wenn die Polizei anruft, oder doch Said?

Die ängstlichen Gedanken entfernen sich, sind bald kaum noch zu erkennen. Es ist ganz still, die Gedanken hören auf herumzuschwirren, kaum noch zu erkennen. Als schwerer, angenehm weicher Filz lagern sie sich in den Adern ab und nehmen dem Blut, das eben noch als rasende Springflut unterwegs war, seine Geschwindigkeit, und es fühlt sich an, als würde es in dem Filz versickern. Da braust auf einmal die Erinnerung an einen Satz von Janusz Korczak auf. Ein unerträglicher Satz: »Jedes Kind hat das Recht auf einen eigenen Tod.« Ich schrecke nicht hoch. Es liegt nicht mehr in meiner Macht, was gerade mit Said geschieht. Es gibt nichts, das ich tun könnte. Dann breitet sich auch da, wo der Satz gerade noch war, die Filzschicht aus, nimmt alle mögliche Angst auf und ich schlafe ein, so tief, als hätte ich Tabletten geschluckt.

Am nächsten Tag wusste ich bald, wo Said zu finden war. Er kam wieder, entfesselte aber sofort den nächsten Aufstand und setzte zum nächsten Fluchtversuch an. Er spuckte Wut und Unglück, dazu das Klacken seiner Krücken.

Auf einmal stand meine Selbstachtung unter Beschuss. Ich hielt mir die Ohren zu, und diesmal warf ich ihn wirklich raus.

»Komm wieder, wenn du anders mit mir reden kannst!«

Bei Tageslicht fand ich das Gipsbein auf dem Fahrrad beinahe selbstverständlich.

Charlie und Johanna nahmen ihn auf, ich brachte Klamotten und Wäsche, und Blumen für Charlie. Vorher saß ich ihnen im Café gegenüber, die Sonnenbrille vor den verheulten Augen. Was tun? Said war so wütend, dass er mich vor Charlie und Johanna weiter beschimpfte. Ihm fehlte der Aufzug bei uns, sein Fernseher und Bewegungsmöglichkeiten auf Krücken.

Charlie sah mich betreten an, als ich erneut sagte: »Du kannst wiederkommen, sobald du anders mit uns sprichst.«

Er steckte Johanna in ihrem Mitgefühl mit seiner Wut

an, so sehr, dass Charlie sich ihren Gast bald wieder wegwünschte, damit der gewohnte Frieden mit ihrer Tochter wiederkehrte. Es war kurz vor der Generalprobe, als sie anrief, weil die Auseinandersetzungen eskalierten.

Wir wären in drei Stunden zuhause, versprach ich, aber Said kam nicht.

»Lass ihn bis nach der Premiere bei euch bleiben, bitte!« Ich bin Charlie bis heute und noch lange dankbar, dass sie zugestimmt hat. Said kam zur Vorstellung und anschließend wieder nach Hause.

Danach war etwas anders geworden. Die Turbulenzen hörten nicht auf, aber wir waren ein wenig auseinandergerückt und konnten uns besser sehen.

»Wenn Sie wüssten, was manchmal bei uns los ist«, sagte Said zu der Fürsorgerin vom Jugendamt beim letzten amtlichen Besuch vor seiner Volljährigkeit. Sie war neu an der Stelle und erstaunt, dass wir weiter zusammenleben wollten.

»Viele Pflegefamilien brechen mit der Pubertät der Kinder auseinander.«

»Wir nicht.« Sie las Said die Aktennotiz vom letzten Jahr vor, als Frau Frantz eine betreute Wohngemeinschaft empfohlen hatte.

Für Said schien jedes unserer Gefechte ein angehäuftes Vermögen zu sein, gewachsen aus lauter Beweisen, dass er es wert ist, auch bei großen Turbulenzen in dicker Luft nicht wieder verlassen zu werden.

26.

Zu seinem achtzehnten Geburtstag im August hatte Said elf Jungen und drei Mädchen und für uns ein befreundetes Paar eingeladen. Ein großes Fest mit der alten Familie vielleicht und Freunden und allen, die wichtig waren in der Zeit bei uns, hatten wir uns zwar vorgestellt, aber dafür war die Stimmung immer noch nicht gut genug.

Es gab Lieblingsgerichte zu essen: Vorspeisen wie in den Ferien in Italien, die Hauptgerichte irgendwie orientalisch, und, wie jedes Jahr zum Geburtstag, die Früchtetorte in drei Schichten, mit Wunderkerzen im Dunkeln serviert.

Said wirkte unbeschwert. Ein paar Mal, wenn jemand das Essen lobte, gefülltes Gemüse oder das Hühnchencurry, zog wieder das alte Strahlen über sein Gesicht, als ließe sich aus der Festlichkeit und dem gelungenen Essen der Grad unserer Zuneigung und Wertschätzung für ihn ablesen: Jedes Gericht war ein Tusch zu seinen Ehren.

Zwischen Hauptgerichten und Torte schleppten sich die Jungs durch den Flur in Saids Zimmer, Hosen auf Halbmast, die Mützen hatten sie sofort beim Aufstehen vom Tisch wieder aufgesetzt und schützend tief in die Stirn gezogen. Die Mädchen huschten an ihnen vorbei, ein kurzes Wettrennen, dann fiel die Tür hinter ihnen ins Schloss und alle erholten sich beim Telefonieren mit Musik.

Danach gab es Torte. Johanna half mir beim Anzünden der Wunderkerzen und Kerzen, sie machte alle Lichter um den Esstisch aus, und keiner fand es peinlich, für Said Happy Birthday zu singen. Nach den ersten Bissen verdrehten sie die Augen, schrien durcheinander und taten, als wollten sie mit Erdbeeren werfen. Es war wieder Kindergeburtstag und das ganze Durcheinander von Liebeskummer, Schulsorgen und schwierigen Eltern einen Moment lang vergessen.

Said wirkte glücklich und bedankte sich für das Essen, bevor alle kurz nach Mitternacht loszogen. »Den Club kennt ihr nicht«, sagte er lässig, das P1 stand diesmal offenbar nicht auf dem Programm. »Zu viele Bonzen«, sagte Johanna. Sami grinste, »vielleicht morgen früh, zum Schluss!«.

Wir scheuchten sie lachend aus der Tür. Noch lange saßen wir am halb abgeräumten Tisch und sprachen mit unseren Freunden vor allem über die Kinder. Am nächsten Morgen kam Said gut gelaunt und kaum taumelnd nach Hause, als wir gerade aufstanden. Wir waren beruhigt, ihn zu sehen, aber wir fühlten uns auch etwas alt vor Müdigkeit.

Nachmittags sagte Said immer noch freundlich Guten Morgen zu mir, das Telefon klingelte, es schellte an der Tür und bald hörte ich vor meinem Arbeitszimmer schwere Schritte von großen Jungs auf quietschenden Sohlen, ein Kichern und Schreien und Schubsen von späten Kindern mit tiefen Stimmen. Sie zogen wie üblich an sonnigen Tagen ab mit Gepäck, Fußball, Schokoriegeln und dem Bettüberwurf in den Englischen Garten zum Eisbach.

Ich weiß, sie stürzen sich neben dem Sportplatz ins Wasser, lassen sich den Bach abwärtstreiben und klettern bei einer hohen Kastanie ans Ufer zurück. Schreiend schütteln sie beim Laufen Wasser aus den Haaren und von der Haut und entern an der Himmelreichstraße die Tram für eine Station. Beim Aussteigen kugeln sie über- und untereinander und laufen durch den Park zurück zu ihren Decken am Bach. Einige nehmen mit zugehaltener Nase wieder Anlauf, das Wasser spritzt, die am Ufer springen zurück, werfen sich zu zweit, zu dritt und zu viert ins Gras und lassen sich in der Sonne trocknen.

An Regentagen verließ Said selten das Bett, telefonierte sich durch die Stunden, unterbrochen von Fernsehen und Computerspielen. Die ersten Freunde trafen ein – Said empfing gerne zu Hause. Abends ging er weg.

Der große Kerl war eine Masse aus Widerstand, zu nichts zu bewegen. Er hatte sich verrannt und steckte fest. Überzeugt, dass es keinen Platz auf der Welt für ihn gäbe, fing er erst gar nicht zu suchen an. Eher schien er nach weiteren Möglichkeiten zum Schutz gegen unsere Zumutungen Ausschau zu halten.

»Ich bin volljährig, nicht mehr schulpflichtig, und ihr habt mir nichts mehr zu sagen.« Sein Jubel wurde verhalten, als er höheres Taschengeld beantragte, weil er ahnte, dass seine Chancen schlecht standen. Es war vielleicht ein Strafversuch, dass er danach ein paar Tage nachts ohne Nachricht nicht nach Hause kam, aber schließlich war er sogar einverstanden, wenigstens eine SMS zu schicken, was ihm sogar ab und zu gelang.

Er dröhnte sich zu und driftete weg und fand immer noch bestechende, phantastische Ausflüchte, um seine Verzweiflung zu tarnen. Im Übrigen erklärte er seine Schullaufbahn für beendet: »Dafür bin ich nicht gemacht!«

»Wofür denn?«

»Keine Ahnung.«

Unser Ärger schien ihm zu gefallen.

»Auf einer Luftmatratze in einer sanften Strömung treiben, bis als Treibgut von irgendwo eine Lösung vorbeigeschwommen kommt.« Ich versuchte müde Witze, über die keiner von uns lachte. Trotzdem reagierte Said weniger wütend und angriffsbereit auf meine tägliche Frage nach einem Ferienjob.

»Ja«, er lachte sogar, »unsere silberne Luftmatratze von früher mit Sichtfenster.«

Said wollte weder zu einem Austausch noch für ein freiwilliges soziales Jahr ins Ausland. Er wollte alles lieber nicht.

Auf unterschiedliche Weise trauerten wir alle dem alten Familienleben nach, dabei waren Robert und ich froh, aus der Vormundschaft für Said entlassen zu sein. Wenn wir nicht mehr weiter wussten, sagten wir: »Er ist volljährig, es ist seine Entscheidung«, und wussten doch, wie durcheinander und kein bisschen erwachsen er war.

»Es geht ihm zu gut, warum sollte er sich bewegen?«, sagten wir manchmal, aber ein Blick in sein Gesicht, wenn er sich unbeobachtet fühlte, widerlegte uns. Als wäre der schwarze Teufel von früher erwachsen und tieftraurig geworden.

Unsere Zeit als Vater, Mutter, Kind, mit gemeinsamen

Nachmittagen, Abenden, Sonntagen und Sommerferien am Meer, die gewöhnlich vielleicht dreizehn, vierzehn, fünfzehn, sechzehn Jahre oder noch länger dauert, war bei uns schon nach der Hälfte vorbei.

Said sagte mehrmals täglich: »Ich bin kein Kind mehr.« An anderen Tagen seufzte er: »Die Zeit ist gerast, am liebsten wäre ich immer noch zwölf.«

»Ihr hättet bestimmt lieber einen Sohn, der gut in der Schule ist.«

»Das lässt sich noch reparieren«, sagte ich und gab ihm im Stillen Recht. Oft wünschte ich mir, er wäre glücklicher und flüchtete nicht in Schlafstarre und störrische Verweigerung, sondern arbeitete vielleicht bei amnesty international oder bei Jugend forscht oder spielte immer noch Klavier. Allerdings war er gut im Fußballverein und hielt die Termine von Trainingszeiten und Spielen zuverlässig ein.

Ich hätte jedenfalls gern einen Sohn gehabt, der sich weniger Schwierigkeiten machte, über den ich weniger oft heulen oder fluchen müsste, aber es dürfte niemand anderes als Said sein.

Er macht sich Frühstück in der Küche, aus seinem Zimmer quellen Musik und Rauch. Vier oder fünf Freunde, jeder hält ein Handy ans Ohr, über das Bett und die Sessel verteilt, schreien sie ins Telefon und zu Said, und der antwortet schreiend aus der Küche.

Wir wissen nicht, woher er das Geld für die Clubs nimmt. Teure Clubs.

»Im P1 sind die schönsten Mädchen.«

Beim Nachhausekommen am frühen Morgen ist er oft

gut gelaunt – leicht zu erkennen, wenn er leise auf Zehenspitzen geht.

Ich bin dann beruhigt und schlafe wieder ein.

»Stell dir vor, der Türsteher vom P1 wohnt drei Häuser weiter, der Mann mit den Huskies, kennst du doch.« Ich kenne ihn vom Sehen, ein großer Kerl, geeignet für Wikingerfilme, wir sprechen manchmal über die Hunde. Er fährt einen Landrover und blickt finster.

»Wir reden oft, ich muss keinen Eintritt zahlen und bestelle im Einser keinen einzigen Drink.«

Said und seine Freunde kiffen oft und manche auch viel; ich weiß auch, dass einige dealen. Als Said, ohne Namen zu nennen, davon erzählt, könnte es genauso gut ein Geständnis sein, eine Art Beichte mit Ablass, denn immer noch hält er uns für so mächtig, dass alles, was er uns freiwillig gesteht, ganz von selbst, ohne dass er auch nur mit dem Finger schnipsen müsste, vom Verbotenen ins Erlaubte rutscht. Verbote, aber auch Argumente sind ohnehin seit längerem vollkommen wirkungslos.

Wir setzen darauf, dass seine Angst, beim Dealen erwischt zu werden, groß genug ist. Er könnte sonst vielleicht ausgewiesen werden – bei Ausländern mit unsicherem Aufenthaltsstatus wird selten lange gefackelt. In der Zeitung steht, was am Anfang einer Karriere auf der schiefen Bahn steht: Schulprobleme, Auffälligkeiten schon in der Grundschule, Disziplinprobleme und Konzentrationsschwächen, Schuleschwänzen, Verweise, kein Schulabschluss. Nur häufige Schlägereien fehlen bei Said. Oder wissen wir nur nichts davon? Abhängen mit den Kumpels. Stimmt. Zu Hause nur noch zum Schlafen, Essen, Kleidungwechseln. Eher nicht. Drogen? Leichtere kommen vor. Beschleunigt er gerade sein Tempo auf der schiefen Bahn nach unten? Oder hockt der Junge nur da und hält still, um nicht in Fallgruben oder Sackgassen zu tappen und wartet, bis er die richtige Laufrichtung findet? Aus einem Kokon schlüpft schließlich am Ende ein anderes Wesen.

Mit dem Zuwanderungsgesetz der rot-grünen Bundesregierung ist Said zum möglichen deutschen Bürger erklärt worden, weil er auf deutschem Territorium geboren ist. Seitdem wartet er auf die Entlassung aus der afghanischen Staatsbürgerschaft. Was ist er jetzt? Zukünftiger Deutscher mit afghanischen und indischen Wurzeln?

Wir sind überzeugt, dass Said kein Schläger ist und keine harten Drogen nimmt. Aber auch unsere Zweifel sind unstet. Er dealt nicht, versichern wir uns gegenseitig. Bei einem ersten Versuch hat ihn im Taxi die Aufregung überwältigt.

»Mein Herz war in meiner Hose und stand still.«

Dieses Geständnis finde ich überzeugend.

Vor ihm liegen zwei Monate Sommerferien. Er hat nichts vor. Er streikt weiter.

Einmal, auf dem Rückweg vom Haus der Kunst, mache ich mit dem Fahrrad im Englischen Garten einen Abstecher zur Himmelreichstraße. Da steht der ganze Trupp bibbernd, in Badehosen und Bikinis, eng zusammengerückt, auf und ab hüpfend, als Körperknäuel an der Straßenbahnhaltestelle.

Sie kugeln sich vor Lachen, schubsen und drängeln.

Said mittendrin, hoch aufgeschossen, unübersehbar

mit seiner dunklen Haut unter den anderen, er tänzelt auf der Stelle und boxt in alle Richtungen.

Von weitem höre ich ihn lachen. Er schüttelt den Kopf, aus den langen Haaren fliegen Wassertropfen und scheinen glitzernd und funkelnd in der sonnenhellen Luft um ihn herum zu stehen. Er wirkt so unfassbar gegenwärtig, wie in einer Zeitkapsel geschützt, dass meine Sorgen und mein Ärger mir unsinnig erscheinen.

Jetzt, eben jetzt, ist vielleicht einer der letzten Momente von Saids Kindheit.

Im Weiterfahren nicke ich seinem tüchtigen Schutzengel zu.

27.

Im darauffolgenden Jahr beantragte Said Einblick in die Akte seines Vaters beim Vormundschaftsamt. Er wollte wissen, wie es rechtlich und finanziell um ihn stand, und ich sollte zur Verstärkung mit, um die Amtssprache und die juristischen Formeln zu übersetzen. Wir trafen uns in Traunstein, er kam aus München, wir aus Moos, Robert hatte einen eigenen Termin, es war halb acht, Said hatte noch nichts gegessen, trotzdem lehnte er die Butterbreze ab, die ich ihm mitgebracht hatte, pampig und maulfaul wie üblich, und beklommen, wahrscheinlich.

Im Zimmer für den Buchstaben Q saßen zwei Frauen an Schreibtischen und hoben gleichzeitig den Kopf, als wir nacheinander in den Raum kamen.

Said ist die Person, um die es geht, ich bleibe hinter ihm, er ist jetzt achtzehn, volljährig, mündig, eigentlich nicht mehr unser Pflegekind. Er stellt sich vor, eine der beiden Frauen lächelt hinter ihrem Papierstapel, die andere fragt barsch nach seinem Ausweis. Sie reicht ihm im Gegenzug wortlos den bestellten Aktenordner. Irgendwie pikiert beugt sich die andere Frau über die Papiere vor sich auf dem Tisch, weist uns aber noch wortlos mit einer Handbewegung den Stuhl vor dem Schreibtisch der Wortlosen zu. Offenbar kommt immer nur ein Besucher auf einmal. Said überlässt mir den Stuhl und fragt, ob er den Trethocker neben einem Regal benutzen darf. Es wird ihm mit einem Nicken bei fest zusammengepressten Lippen gewährt.

Der Ordner quillt über von den vielen Papieren, Said blättert, ich überfliege die Seiten und suche Telefonnummern und Namen, die wichtig sein könnten, Said notiert. Angekommen bei der zweiten mehrseitigen amtlichen Mitteilung über Ashrafs Einweisung in die Klinik damals, fährt mich die bisher Wortlose wütend an.

»Wer sind Sie überhaupt und was machen Sie hier?«

Sie hat recht. Ich habe vergessen, mich vorzustellen, noch in falscher Selbstverständlichkeit, als könnte jeder sehen, dass hier eine Mutter ihrem Sohn zeigt, worauf man in einem Amt achten muss. Es war ein Rückfall, zugegeben.

»Ich bin die Mutter, ich begleite meinen Sohn.«

»Sie haben kein Recht, hier zu sein.«

Das ist die, die vorhin noch freundlich gelächelt hat. »Die Erlaubnis der Akteneinsicht gilt nur für Said Scott.«

»Ist er volljährig?«

Das war wieder die vorher Wortlose. Ich entdecke nirgendwo ein Schildchen mit Namen. Hat sich überhaupt außer Said jemand vorgestellt?

»Ja? Dann dürfen Sie nicht hier sein.«

Beide haben sich jetzt drohend aufgebaut und blicken auf uns herab. Die einst Freundliche greift nach dem Ordner und zieht ihn unter unseren Händen weg, klappt die Deckel zusammen und drückt die Beute schützend an ihre Brust.

»Gehen Sie jetzt bitte!«

Das war ein Befehl. Lauter gesprochen als bisher. Ich bin viel zu verblüfft, um geschickt mir ihr zu reden.

»Wir kommen extra aus München, und vielleicht können Sie sich vorstellen, dass so eine Akteneinsicht in die Angelegenheiten eines schwerbehinderten Vaters für einen Jungen nicht einfach ist, selbst wenn er achtzehn ist. Deshalb begleite ich ihn.«

»Aber Sie hätten die Erlaubnis als seine Begleitung beantragen müssen.«

»Ich kann mich ausweisen.«

Die Bescheinigung über unsere Vormundschaft für Said habe ich in der Tasche. Dabei weiß ich, dass sie nicht mehr gilt, seit er achtzehn ist. Nach dem Gesetz braucht er mit Erreichen der Volljährigkeit keinen Vormund mehr.

»Darauf kommt es nicht an. Nur auf die Erlaubnis. Für Sie gilt die Erlaubnis nicht. Nur für Said Scott. Also gehen Sie! Ich habe meine Vorschriften.«

Ich will es nicht glauben und sehe die beiden verblüfft an. Said schaut zu wie beim Tennis, hin und her.

»Wem schadet es, wenn ich mitlese?«

»Ich werde den zuständigen Richter nach seiner Meinung fragen.«

Die vorher Wortlose geht und kommt fast umgehend wieder, den Ordner fest an die Brust gepresst.

»Die Sache ist entschieden. Der Richter sagt, dass zuerst Herr Qadari gefragt werden muss, ob er einverstanden ist, das Sie seine Akte einsehen.«

»Aber Herr Qadari ist Komapatient, das steht in der Akte. Er kann sein Einverständnis nicht geben.«

»Ohne sein Einverständnis dürfen Sie die Akte nicht lesen. Bitte verlassen Sie den Raum, sonst darf ich Ihrem Sohn die Akte nicht aushändigen.«

»Ich warte im Café nebenan«, werfe ich Said zu und atme vor der Tür tief aus.

»Kein Parteienverkehr«, steht fett an der Tür des zuständigen Richters, und ich ahne, dass ich ihn nicht überfallen sollte. Nebenan das Büro des Rechtspflegers hat keine Zugangssperre. Er scheint sich sogar über Besuch zu freuen. Aber das geht vorbei, als er meine Geschichte hört.

»Stellen Sie sich vor, welche Intimitäten die Akte enthält. Wäre es Ihnen recht, wenn Ihr Sohn jemanden mitnimmt, der dann alles über Sie lesen kann?«

»Wenn ich im Wachkoma liege, ist mir der Einblick von anderen in meine sowieso schon rechtskundigen Intimitäten wahrscheinlich ziemlich egal. Außerdem wird mein Sohn wissen, wen er zur Unterstützung mitnimmt. Und was die Intimitäten angeht: Glauben Sie nicht, dass ich in den zehn Jahren, die ich jetzt die Mutter von Herrn Qadaris Sohn bin, Dinge erfahren habe, die intimer sind als die in den Akten?«

Ich sage ihm nicht, dass wir immer noch nicht genau wissen, was damals mit Saids Vater passiert ist und deshalb auf die Akten hoffen.

Der Rechtspfleger ist verständlicherweise verwirrt über meine Rolle im Leben meines Sohnes. Wenn ich seine Mutter bin, was habe ich dann mit Herrn Qadari, dem Vater, zu tun. Bin ich vielleicht die Täterin von damals? Ich bezweifle allerdings, dass er irgendetwas über den Inhalt der Akte weiß. Wie sollte er auch? Ich war in das nächstbeste zugängliche Dienstzimmer geplatzt und gab jetzt die Schreckschraube vor der Behörde. Er hatte keine Ahnung von diesem Fall.

Vielleicht tat ich ihm leid oder Said im Zimmer nebenan, vielleicht wollte er mich auch nur nie wieder in diesem Amt sehen, jedenfalls bot er mir an, die Akte an das Vormundschaftsgericht in München schicken zu lassen. Begeistert malte er mir den schönen Vorgang und dessen Möglichkeiten und Einschränkungen aus. Auch ich war begeistert und klopfte triumphierend bei den beiden Damen an, damit auch Said über die neue Möglichkeit Bescheid wüsste.

»Stimmt das?«, fragte er die beiden Damen, die aufgescheucht wirkten, so schnell wie sie herumliegende Ordner auf- und wieder zuklappten.

»Das ist möglich. Es dauert vier Monate.« Die vorher Wortlose klappte den Mund zu.

»Ihr Kollege aus dem Nebenzimmer hat nicht gesagt, dass es so lange dauert.«

»Es ist aber so.«

Das war die andere. Sie kam mir sympathischer vor, verständlich jedenfalls ihre Angst vor einem möglichen Rüffel ihres Vorgesetzten. Ihr war unverkennbar heiß geworden in unserem Disput.

Bei der anderen war plötzlich ein geblähtes Doppelkinn gewachsen.

Ich wurde den Gedanken an einen Truthahn nicht los, obwohl ich mir Mühe gab, mich nicht mit so schäbigen Gedanken zu rächen.

Auf dem Absatz drehte ich um und klopfte wieder bei meinem Rechtspfleger, der nicht erfreut über das Wiedersehen war. Er zitierte aus dem Gedächtnis: »Bis zu vier Monaten kann es dauern. Normalerweise dauert es vierzehn Tage.« Als müsste ich meine Schreckschraubenhöchstform beweisen, machte ich weiter: »Wollte man sich eine Karikatur von Bürokratie ausdenken, wäre die Situation hier bestens geeignet. Sie waren immerhin freundlich, aber nebenan …«

Er sagte zur Vorsicht nichts mehr, und ich hörte auf.

Im Café nebenan standen die Stühle noch auf den Tischen, aber man räumte mir einen Platz frei. Da saß ich und hatte soeben gehört, dass ich für die Angelegenheiten meines Sohnes nicht mehr zuständig war, und ich probierte den Gedanken aus, dieser Rauswurf aus meiner Zuständigkeit könnte über das Amt hinaus gelten. Draußen begann es zu regnen, und im Café wurde es dunkel.

Endlich kam Robert von seinem Termin zurück, und wir stellten uns vor, wie Said die psychiatrischen Gutachten und rechtlichen Verfügungen buchstabierte, Beschreibungen von Ashrafs Zustand in Mediziner- oder Juristen-Kauderwelsch, ohne dass er jemanden fragen könnte. Er wäre allein mit den Dokumenten aus der Zeit, als mit dem Unfall seines Vaters auch der Verlauf seines eigenen Lebens gewaltsam umgelenkt worden war. Selbst ich hatte manche Formulierung kaum verstanden, nur die Endgültigkeit der amtlichen Bescheinigungen, dass Ashrafs Koma anhalten und er unheilbar beschädigt bleiben würde.

Said hatte konzentriert vor dem Ordner gesessen, viel erwachsener, als wir ihn kannten.

»Du hast dich ganz schön aufgeführt, die beiden haben nur ihre Pflicht getan, haben sie mir gesagt. Kaum warst du weg, wurden sie freundlich.« Er saß hinter uns im Auto, wie früher als Kind und redete an der Kopfstütze vorbei in mein Ohr – mit seiner tief gewordenen Stimme.

Ich steckte immer noch in meinem Ärger fest. Schließlich wollte ich ihn unterstützen, und nun schien es, als wäre durch mich die Situation entgleist. Said grinste. Ich sagte erst einmal nichts.

»Bist du sauer auf mich?«

»Um Himmels willen, nein!«

Er hatte nicht viel von der Akte durchblättern können, jede Kopie kostete einen Euro, sein Geld reichte längst nicht für alles, was ihm unverständlich war.

Man gab ihm aber den Flüchtlingspass und die Monatskarte mit, die sein Vater bei trug an dem Tag, als der beinahe tödliche Messerstich ihn getroffen, umgeworfen und in den Zustand versetzt hatte, der bis heute anhielt. Fahrkarte und Ausweis sahen benutzt aus, zusammengefaltet in einer Klarsichthülle. Als wären sie noch warm, als hätte Ashraf sie gerade noch benutzt, dachte ich, und Said steckte die Fundstücke vom letzten Tag im alten Leben seines Vaters in die Hosentasche.

Ein paar Namen und Adressen auf den Schriftstücken im Ordner hatte er notieren können, dann war die Zeit für Parteienverkehr vorüber.

»Die beiden haben Andeutungen über meinen Onkel gemacht. Sie halten nicht viel von ihm, haben sie gesagt.«

»Warum?«

»Keine Ahnung. Er kann nicht Deutsch. Sie haben ihn nicht verstanden.«

»Was fällt den beiden bloß ein?«

Ich ertappte ihn bei einem Grinsen, schief grinste ich auch, und Said strich mir freundlich mit einer Kopfnuss über den Nacken.

28.

Den Weg zur Klinik fand er sofort, nachdem er vor ein paar Monaten seinen Vater zum ersten Mal allein besucht hatte. Es war ihm plötzlich eingefallen, und er meldete sich in der Werkstatt ab, von einer Minute auf die andere. Sein Meister habe ihn verstanden, sagte er entschieden, und das hieß: versteh mich bloß auch, als er eines Nachmittags anrief. »Ich fahr jetzt los. Mit dem Zug. Ich muss mir über ein paar Sachen klarwerden. Wartet nicht mit dem Abendessen.«

So knapp. Aber alles Wichtige. Unglaublich erwachsen.

Nach den zwei Jahren mit vergeblichen Anläufen für einen Schulabschluss hatte Said im Herbst eine Lehre als Möbelschreiner angefangen, aus Interesse und weil man im ersten vorbereitenden Lehrjahr auch ohne gute Noten genommen wurde. Man musste sich nur bewähren.

Seit Jahren hatten wir immer wieder versucht, ihn zu einem Besuch bei seinem Vater zu bewegen, ich bot meine Begleitung an oder, wenn er lieber allein fahren wolle, Geld für Fahrt und Essen.

An diesem Tag fuhr er auf eigene Rechnung los, mit einem Freund zur Unterstützung, aber den ließ er dann doch nicht bis zu seinem Vater mitgehen. Auf dem Rückweg warteten die beiden zwei Stunden am Bahnhof. Da rief er uns noch einmal an, dass es später werden würde und ob ich ein Essen am griechischen Kiosk nebenan spendieren wolle. Er könne dann sein Konto kurzzeitig überziehen.

Robert und ich waren so froh über seinen ungewöhnlichen Ausflug, dass wir ihn später zu Hause wie einen heimgekehrten verlorenen Sohn begrüßten.

»Der Pfleger hat mit mir geschimpft. Er sagt, dass mein Vater nie Besuch hat und nicht mal ich komme, obwohl ich sein Sohn bin. Ich hab gesagt, dass ich bald wiederkomm, und bis dahin Fotos von mir dagelassen.«

Heute bin ich als seine Begleitung dabei.

Unter der Unterführung durch und dann links, ein paar Meter weiter erkenne ich die Straße wieder, die Häuser mit Holzbalkons und Geranien, etwas größer als die Privathäuser in der Umgebung.

Diesmal ist kein Feiertag wie vor drei Jahren, als wir zum ersten Mal die Klinik gesucht haben, es fehlen die Besucher von außerhalb. Freudig werden Said und ich aus den Rollstühlen begrüßt, als wären Gäste, egal für wen, allen gemeinsam willkommen. An der Essensausgabe und in der Küche wird aufgeräumt und geputzt, vereinzelt sitzen an den Tischen in der Kantine noch Patienten in Rollstühlen, manchmal geht jemand an Krücken vorbei. Die Berge liegen hinter Glas. Überallhin grüßen und lächeln wir, weil wir begrüßt werden. Wir kaufen an der Durchreiche zur Küche eine Flasche Wasser und setzen uns in die Halle.

»Was soll ich bei einem Mann, den ich nicht kenne? Gekannt habe ich ihn vielleicht, als ich drei Jahre alt und er mein Vater war, jetzt ist er immer noch mein Vater, aber ich weiß nicht, was ich mit ihm anfangen soll. Ich halte seine Hand und knutsche ihn ab, dann macht mir der Pfleger Vorwürfe, dass ich nicht schon früher gekommen bin, und mein Vater dreht sich weg. Dann knutsche ich ihn noch mehr ab, und irgendwann dreht er sich wieder zu mir, und ich weiß immer noch nicht, was ich machen soll.«

»Einfach dasitzen. Vielleicht erzählen, vielleicht auch gar nichts sagen. Das tut ihm gut und dir auch. Ich glaube, du machst dir später Vorwürfe, wenn du ihn jetzt so selten besuchst.«

Said sinkt in sich zusammen. »Nicht mal du verstehst mich.«

Ein junger Mann stürmt an uns vorbei, stutzt, dreht sich um, begrüßt Said und wirft einen fragenden Blick auf mich. Der gefürchtete Pfleger. Immer noch Karim, wie vor drei Jahren. Er lacht freundlich, keine Spur von Vorwurf, Said ist erleichtert und steht auf. Ich gehe hinter ihm her, die Treppe hoch, langsam und mit Unterbrechungen. Auf jedem Absatz sind Gitter mit Türen angebracht, damit einer, der fällt, bald aufgehalten wird, vielleicht? Weglaufen könnten die wenigsten hier ohne Hilfe.

Im Stationszimmer sitzen ein paar Schwestern und Pfleger am Tisch. Sie rauchen und grüßen und sehen uns kaum an. Nicht mehr als ein Kopfnicken. Ich vermisse Schwester Sonja mit den Piercings, die uns beim ersten Besuch über unsere Furcht hinweggeholfen hat. Eine der anderen Schwestern erkennt Said, sie grüßt, er findet auch ohne Hilfe das richtige Zimmer.

Bewegungslos, mit geschlossenen Augen liegt am Fenster der afghanische Junge, den wir vom letzten Mal kennen. Im Frühjahr vor drei Jahren haben wir seine Hand gehalten, als sei es jederzeit möglich, dass er wiederkäme in sein altes Leben. Jetzt rührt er sich nicht mehr. Waren seine Augen schon damals dauernd geschlossen? War er damals schon wie ganz ohne Bewusstsein im Dauerschlaf?

Seine Mutter ist nicht da. Damals kam sie immer nachmittags. Jetzt ist Nachmittag.

In einem Rollstuhl neben dem mittleren Bett sitzt zusammengesunken ein blonder Junge, so alt wie Said vielleicht, sein Kopf ist vornübergekippt, auch er in tiefem Schlaf. Ein Foto auf dem Nachttisch zeigt ihn mit seiner Familie, sie tragen alle Tracht, und der Junge aus dem Rollstuhl schwingt ein Akkordeon.

Ashraf hat das Bett neben der Tür. Eine Schwester zieht gerade Laken und Bettdecke glatt und schüttelt das Kopfkissen auf, eine andere misst Fieber. Laut und fürsorglich sprechen sie, an Ashraf gerichtet, vor sich hin.

Er liegt still auf dem Rücken, beide Hände zu Fäusten geballt, die Rechte zurückgeworfen über den Kopf, die Linke in den Rand der Bettdecke gekrallt. Neben seinem Kopf ein grauer Spielzeughase, von Kopf bis Fuß gestrickt, mit einem roten, grau geringelten Rock, auch das Schnäuzchen ist rot. Die Hasenzähne sind weiß aufgestickt.

Ashrafs Kopf ist so groß wie der Hase.

Sie haben eines der Fotos, die Said beim letzten Mal auf den Nachttisch gelegt hat, vergrößert und an die Decke gehängt. So kann Ashraf seinen Sohn sehen, wann immer er will. Die Schwestern rufen laut Saids Namen, um Ashraf auf den Besuch seines Sohnes aufmerksam zu machen. Ashrafs Begrüßung ist ein helles Röcheln.

»Es geht ihm gut«, sagt die Schwester.

Ich erzähle ihr von den medizinischen Gutachten aus der Akte beim Vormundschaftsgericht, wonach Ashraf keine Reaktion auf seine Umgebung zeige.

»Das ist falsch. Sehen Sie den Unterschied nicht?«

Ihr Blick auf die beiden anderen im Zimmer wird dunkel. Fast ärgerlich setzt sie den blonden Jungen im Rollstuhl aufrechter hin und schiebt seinen Kopf hoch. Die Augen bleiben zu und der Junge fällt wieder in sich zusammen.

Die Schwester hat recht. Ashraf wirkt lebendiger. Es gurgelt aus ihm, er wirft sich auf die andere Seite. Said streicht ihm über die immer noch kräftigen grauen Haare. Ashraf krächzt, mit hellen Vokalen. Beim zweiten Mal ahne ich, was die Krähenwörter heißen könnten, beim dritten Mal bin ich beinahe sicher und würde Said am liebsten zuflüstern, was ich verstehe.

Ashraf krächzt drängender und Said sagt: »Ja, ich bin dein Kind.«

Das Krächzen verändert sich irgendwie und Said sagt: »Ich hab dich auch gern.«

Genauso habe ich Ashraf verstanden.

Ob er je mit seinem Sohn deutsch gesprochen hat? Kann er wissen, dass ihre gemeinsame Sprache nicht mehr Paschtu ist? Oder hat er sich in den Jahren mit den deutschen Schwestern im Heim daran gewöhnt, deutsch zu sprechen? Oder hieß das Krächzen etwas ganz anderes? Said hat aber das Gleiche wie ich verstanden, ohne dass wir uns miteinander beraten hätten.

Doch so genau überlege ich erst nachher, als ich die Schwestern nicht mehr fragen kann, in welcher Sprache sie mit Ashraf sprechen und er mit ihnen. Solange ich vor ihm stehe, höre ich ihn deutsch krächzen.

Ich mache ein Foto: der Pfleger links, Said rechts, jeder hält eine von Ashrafs Fäusten. An der Wand hängt ein Poster, das ich auch erst später, auf dem Foto, richtig sehe: Vor einem dunkelblauen Sternenhimmel ruht ein orientalisches Liebespaar im roten Wüstensand. In der Ferne liegt weiß ein Gebirgsmassiv. Die Frau ist unverschleiert, ihr Sari tief ausgeschnitten, der Mann trägt Turban. Echt Bollywood.

Mich beschäftigt ein irgendwie erschrocken oder ärgerlich wirkender Ausdruck um Ashrafs Mund.

»Komm her«, sagt Said, »du musst mit ihm reden. Vielleicht weiß er nicht mehr, wer du bist.«

Wie beim ersten Mal bin ich beeindruckt von Saids Aufmerksamkeit für seinen Vater.

Ich nehme Ashrafs Hand, streiche ihm über die Haare und erzähle ihm von unserem Leben mit seinem Sohn alles Gute. Said steht an mich gelehnt und hört zu, als erzählte ich ein Märchen.

Es ist, als ginge von dem elend beschädigten Ashraf ein Glanz aus, in dem alles deutlicher wird. Es ist ein Gefühl, dem Glück ähnlich, aber auf der Seite der Traurigkeit. Dabei ist der Unterschied unwichtig.

Ich lasse Said und seinen Vater miteinander allein und sage Ashraf zum Abschied so viel, wie ich in ein paar Worten unterbringen kann. Oder eher in einem konzentrierten Gedanken, der meine Gefühle zusammensucht und bündelt und zielsicher macht, damit ich sie in einem einzigen Strahl losschicken kann in Richtung auf Ashrafs Empfinden.

Im Garten komme ich an einer älteren Frau im Rollstuhl vorbei. Ihr Fuß ist von der Stütze gerutscht und sie bedeutet mir mit den Augen, ihn wieder an seinen Platz zu setzen. Der Fuß lässt sich nur schwer bewegen, ich bin zu vorsichtig und wage nicht, ihn über den Widerstand hinaus zu drücken. Die Frau lacht, sie kann nicht sprechen, denke ich, sie streicht mir über den Kopf, als ich so vor ihr hocke, und sagt auf einmal laut: »Keine Angst. Da bricht nichts ab.«

Ich lache auch und schiebe und drücke, bis der Fuß nicht mehr baumelt, sondern fest an seinem Platz auf der Fußstütze des Rollstuhls steht.

Die Frau lacht still, sie sagt nichts und winkt nur zum Abschied.

Zurück in München, essen Said und ich Currywurst neben Tengelmann auf der Leopoldstraße, in einer der letzten Baulücken zwischen den Geschäften. Tief hängen die Wolken, Regen fällt in dichten Schnüren, wir stehen geschützt, während um uns Tropfen aus den weißen Fransen eines Hawaii-Sonnenschirms rinnen.

»Beim letzten Mal hab ich gedacht, dass er nicht weinen kann«, sagt Said, »aber diesmal hat er geweint.«

»Sollen wir nicht Ashraf in unsere Familie aufnehmen?«

»Was wäre dann anders?«

»Öfter besuchen. Ich lese ihm aus Büchern über Afghanistan vor. Und wir bringen Bollywoodfilme und Musik. Das hat sich sowieso Karim für ihn gewünscht. Auf jeden Fall öfter besuchen.«

»Ich glaub, du vergisst, dass mein Vater ein afghanischer Mann ist, der sich vielleicht komisch vorkommt, wenn eine deutsche Frau ihm vorliest, wie einem Kind.«

Das Vorlesen könnte ich lassen, aber Said scheint überhaupt davor zurückzuscheuen, Ashraf in unsere Familie aufzunehmen.

Er hält ihn für viel zu weit entfernt von der Welt, von sich selbst und von uns.

29.

Am Tag, an dem Said die letzte Prüfung seines ersten vorbereitenden Lehrjahrs in der Schule hatte und mittags anrief, sein Prüfungsstück sei fast ohne Fehler fertig geworden, als es aussah, als wäre eine weiterführende Lehrstelle gefunden, als er nach Hause kam und glücklich erzählte, wie viel Zeit er noch zum Schleifen und Polieren übrighatte, als nachmittags wie schon öfter ein Mädchen zu Besuch kam, das aussah wie Hermine im vorletzten Harry-Potter-Film, als unser Kind ein Bier aus dem Kühlschrank nahm und mit meiner Teetasse anstieß, an diesem Tag löschte ich unter den Favoriten meines Internet Explorers die Adresse: Psychogene Aspekte der Depression bei Kindern und Jugendlichen.

Es war voreilig.

Das Harry-Potter-Mädchen schickte er aus gutem Grund bald wieder weg, die Prüfungsnoten waren doch nicht so gut wie erwartet und die Aussicht auf die Lehrstelle zerschlug sich.

Alles fing wieder von vorn an.

Manchmal, gegen Mittag, rief er Schreinereien an. Beim Vorstellungsgespräch wurde er nach seinem Zeugnis gefragt, ein Blick genügte, und der Meister sagte, er habe Bewerber mit besseren Noten. Es schien, als klopfte man dem Jungen zwar aufmunternd auf die Schulter, als entschuldigte man sich beinahe, dass, bei aller Sympathie, die Zeugnisse entschieden, aber das war's. Zu Hause gab er sich Mühe, die Tränen zu verbergen.

»Soll ich dir was sagen? Ich bereu jetzt, dass ich mich nicht um die Schule gekümmert hab. Aber ich wusste, schon, als es anfing, schlimm zu werden, dass ich später wünschen würde, ich hätt es anders gemacht.«

»Das hast du dir überlegt?«

»Deshalb war ich auch nicht so katastrophal schlecht. Sechsen hab ich selten geschrieben.«

»Die Fünfen waren aber oft hart an der Grenze.«

Die Reue funktionierte nur rückwärts. In der Gegenwart wirkte sie nicht. Bis dann Wunder geschahen.

Zuerst fand Said eine Lehrstelle und lernte, Möbel zu schreinern. Dann fuhr er mit einem Freund an die Costa Brava, wo sich alle ein paar Tage besinnungslos besoffen – das gehörte nicht zu den Wundern, aber das Ergebnis. Wieder zu Hause, erzählte Said, dass er ein Mädchen vor einem anderen rabiaten Verehrer beschützt habe. Julia kam zu Besuch: eine tüchtige Elfe, zart und blond, gute Noten in der Schule, zielstrebig und fleißig. Bald kam sie regelmäßig an den Wochenenden, und ihre Eltern schenkten Said für die Gegenbesuche eine Bahn Card.

Said kennt sich – nach vielen Knochenbrüchen, Verletzungen und dramatisch verlaufenen Operationen – mit Schmerzen gut aus. Jedes Mal haben ihm Schwestern und Ärzte große Tapferkeit attestiert. Aber jetzt sagt er, mit schwacher Stimme, am Telefon: »So schlimme Bauchschmerzen hatte ich noch nie!«

Es ist elf Uhr am Freitagabend, er will bis Sonntag bei Julia bleiben.

Gegen Mitternacht fährt sie ihn ins Krankenhaus und ruft an, während sie auf das Ergebnis der Untersuchung wartet. Verdacht: akuter Blinddarm. Gegen eins ruft Said an, er werde jetzt gleich operiert.

»Soll ich kommen?«

Er lacht nur milde über meine Frage. »Musst du nicht. Julia ist ja hier. Ich brauch doch keine zwei Mütter.«

Am nächsten Tag, nach ein paar Stunden Schlaf zu Hause, sitzt Julia wieder neben Saids Krankenbett und lernt fürs Abitur.

Zu Hause, während die Operationsnarbe heilt, haben Said und ich mehr Zeit füreinander als sonst in den letzten Jahren.

»Die schlimmste von euren Erziehungsmethoden war, dass ich einmal die Stereoanlage nicht zum Geburtstag bekommen hab, obwohl ihr sie schon gekauft hattet.«

»Das tut mir nicht leid. Du warst so ekelhaft, geradezu widerlich zu uns, dass wir uns lächerlich vorgekommen wären mit dem teuren Geschenk.«

»Was tut dir denn leid?«

»Da warst du vielleicht neun und noch nicht lange bei uns. Auf dem Flohmarkt beim Fußballplatz hast du einen Aschenbecher auf einem Ständer organisiert, einen, wo man obendraufdrückt und die Zigaretten weggedreht werden. Du kamst so rührend angeradelt, das große Teil auf den Rücken geschnallt und strahlend vor Stolz! Ich fand das Ding scheußlich und ließ es nach zwei Wochen unauffällig im Keller verschwinden. Obwohl du so stolz darauf warst!«

»Weiß ich nicht mehr. Und was noch?«

»Beim Zirkusworkshop auf Tollwood bist du Rabauke

aus Versehen in die Gruppe der Elfen gewählt worden, und die Wahl durfte nicht korrigiert werden. Ich hab dann ganz streng gesagt, du solltest dich entscheiden, ob in dieser Gruppe oder gar nicht, und hab mich nicht für dich eingesetzt. In deinem karierten Hemd hast du beim Elfentanz ziemlich unglücklich ausgesehen!«

»Keine Ahnung. Und was noch?«

»Bessere Nerven hätte ich gern gehabt. Und mehr Geld, um dich in ein richtig gutes Internat in England zu stecken, wo dir nichts anderes übriggeblieben wäre, als zu lernen.«

»Bloß nicht!«

»Und was ist das Schlimmste, was du gemacht hast?«

»Keine Ahnung.«

Wir feiern immer ein bisschen den Tag, an dem wir Said zum ersten Mal gesehen haben, mit seinen Zahnlücken an der Bar im afghanischen Restaurant. Wenn der Haussegen nicht allzu schief hängt jedenfalls, früher sogar mit Geschenk. Inzwischen kochen wir nur noch ein besonderes Abendessen.

Wir sind schon beim Dessert, Robert erzählt eine Geschichte, ich unterbreche und korrigiere ihn mit meiner Version, Robert widerspricht, und ich werfe ihm Rechthaberei vor.

»Könnte es sein, dass du genauso rechthaberisch bist?« Said fragt grinsend.

»Auf keinen Fall. Niemals!«

»Und wie!«, legt Robert nach.

Nach einer Pause sage ich abschließend zu Said: »Ich finde, du bist auch nicht schlecht im Unbedingt-rechthaben-Wollen.«

Said sieht uns zufrieden an.

»Daran erkennt man, dass wir eine Familie sind.«

Es ist kein besonders festlicher Abend, nur heiterer Alltag, und weil es nicht immer so ist, denke ich: Das ist Gelingen.

Das nächste Wunder geschah, als unser ausländischer Sohn nach mehr als zwölf Jahren vergeblicher Versuche endlich Deutscher wurde. Afghanistan hatte nie auf seine Anträge zur Ausbürgerung reagiert, so gab man ihm beim Ausländeramt die doppelte Staatsbürgerschaft.

Afghanistan interessiert Said immer noch nicht, obwohl er inzwischen manchmal etwas fragt. Warum zum Beispiel Amerika Osama bin Laden unterstützt hat. Dann setze ich an, wie früher zu erzählen, oft winkt er dann ab und meint: »Denkst du etwa, das weiß ich nicht?«

Am besten gefällt uns, dass Osama in Leipzig das Abitur nachmacht. Ein anderer Osama, einer, der mit Said auf der Schreinerschule war.

Seit Julia in München studiert, hat sie ein eigenes Zimmer in unserer Wohnung. So wohnen wir jetzt als ein älteres und ein junges Paar zusammen.

An meinem letzten Geburtstag kamen Robert und ich aus dem Theater, als die beiden sich gerade für einen Clubabend verkleideten. Said nahm einen von meinen Schals, meinen Kajalstift, wir stießen an und machten Fotos, mal Said mit uns, mal Julia und wir, mal alle zusammen, die beiden geschminkt und im Kostüm.

Als sie aufbrachen, gingen Robert und ich bald schlafen.

Zu Weihnachten bekam ich eines der Fotos im Rahmen und war entsetzt.

»Ich seh aus wie eine Mutti!«

»Du bist eine Mutti!« Said lacht und meint es hoffentlich anders als ich.

Seine andere Mutter, Isabel in Neu-Delhi, ist inzwischen meine Freundin auf Facebook.

Sie wünscht sich Fotos von uns.

Weiterführende Informationen

Für Paare, die eine Adoption oder Pflege in Erwägung ziehen, können die folgenden Internetseiten hilfreich sein:

http:\\www.adoption.de
http:\\www.adoptierte.de
http:\\www.moses-online.de
http:\\www.adoptionsinfo.de

Die Seiten geben mit Erfahrungsberichten und Sachinformationen erste Orientierungen und zeigen Möglichkeiten und Hindernisse auf. Hat sich ein Paar zur Adoption oder Pflegschaft entschlossen, sollte als Erstes Kontakt mit dem zuständigen Jugendamt aufgenommen werden. Das dann folgende Verfahren, um die potentiellen zukünftigen Eltern auf Eignung und Belastbarkeit zu prüfen, kann unangenehm sein oder jedenfalls so empfunden werden, schließlich stellen die Jugendamtsmitarbeiter sehr persönliche und intime Fragen. Um davon nicht eingeschüchtert oder abgeschreckt zu werden, sollten sich die potentiellen Eltern darüber klar sein, dass sie und das Jugendamt nicht die gleichen Interessen vertreten. Als kinderloses oder aus anderen Gründen adoptionsbereites Paar suchen sie ein Kind, während das Jugendamt Eltern für Kinder sucht, die nicht in ihren bisherigen Familien bleiben können. Die Wünsche und

Sorgen der suchenden Paare stehen für die Jugendämter und ihr Personal erst an zweiter Stelle. Daraus können Misstrauen und manchmal sogar Verächtlichkeit entstehen, wenn scheinbare »Luxuswünsche« nach einem glücklichen Familienleben mit einem »Wunschkind« auf – dem Jugendamt bekannte – heftige Krisen oder Katastrophen in den Herkunftsfamilien treffen.

Um in diesem Verfahren selbstbewusst auftreten zu können, sollte man sich die möglicherweise widersprüchlichen Interessen aller Beteiligten verdeutlichen: der eigenen, des Kindes, der abgebenden Eltern und der Bürokratie. Zudringlich wirkende Fragen können zum Stoff eigener Klärungsprozesse über Gefühle werden, die im Umgang mit dem Amt nicht länger privat sind. Denn anders als eine Geburt ist eine Adoption oder Pflegschaft kein intimes, privates Ereignis, sondern von Anfang an eine Angelegenheit mehrerer Beteiligter, die sich in völlig unterschiedlichen Ausgangspositionen befinden.

Auch der Alltag in der neu entstandenen Familie ist ein anderer als in »normalen« Familien. Die neuen Eltern sind nicht die erste Station im Leben ihres Kindes; es hat schon ein – mitunter schweres – Stück Leben hinter sich. Einander zunächst Fremde beginnen jetzt in familiärer Intimität miteinander zu leben. Selbst wenn in den meisten Fällen das Familienleben erstaunlich schnell gelingt, beruht es auf einer Konstellation, die so wenig selbstverständlich und zugleich universell ist, dass sie seit Jahrtausenden in den Mythen und Legenden von Findelkindern durchgespielt wird. Ob Moses oder Superman, Judas, Ödipus, Tarzan oder Kaspar Hauser, sie alle konnten nicht bleiben, wo sie geboren wurden, und fingen anderswo, mit anderen Eltern, neu wieder an. Dieser uralte psychische Untergrund ist in allen sozial zusammengefügten Familien wirksam, ob bewusst oder nicht.

Sosehr Adoptiv- und Pflegeeltern also Ratgeberbücher brauchen werden – darüber hinaus können auch literarische Geschichten über Verlorenheit von Kindern zwischen ihrem alten und dem neuen Leben hilfreich sein.

Für mich war es u. a. ein »Klassiker« der Literatur: Karl Phillipp Moritz' »Anton Reiser«. Dieser erste psychologische Roman der deutschen Literatur erzählt auf erschütternde Weise von den Beschädigungen in eigenen und fremden Familien.

Eine ähnliche Geschichte in zeitgenössischer Version ist »Der Plan von der Abschaffung des Dunkels« von Peter Hoeg.

Später, schon beim Schreiben dieses Buches, entdeckte ich einen Roman, der mir nachträglich einige von Saids Reaktionen begreiflicher machte: Rolf Lapperts »Nach Hause schwimmen« erzählt die Geschichte eines Jungen, der eine Mutter nach der anderen, einen Halt nach dem anderen verliert und nach langen Irrwegen über mehrere Kontinente aus der tiefsten Traurigkeit auftaucht.

Und selbstverständlich, für beide, Eltern und Kinder: Michael Endes »Jim Knopf«, die Geschichte vom kleinen schwarzen Jungen, der im Paket bei seinen neuen Eltern ankommt.

Über Abenteuer auf dem Weg zu dem eigenen/fremden Kind ist zu lesen in Marion Gädickes »Wunschkind«. Ein deutsches Paar sucht in Russland nach einem Adoptivkind und erfährt Schikanen und Weigerungen der Behörden und wagt sogar einen Prozess.

Allgemein zur Geschichte von Adoptionen und ihrer historischen und gesellschaftlichen Bedeutung ist zu empfehlen: Barbara Sichtermann/Claus Leggewie, »Das Wunschkind – Adoption und die Familie von heute«.

ANDREA BUSFIELD
Mauertänzer
Roman
Aus dem Englischen von
Cornelia Holfelder-von der Tann
346 Seiten
ISBN 978-3-7466-2601-7

Fawad und wie er die Welt sieht

Für Fawad ist Afghanistan das Land der Abenteuer, der Poesie und der Traditionen – trotz des beschwerlichen Alltags im kriegsgezeichneten Kabul. Als der Elfjährige mit seiner Mutter in eine WG mit westlichen Journalisten zieht, bleibt der Kulturschock nicht aus: Der trinkfeste James sitzt halbnackt in der Sonne, die blonde May schwärmt für Frauen, und die emanzipierte Georgie liebt einen mächtigen Paschtunen. Fawad will seine Mutter vor diesen Sünden beschützen, zugleich ist er hingerissen von der fremden Lebensweise.

»Dieser Roman geht unter die Haut!« FREUNDIN

Mehr Informationen erhalten Sie unter www.aufbau-verlag.de oder in Ihrer Buchhandlung

atb aufbau taschenbuch